추격형 혁신시스템을 진단한다

이 도서의 국립중앙도서관 출판시도서목록(CIP)은 서지정보유통지원시스템 홈페이지(http://seoji.nl.go.kr)와 국가자료공동목록시스템(http://www.nl.go.kr/kolisnet)에서 이용하실 수 있습니다.
(CIP제어번호: CIP2013011467)

한국 혁신시스템이 추구해야 할 과제는 무엇인가

추격형 혁신시스템을 진단한다

| 정재용·황혜란 엮음 |

한울
아카데미

이 책은 2011년도 정부(교육과학기술부)의 재원으로 한국연구재단의 지원을 받아 연구되었음
(NRF-2011-371-H00002).

차례

서문 • 9

제1부 기업 및 산업 수준의 추격형 혁신활동의 한계와 전망

제1장 탈추격 혁신과 추격의 유제 _송위진 20
1. 탈추격 산업혁신활동의 성과 • 21
2. 한계 • 28
3. 정책 방향 • 32

제2장 추격형 산업구조 변화 전략에 따른 대·중소기업의 상생 한계 _김종선 38
1. 서론 • 38
2. 문제 현황 • 39
3. 한국 추격 발전의 장점: 빠른 산업구조 변화를 통한 추격 • 43
4. 한국 추격 발전 유산의 극복: 기존 산업 내 중소기업의 경쟁력 약화 • 46
5. 시사점 • 50

제3장 탈추격과 사용자 혁신을 위한 정부 혁신지원정책 _김영배 53
1. 서론 • 53
2. 한국 산업의 혁신 과정과 당면 과제 • 55
3. 사용자 혁신(user innovation) • 58
4. 한국의 사용자 혁신 현황 • 62
5. 탈추격을 위한 사용자 혁신 전략과 정부정책 • 65
6. 요약과 결론 • 68

제4장 조립형 산업화와 탈추격 함정 _정준호 74
1. 서론 • 74
2. 한국의 추격형 산업화 경로: '복선형' 산업화에서 '조립형' 산업화로 • 75
3. 조립형 산업화와 탈추격 함정 • 78
4. 탈추격 함정을 넘어서 • 88

제5장 탈추격 대안으로서 일터혁신의 등장과 발전 _조성재 92

1. 서론 • 92
2. 한국 생산방식의 실태 • 94
3. 한국의 추격기 일터 모습과 혁신 모델의 발전 • 101
4. 결론 • 108

제2부 공공연구부문의 추격형 혁신과 변화

제6장 이카로스의 역설: 출연연의 위기와 성공의 함정 _정병걸 112

1. 초지일관이 만드는 대실패 • 112
2. 적극적 정부와 출연연의 몰락 • 114
3. 이카로스의 역설과 출연연 • 118
4. 정치적 동기와 고착화된 관행 • 123
5. 추격을 넘어 • 127

제7장 공공연구부문의 탈추격형 혁신활동과 시스템 전환의 한계 _황혜란 132

1. 서론 • 132
2. 탈추격형 연구개발활동과 추격형 시스템 간의 충돌 • 134
3. 혁신주체들의 행위와 시스템 간 상호작용 • 138
4. 추격형 혁신시스템의 전환과정과 시스템 지체 • 149

제8장 추격기 고부가가치 자본재 제품의 발전과정과 한계 _정재용 153

1. 서론 • 153
2. 자본재 산업의 추격과정과 자산 • 155
3. 추격기의 한계: 전환기에서 나타난 문제점 • 163
4. 분석 및 대안: 개발방식의 변화 요청 • 171

제3부 추격형 혁신활동 규율과 지원을 위한 제도

제9장 추격형 과학기술정책 추진의 한계와 과제 _성지은 178
    1. 서론 • 178
    2. 추격형 혁신정책 추진의 성과와 한계 • 179
    3. 새로운 방향성과 대안 • 191

제10장 추격형 지역정책 진단과 전망: 참여정부·이명박정부 지역정책을 중심으로 _이용숙·황은정·민지혜 196
    1. 문제제기 • 196
    2. 추격형 대 탈추격 지역정책의 성격 및 내용 • 198
    3. 추격형 지역정책 평가 • 202
    4. 자립형 지방화 가능성 모색: 대덕과 통영 • 210
    5. 결론: 탈추격형 지역정책을 위한 제안 • 213

제11장 추격형 과학기술인재 양성 체제의 진단 _김왕동 220
    1. 들어가며 • 220
    2. 추격형 과학기술인재 양성 체제: 자산은 무엇인가? • 222
    3. 추격형 과학기술인재 양성 체제: 한계는 무엇인가? • 228
    4. 탈추격형 체제로의 전환을 위한 과제 • 231

서문

지난 산업화 과정에서 형성되어온 '추격형', '모방형' 패러다임은 산업진입을 위한 전반적인 자원이 부족했던 후발산업국인 한국이 비교적 단기간에 급격한 경제성장을 이룰 수 있도록 효과적으로 작동했다. 산업화 초기 한국 정부는 정책금융을 통한 재벌 대기업의 형성 촉진과 수출주도형 전략을 주요한 경제정책의 기조로 삼았다. 대기업의 독자브랜드 중심의 수출주도형 전략은 이후 한국의 추격형 혁신체제 형성에 중요한 영향을 미쳤다. 대기업에 지원된 정책금융과 상호출자의 관행은 한국 대기업이 직면한 자금 위험성을 낮춰주어 이들이 대규모 자본투자를 필요로 하는 대량생산 제조업에 진출할 수 있게 함으로써, 규모의 경제와 범위의 경제를 향유할 수 있는 기반으로 작용했다. 독자브랜드 중심의 수출지향 전략으로 인해 세계시장 경쟁에 노출된 대기업은 기술의 도입과 빠른 학습 과정을 통해 내적 기술역량을 축적하도록 경쟁압력을 받았다.

발전국가가 추동하는 선별적 지원정책에 의해 기업과 산업에 대한 선택과 집중지원이 이루어졌다. 잠재성이 있는 기존 기술의 추격을 목표로 학습기간을 단축하고, 정책금융지원에 의해 단기간에 대량생산체제와 규모경제를 달성함으로써 몇몇 제조 분야에서 급속한 성장을 경험했다. 초기 성장기에는 주로 기술 성숙기에 진입하여 제조능력을 축적하는 형태의 기술변화에 집중했으나, 기술능력의 축적에 따라 제품 수명주기에서 지배적 설계dominant design가 설정된 직후 진입하는 빠른 추격자fast follower 지위까지 성장했다.

또한 개별 기업이 감당하기 어려운 기반기술과 시스템 기술 측면에서는 정부출연연구기관(출연연)의 조정과 매개하에 대기업과 대기업에 연계된 중소기업에 빠른 공동학습의 기회를 제공함으로써 기술적 위험성을 낮춰주었다.

1960년대부터 1990년대까지의 이러한 기술적 추격과정을 통해 형성된 국가혁신시스템의 특징은 모방과 적용, 개선을 빠르고 효과적으로 달성하는 데 목표가 맞춰져 있었다는 것이다. 규모 및 범위 경제를 누릴 수 있는 자국 대기업 조직의 육성, 다국적 기업의 글로벌 생산네트워크에의 참여를 통한 빠른 모방학습과 흡수능력의 축적, 하청관계를 통한 대기업-중소기업 간 연계관계, 공공연구기관을 매개로 한 기반기술의 공동학습 조직화 등이 주요한 학습의 기제로 활용되었다.

이러한 추격형 기술·경제체제는 이에 부응하는 사회·제도적 틀과 공진화해왔다. 발전국가, 중앙집권적 의사결정, 기업의 수직적 위계구조와 가족지배 중심의 기업 지배구조 등은 특정 제품 및 산업에의 집중투자 및 빠른 의사결정과 이에 따른 높은 리스크를 부담할 수 있는 구조로 기능해왔다. 여기에 보편교육을 통한 양질의 노동력 공급 등 전반적인 사회·제도적 틀이 추격형 기술·경제체제에 조응하면서 한편으로는 글로벌 대기업 및 주력산업의 성장과 혁신역량 증진 등의 경제성장을 가져오고 이를 통한 중산층의 성장으로 사회적 통합의 기반이 되어왔다. 즉, 혁신 성과가 경제성장에 긍정적인 영향을 미치고 성장의 과실이 국민에게 배분되는 선순환 구조가 가능했다는 것이다.

그러나 이러한 추격형 혁신시스템은 1990년대 후반 이후 도전에 직면하고 있다. 대외환경 측면에서는 5차 정보통신 패러다임의 쇠퇴기에 기존 기술 간 결합에 의한 활용융합 현상이 두드러지고, 성숙기 이후 진입장벽의 수위가 낮아짐에 따라 많은 후후발국 late-latecomer countries의 등장으로 추격을 둘러싼 경쟁압박이 심화되었다. 또한 1980년대 이후 진행된 세계화로 인해 후발국의 입장에서는 산업지원이 제한되는 시장주의적 게임의 법칙하에서 운신의 폭이 제한될 수밖에 없는 상황이 지속되었다.

대내적으로는 국내 재벌 대기업이 글로벌 기업으로 성장함에 따라 추격 전략에 근거한 성장 잠재력이 급속히 고갈되고, 프론티어 제품 개발능력과 와해적 혁신이나 급진적 혁신의 필요성이 점차 증가하고 있다. 즉, 국내 기업들이 글로벌 시장에서 프론티어 제품군으로 경쟁 포지션이 이동됨에 따라 더 이상 선진 기업으로부터 '모방'할 기술적 대상이나 제품을 찾기가 어려운 환경에 직면하고 있다는 것이다. 이에 따라 선진 기술의 도입·모방이 강조되는 모방형, 추격형 연구개발 전략 및 시스템은 지금까지와 같이 효과적으로 작동하기 어렵게 되었다.

또한 선택과 집중 원칙에 입각한 선택 메커니즘의 루틴이 혁신활동의 다양성 진화를 옭아매는 제한요소로 작용하고 있다. 즉, 중소·중견기업 육성을 통한 다양한 경제주체의 형성, 균형 있는 기술적 지식생산의 풀 확보, 장기 사회·경제적 효과 창출을 위한 기초연구의 성장, 다양성 원천으로서의 지역기술혁신 등 혁신환경 전반의 다양성 확보에 걸림돌로 작용하고 있다.

더욱이 사회·경제적 차원에서는 소수 경제주체에의 집중화로 부문별 양극화가 진행됨에 따라 사회적 갈등이 심화되고 있다. 추격형 기술·경제체제의 동력이 고갈되어 사회·제도적 틀의 동력도 상실되어가면서 새로운 추격을 넘어선 탈脫추격형 기술·경제체제의 도래에 오히려 걸림돌로 작용하는 것이다.

더구나 급속히 증가하는 연구개발투자에도 불구하고 연구개발투자가 가져오는 사회·경제적 효과는 감소 추세를 보이고 있다. 2011년 현재 한국의 총 연구개발비는 49조 8,904억 원으로 총액 대비 세계 6위권이고, GDP

대비 연구개발비 비중은 4.03%로 세계 2위권을 기록하고 있다. 국가연구개발사업 총투자 또한 지속적으로 증가하고 있어, 2010년 현재 13조 6,827억 원으로 지난 5년간 평균 10.2%의 증가율을 보이고 있다.

그러나 연구개발투자가 가져오는 사회·경제적 효과는 감소 추세를 보인다. 직접적으로는 기술무역 적자의 증가 추세와 특허의 질적 수준 저위 현상의 지속 등이 나타나고 있다. 기술무역 적자는 2001년 20억 달러에서 2009년 48억 달러까지 지속적으로 증가하고 있다. 또한 특허의 양적 증대에도 불구하고 질적 수준을 나타내는 CPP Citation Per Patent나 시장지배력을 나타내는 PFS Patent Family Size 등의 지수에서는 선진국 및 경쟁국 대비 낮은 성과를 보이고 있다.

간접적으로는 거시경제 측면에서의 국제경쟁력이 약화되고, 사회적 양극화 현상이 심화되는 경향을 보이고 있다. 기술혁신의 과실이 국가 전체적으로 확산되기보다는 상위계층에만 집중되는 양극화 현상이 심화되고 있다. 소득불평등을 나타내는 지니계수의 1998년 이후 지속적인 증가세와 대기업의 경제 집중도 심화와 같이 거시경제지표가 경제 양극화의 실상을 보여준다. 지식생산에서도 마찬가지로 양극화 현상이 진행되고 있다. 2010년 기준으로 전체 기업의 연구개발투자비에서 상위 10개 기업이 차지하는 비중이 58.2%, 25대 기업이 차지하는 비중이 69.3%를 기록하고 있다. 국내 특허출원에서도 대기업이 69.1%를 차지하고 있어 지식생산의 다양성이 고사되는 현상을 발견할 수 있다.

2000년대 초반 유럽 주요국들이 보여주었던 연구개발투자 대비 경제성과의 하락이라는 현상이 한국 패러독스 Korean Paradox로 재현되는 것이 아닌가 하는 우려의 목소리가 등장하고 있는 것도 바로 이러한 추격형 혁신체제의 잠재력 고갈과 밀접한 연관이 있다.

이에 따라 추격형 혁신시스템의 한계를 진단하고 새로운 혁신시스템을 구성해야 한다는 문제의식이 산업계, 정책 입안 및 실행 관련자, 학계 전반에 확산되고 있다. 이 책은 추격형 한국 혁신체제가 성장이나 분배 측면에서 한계에 도달했으며 한국 혁신시스템이 새로운 지향성을 가질 시점이라는 문제의식하에 다양한 학문적 배경을 가지고 있는 국내 학자들의 공동저술로 기획되었다. 궁극적으로 본 연구에 참여한 연구진은 추격을 넘어서기 위한 탈추격형 혁신시스템이 지향해야 할 가치와 반영해야 할 내용은 무엇인가에 관심을 가지고 있다. 공동 저술의 첫 번째 단계인 이번 저술은 특히 추격형 혁신시스템이 갖는 강점과 한계를 진단하고 이에 비추어 향후 한국 혁신시스템이 추구해야 할 전환 시기의 과제가 무엇인가를 탐구하고자 한다.

제1부 기업 및 산업 수준의 추격형 혁신활동의 한계와 전망

송위진의 '탈추격 혁신과 추격의 유제'에서는 1990년대 후반 이후 나타나고 있는 탈추격 혁신과 추격체제가 공존하는 독특한 이행기적 상황을 살펴보고 있다. 추격체제의 틀에서 탈추격을 지향하는 혁신활동이 어떻게 이루어지고 있는지를 살펴보면서 그것이 가져오는 문제점을 검토한다. 그리고 이런 모순적 상황을 타개하기 위한 정책을 제시하면서 시스템 전환의 방향을 논의한다.

김종선의 '추격형 산업구조 변화 전략에 따른 대·중소기업의 상생 한계'에서는 한국이 추격형의 빠른 산업구조 변화 전략을 통해서 성공적인 경제성장을 이루어왔지만, 이러한 성장 전략은 주로 대기업 위주로 진행되어 상대적으로 산업 전환이 어려운 중소기업들의 성장을 어렵게 해온 요인이 되었으며, 결과적으로 대·중소기업 양극화, 고용 없는 성장, 저부가가치 서비스업 확대 등 한계를 노정하고 있음을 지적한다. 추격형의 성장 전략의 한계를 극복하기 위해서는 기존 산업의 고부가가치화, 서비스업의 고부가가치화, 그리고 대기업과 중소기업의 공동운명체 문화 확산 등의 정책 방안이 필요함을 역설한다.

김영배의 '탈추격과 사용자 혁신을 위한 정부 혁신지원정책'에서는 그동안 선진 기술을 추격하는 단계와 비교하여 탈추격 혁신 과정에서 우리 기업이 겪는 어려움은 시장과 기술에 대한 불확실성이 더 높아지고 있다는 것임을 지적한다. 최근 혁신 연구에서 주목받고 있는 사용자 혁신은 탈추격을 하고자 하는 우리 기업에 많은 시사점을 제시할 수 있는 중요성이 있다고 역설한다. 제품의 사용자, 특히 선도사용자가 자신의 니즈needs를 해결하기 위해 기술적 솔루션을 스스로 개발하는 사용자 혁신은 결과적으로 시장 불확실성뿐 아니라 기술적 불확실성도 어느 정도 해결해주기 때문이다. 이 글에서 저자는 사용자 혁신에 대한 기존 연구와 한국의 사용자 혁신 현황을 살펴보고, 사용자 혁신을 통해 우리 기업들의 탈추격 전략 방안과 정부의 기술혁신 지원정책에 대한 대안을 모색하고 있다.

정준호의 '조립형 산업화와 탈추격 함정'에서는 2000년대 이후의 산업화의 특징을 조립형 산업화로 요약하는데, 이는 해외로부터의 부품과 소재의 수입, 국가 개입, 기술 표준화 등의 기술 조건, 국제분업을 전제로 한다. 특히 숙련기술의 절약과 기술과 숙련의 분리를 용인하는 모듈화와 NC 자동화는 사회·경제적으로 한국의 수출주도형 경제를 극적으로 뒷받침했으나 고용 없는 성장, 대기업과 중소기업 간의 혁신능력의 차이 등 소위 사회·경제적 양극화에 일조하고 있음을 지적한다. 추격형 산업화를 기반으로 하는 현재의 산업화 경로에 대한 논의를 통해 기존의 추격형 산업화가 탈추격의 가능성을 보여주고 있는지를 성찰한다.

조성재의 '탈추격 대안으로서 일터혁신의 등장과 발전'에서는 일터혁신은 기업의 경쟁력뿐 아니라 일하는 사람들의 노동의 인간화까지 겨냥하는 노사 윈-윈 게임의 요충으로서, 기술혁신보다 보폭이 좁을 수 있으나 다른 조직이 쉽게 모방하기 어려운 지속 가능한 경쟁력 우위를 가져다줄 수 있음을 역설한다. 일하는 방식의 변화를 중심으로 하는 일터혁신은 한국에서 1987년 노동운동이 활성화된 이후부터 몇몇 대기업에서 시도되기 시작했으나, 최근까지도 확산의 정도는 선진국에 비해 지지부진하다. 따라서 추격 단계의 노동력 동원 위주의 작업장 노사관계에서 인간의 창의성을 중심으로 하는 일터혁신으로 보다 빠르게 전환되어야 하며, 이것이 바로 탈추격 시대의 과제임을 주장한다.

제2부 공공연구부문의 추격형 혁신과 변화

정병걸의 '이카로스의 역설: 출연연의 위기와 성공의 함정'에서는 한때 성공 신화의 주인공이었던 정부출연연구기관은 이제 필요성조차 의심받는 위기에 처해 있으며, 충분한 역량과 지원에도 연구 성과는 낮고 역할은 산업계와 중복되는 등 한계를 노정하고 있음을 지적한다. 이는 단기적 성과에 매몰된 개발 연구에서 벗어나지 못하고 있기 때문이며, 과거 관행의 고수가 현재의 실패를 초래했다는 점에서 출연연의 위기는 이카로스의 역설로 부를 수 있다고 분석한다. 개발국가의 성공 경험에 사로잡힌 정치가와 이에 동조하는 관료의 요구가 역설을 초래하고 있는 주요 요인 중 하나이고, 역설에서 벗어나기 위해서 출연연은 탈추격 상황에 부합하는 역할로의 전환이 필요함을 주장하고 있다.

황혜란의 '공공연구부문의 탈추격형 혁신활동과 시스템 전환의 한계'에서는 한국의 공공연구부문이 민간부문으로부터의 원천기술지식 공급에 대한 수요 압박에 직면해 있어, 지금까지와는 다른 새로운 형태의 목표 설정, 일의 조직 방식, 사업화 궤적의 형성 등 변화의 필요성에 직면하고 있음을 지적한다. 이 글에서는 정부출연연구기관이 밀집한 대덕연구개발특구의 사례분석을 통해 한국 공공연구부문 탈추격형 혁신활동의 특성을 분석하고 현재의 '추격형' 시스템과 어떤 측면에서 충돌하고 있는지를 살펴보고 있다.

정재용의 '추격기 고부가가치 자본재 제품의 발전과정과 한계'에서는 2000년대 이후 한국의 이동통신 시스템, 원자력 플랜트, 고속철도 등 기술적 복잡도가 높은 복합 자본재 제품의 성공 경험을 분석한다. 추격국의 성공 사례가 매우 적은 복합 자본재 제품 개발과정에서 추격형 혁신시스템의 강점은 어떻게 작용했는지를 살펴보고 있다. 동시에 주로 대량 범용제품에서 강점을 발휘했던 추격형 혁신시스템이 기술적 성격이 다른 자본재 제품 분야에서 어떻게 장애요인으로 작용했는지를 분석하고 있다.

제3부 추격형 혁신활동 규율과 지원을 위한 제도

성지은의 '추격형 과학기술정책 추진의 한계와 과제'에서는 추격 대상을 두고 위로부터의 빠른 의사결정과 일사불란한 강한 추진력의 활용이 그동안 한국이 눈부신 성장을 이룰 수 있었던 요인이었음을 분석한다. 그러나 일정 정책 영역의 경우 더 이상 모방할 대상이 없어지면서 스스로 문제를 던지고 해결해야 하는 탈추격 상황을 맞이하여 탈추격형 내지 창조형 혁신모델로의 전환 필요성이 강조되고 있으나, 어디로 가야 할 것인가에 대한 공동의 장기 목표 설정, 통합적인 정책 설계, 유기적인 행정체제 구축, 전환을 위한 합의 도출과 지지 확보 등의 차원에서 한계를 보이고 있음을 지적하고 있다.

이용숙·황은정·민지혜의 '추격형 지역정책 진단과 전망: 참여정부·이명박정부 지역정책을 중심으로'에서는 '지도적·하향적·의존적 발전 모델'을 극복하려는 참신한 의도에서 도입된 참여정부의 국가균형발전정책과 이명박정부의 광역경제권 정책이 왜 실패했는지에 대한 비판적 분석을 통해 한국형 탈추격 지역정책의 가능성과 한계를 검토한다. 두 정책 모두 서구의 정책들을 한국적 맥락에 대한 고려 없이 그대로 모방·실행한 추격형 지역정책으로 규정하면서 추격형 지역정책의 성격들을 규명한다.

김왕동의 '추격형 과학기술인재 양성 체제의 진단'에서는 추격형 과학기술인재 양성 체제가 갖는 자산은 무엇이고, 탈추격형 체제로의 전환에서 한계는 무엇인지에 대해 살펴본다. 추격형 체제는 1980년대까지 산업별로 요구되는 인력들의 신속한 확보와 정책집행에 효율적이었음을 보여준다. 그러나 1990년대 이후 탈추격형 혁신이 요구되면서 창의적 인재 양성의 걸림돌로 작용하기 시작했으며 새로운 도전에 직면하고 있음을 지적한다.

끝으로 이 책의 집필은 한국연구재단의 학제 간 융합연구사업의 지원을 받아 운영된 탈추격연구센터 참여 연구진의 공동 작업으로 수행되었음을 밝혀둔다. 또한 이 책이 나오기까지 애정 어린 비판과 자문, 지속적인 관심을 보여준 탈추격연구센터 자문그룹의 고영주 박사, 신기주 기자, 이광희 박사, 임홍탁 박사, 정동진 박사와 탈추격연구센터의 전은주 연구원, 대학원생 서은영, 박지윤, 그리고 행정을 도와준 구미경 씨에게도 이 지면을 빌려 감사의 말씀을 전한다. 탈추격을 향한 우리의 연구작업이 함께 성장하고 함께 기뻐하는 연구공동체의 또 다른 가능성을 열어주기를 희구하면서 서문을 마친다.

제1부

기업 및 산업 수준의 추격형 혁신활동의 한계와 전망

01 탈추격 혁신과 추격의 유제[1]

송위진 _ 과학기술정책연구원 선임연구위원

1990년대 후반 이후 한국의 과학기술혁신활동은 새로운 모습을 보이기 시작했다. 과학기술혁신활동에 대한 자원투입은 선진국에 필적하고 있으며 혁신활동의 성과도 상당한 수준에 도달했다. 과학기술 성과와 기업들의 혁신능력은 선진국에 크게 뒤지지 않고 있다. 한국의 과학기술혁신활동은 이제 선진국이 제시한 기술을 모방하고 그것을 소화·개량하는 추격 단계를 넘어 스스로 새로운 기술궤적을 형성하는 탈추격 단계에 진입하고 있다고 할 수 있다.

그러나 일하는 방식은 쉽게 변화하지 않기 때문에 과거 추격형 혁신활동을 뒷받침했던 제도들이 아직도 힘을 발휘하고 있다. 민간부문과 정부부문에서 여전히 수직적이고 폐쇄적인 의사결정구조가 작동하고 있으며, 기술개발과 정책개발에서 새로운 개념을 창출하는 능력은 아직도 부족한 상태이다. 또 대기업과 중소기업의 양극화가 지속·확대되고 있으며 산업발전

---

[1] 이 글을 작성하는 데 송위진 외(2006), 송위진(2009), 최영락 외(2008)를 많이 활용했다.

이 삶의 질 향상과 지속가능성보다 우선적인 목표가 되고 있다. 추격형 혁신체제의 연장선에서 탈추격 혁신과 정책개발이 이루어지고 있는 것이다.

이 글은 1990년대 후반 이후 나타나고 있는 탈추격 혁신과 추격체제가 공존하는 독특한 이행기적 상황을 살펴보는 데 초점을 맞춘다. 추격체제의 틀에서 탈추격을 지향하는 혁신활동이 어떻게 이루어지고 있는지를 살펴보면서 그것이 초래하는 문제점을 검토할 것이다. 그리고 이런 모순적 상황을 타개하기 위한 정책을 제시하면서 시스템 전환의 방향을 논의할 것이다.

1. 탈추격 산업혁신활동의 성과

1) 산업혁신의 전개 양상[2]

(1) 자동차 분야의 혁신

1990년대 후반 이후 자동차 분야에서는 핵심기술인 엔진기술의 자립이 이루어졌다. 자동차 엔진의 설계·제작은 매우 어려운 기술이고, 이 기술 없이는 세계적인 자동차 기업이 될 수 없다. 현대자동차는 외국 기술의 소화·흡수를 통해 기술능력을 향상시켜 1991년 알파엔진을 개발, 독자 엔진을 장착한 국산 자동차를 생산했다. 이어서 중형차 부문에서 강화되는 환경규제에 대응하고 선도기업과 경쟁하기 위해 5년에 걸친 연구개발을 수행하여 2004년 세타엔진을 개발했다. 이 엔진은 다임러클라이슬러 및 미쓰비시와 공동 개발했는데, 이들로부터 총 5,700만 달러의 기술사용료를 받았

---

[2] 산업혁신의 전개양상은 최영락 외(2008)의 논의에 기반을 두고 있다. 한국 산업혁신의 다양한 양상에 대해서는 송위진 외(2006), 이근(2007) 등을 참조할 것.

다. 세타엔진은 이전의 베타엔진과 달리 개발기간 동안 71개 국내 및 해외 특허를 출원하는 성과를 올렸다. 현대자동차의 독자적인 엔진 개발 성공에 따라 한국은 세계 5위 자동차 생산국의 지위를 다지는 기틀을 마련했다.

(2) 조선 분야의 혁신

한국의 조선 산업은 2001년을 제외하면 1999년 이후에 2007년까지 계속해서 수주량 기준으로 세계시장 점유율 1위를 차지하고 있다. 조선 분야에서는 2000년대 들어 육상건조공법, 재기화 LNG선, 쇄빙유조선이 개발되었다. 현대중공업은 자체 개발한 육상건조공법으로 도크가 아닌 육상에서 선박을 건조하는 혁신을 이루었다. 이 방식은 선체에 손상이 가지 않도록 밀리미터mm 단위의 정밀도를 유지해야 하는 첨단기술을 요구한다. 재기화 LNG 선박은 액화천연가스를 기화시켜 수요지에 바로 공급하는 새로운 형태의 선박이다. 이 선박은 육상의 저장탱크나 기화시설 없이 LNG선에서 액화천연가스를 기화시켜 바로 육지에 공급할 수 있다. 삼성중공업은 영하 45도의 외기 온도에서 1.5미터의 얼음을 깨면서 독자적으로 안전하게 항해할 수 있는 7만 톤급 쇄빙유조선을 세계에서 처음으로 개발·건조했다.

(3) 철강 분야의 혁신

철강 분야에서는 포스코의 급성장이 이루어졌다. 생산량에서 포스코는 1990~1992년의 세계 3위와 1993~1997년의 세계 2위를 거쳐 1998년, 1999년, 2001년에는 세계 1위를 기록했다. 2002년 이후에는 유럽과 일본 등에서 대규모 철강업체들이 통합됨에 따라 세계 4, 5위의 철강업체가 되었다. 포스코의 성장은 단순히 생산규모의 확대만이 아니라 기술발전을 동반하면서 이루어졌다. 포스코는 선진국을 급속히 추격하는 과정을 거쳐 2000년을 전후해 고유 기술을 정립했다. 포스코는 외국에서 도입한 용융환원기술인 코렉스 공법을 심화·발전시켜 2007년 연산 150만 톤 규모의 파이넥스 공장을 세계 최초로 건설하고 상용화에 성공했다. 이 공장은 동일 규모의 용광로와 비교할 때 설비투자비가 80% 수준이며, SOx 및 NOx 등 공해물질 배출량은 용광로 대비 각각 3%와 1% 미만으로 환경친화적이다. 포스코는 용광로를 사용하지 않는 새로운 공법을 개발하여 생산시스템을 구현했다.

(4) 반도체 분야의 혁신

1990년대 초부터 메모리 분야에서 두각을 나타내기 시작한 반도체 분야는 1996년 세계 최초로 1G DRAM을 개발하면서 한국은 명실상부한 세계 최고의 메모리 반도체 국가로 인정받게 되었다. 2001년에는 삼성전자가 4G DRAM을 개발했으며, 2002년에는 90나노 DRAM 양산기술을 활용하여 업계 최초로 2G NAND 플래시메모리 시범 생산에 성공했다. 이를 통해 반도체 공정의 마의 벽으로 인식되어온 0.1미크론을 뛰어넘어 나노공정 시대를 열었다. NAND 플래시메모리의 경우 메모리 개발과정에서 축적한 공정기술과 경제성 있는 생산방식을 새로운 제품영역에 활용하는 전략을 택해 성과를 올릴 수 있었다. 이는 기존에 축적한 능력을 최대한도로 확장시키는 전략을 통해 그 분야를 선도하는 기술혁신활동을 수행한 것이다.

(5) 디스플레이 분야의 혁신

디스플레이 분야에서는 반도체 산업에서 축적된 공정기술과 브라운관 생산을 통해 구축된 부품 산업을 기반으로 1990년대 초부터 TFT-LCD 개발이 본격적으로 이루어졌다. 초기에는 낮은 수율과 높은 원가 등으로 고전을 면치 못했다. 그러나 기술개발을 꾸준하게 추진하면서 1998년 일시적인 세계적 공급과잉으로 업계가 불황을 겪을 때 과감한 시설투자를 단행하여 대화면 디스플레이에서 주도권을 쥐게 되었다. 한국 기업들은 2001년

TFT-LCD 분야에서 세계 최대 생산국으로 부상한 이후, 양산기술력을 바탕으로 먼저 제5세대 투자를 추진함으로써 국제경쟁에서 우위를 확보했다. 이후에도 삼성전자와 LG디스플레이가 계속적으로 제6세대, 제7세대, 제8세대 양산 라인에 투자하여 일본, 대만과 비교할 때 우위를 점하고 있다.

(6) 이동통신 분야의 혁신

이동통신 분야에서는 CDMA 방식의 디지털 이동통신 기술개발이 성공하여 극적인 도약의 기회를 마련했다. ETRI와 퀄컴, 국내 업체의 공동연구로 추진된 디지털 이동통신시스템 기술개발사업은 여러 난관을 넘으며 기술개발에 성공해 1996년 세계 최초로 상용서비스를 실시했다. 이 과정에서 축적된 기술을 바탕으로 이동통신 단말기 및 시스템 수출이 1999년부터 시작되었으며 2000년대에 들어서 삼성전자와 LG전자는 휴대전화 생산을 주도하는 기업이 되었다. 이러한 기술적 성공을 통해 한국은 IT 강국으로 발전할 수 있는 기반을 만들 수 있었다.

2) 성과: 경로실현형 혁신의 구현

앞서 살펴본 1990년대 후반 이후 한국의 대표적 혁신들은 새로운 개념을 창출한 혁신이 아니다. 아직 구체적 제품으로 현실화되지 않은 여러 대안(주로 선진국이 개발)들이 존재하고 있는 상황에서 특정 대안을 선택하여 기술적·경제적 가능성을 실현시킨 '경로실현형path revealing' 혁신이다.

1980년대까지 한국이 수행해온 혁신활동은 '경로추종형path following' 혁신이었다. 이는 선진 기술 추격과정에서 발생하는 문제를 해결하는 데 초점을 둔다. 경로추종형 혁신은 선진국이 형성한 기술발전 궤적을 따라가는 것이기 때문에 문제가 잘 정의되어 있으며 그것을 해결하기 위한 수단 또

〈표 1-1〉 후발국의 산업혁신 유형

	경로추종형 혁신	경로실현형 혁신	경로창출형 혁신
목표	이미 정의된 문제를 기존 궤적에서의 문제풀이를 통해 해결	이미 정의된 문제를 새로운 궤적을 형성하는 혁신을 통해 해결	새로운 문제를 새로운 궤적을 형성하는 혁신을 통해 해결
해결해야 할 문제	확실	확실	불확실
문제해결 대안	확보 가능	불확실	불확실
원천기술 획득방식	도입	도입 + 자체개발	자체개발 + 아웃소싱

자료: 최영락 외(2008)를 일부 수정.

한 잘 알려져 있다. 문제해결을 위한 지식은 외국에서 도입하거나 역엔지니어링reverse engineering을 통해 획득할 수 있다.[3]

1990년대에 후반에 들어서면서 경로추종형 혁신활동을 넘어 경로실현형 혁신활동이 이루어지기 시작했다. 경로실현형 혁신은 문제는 이미 정의되어 있지만 대안들이 아직 맹아적 상태에 있는 상황에서 이루어지는 혁신이다. 여러 개의 후보 원천기술들이 존재하고 있지만 어느 것이 시장에서 받아들여질 기술인지 알 수 없기 때문에 기술개발의 불확실성이 높다. 따라서 경로실현형 혁신은 원천기술 수준에 있는 기술들을 치밀하게 탐색하여 특정 대안을 선택해 상업적 성공으로 실현시키는 혁신활동을 수행해야 한다.

한국에서 이루어진 경로실현형 혁신은 크게 2가지 유형으로 구분할 수

---

3 기술추격과정에 대한 포괄적인 논의는 UNIDO(2005)를 참조할 것. 한국의 추격과정에 대해서는 Kim(1997), 이근(2007)을 살펴볼 것. 이근·임채성은 기술 추격과정을 경로추종형path following 추격, 단계생략형stage-skipping 추격, 경로개척형path creating 추격으로 유형 구분하고 있다. 이 글에서 다루는 탈추격 혁신은 이근·임채성의 경로개척형 추격과 유사한 개념이다(Lee and Lim, 2001).

있다. 첫 번째 유형은 산업의 기술패러다임 전환기에 이루어지는 혁신이고, 두 번째 유형은 기존의 패러다임 내에서 기술 심화 deepening 및 차별화 과정을 통해 이루어지는 혁신이다.

첫 번째 유형은 기술패러다임이 전환되면서 지배적 설계가 등장하지 않아 기술이 유동기 상태에 있을 때, 가능성이 있다고 알려진 대안들 중 특정 대안을 선택해서 상업적 성공으로 연결시키는 혁신활동이다. 이때 특정 대안은 반드시 기업 내부나 국내에서 개발될 필요는 없다. 혁신주체들의 원천기술 창출능력이 취약하거나 기술개발 리스크가 크다면 외국 기업이나 연구소에서 획득할 수 있다.

패러다임 전환기에 이루어진 경로실현형 혁신은 외국에서 도입한 원천기술이나 아이디어를 경쟁자보다 빨리 구현하여 산업화하는 방식을 취했다. 선진국 기업들은 기존 기술에 고착되어 있거나 몇 개의 다른 대안들을 선택할 수 있기 때문에 특정 기술을 선택하여 집중적인 개발활동을 하는 데 다소 소극적일 수 있다. 그러나 한국 기업들은 가능성이 보이는 특정 기술을 선택해서 공격적인 개발·상용화 작업을 수행했다. 그리고 이 과정에서 정부는 국가연구개발사업을 통해 여러 대안을 사전적으로 실험해보거나 기술개발 리스크를 공유하여 기술개발의 불확실성을 낮추어주는 역할을 했다(송위진·이근·임채성, 2004).

휴대전화와 포스코의 파이넥스 기술개발은 전형적인 사례가 될 수 있다. 휴대전화의 경우 디지털 전환기에 국내 기업들이 벤처기업이었던 퀄컴의 원천기술을 바탕으로 재빠르게 CDMA 방식의 통신시스템과 단말기를 개발하여 세계 최초로 CDMA 기술을 상용화했다. 당시 GSM, TDMA 등 여러 방식이 각축을 벌이고 있었는데 다른 외국 기업들이 관심을 갖지 않는 CDMA 방식을 선택해서 상업화에 성공했으며, 이를 통해 축적된 제품개발 능력과 생산관리 능력을 바탕으로 휴대전화 산업의 '재빠른 이인자 fast second'로 성장할 수 있었다(송위진, 2005).

파이넥스의 사례도 유사하다. 용광로 기술을 대체하는 차세대 기술 대안들이 서로 경쟁하고 있는 가운데 포스코는 외국 기업이 개발한 코렉스 기술을 도입·개량하여 파이넥스 기술을 개발했다. 이를 통해 가능성으로만 존재했던 용융환원법을 세계 최초로 상용화할 수 있었다(송성수·송위진, 2010).

한편 CDMA 휴대전화 기술과 파이넥스 기술을 개발하는 과정에서 강도 높은 기술학습이 이루어졌다. 원천기술을 외국에 의존했기 때문에 상용화 과정에서 다른 대안을 택할 수 없었고, 실패를 보완할 수 있는 여력도 부족해 기술개발을 담당한 프로젝트팀은 밤낮없이 고도의 집중력을 발휘했다. 자유로운 분위기에서 창의적인 아이디어를 구현하는 방식이 아니라 리스크가 큰 기술을 선택한 후 고도의 몰입과 투자가 이루어지는 기술학습활동이 전개된 것이다.

그리고 이 과정에서 정부는 기술패러다임 전환기에 나타나는 높은 불확실성을 낮추어주는 정책을 시행했다. 정부는 산학연이 참여하는 대형국가연구개발사업으로 디지털 이동통신 기술개발사업, 용융환원제철 기술개발사업을 추진하여 기술적·경제적 불확실성을 민간부문과 공유하는 기반을 마련했고 표준을 CDMA 방식으로 결정하여 새롭게 개발된 기술의 시장을 창출했다.

두 번째 유형의 경로실현형 혁신은 기존에 축적된 공정기술, 생산관리기술, 제품기술을 바탕으로 그것을 빠른 속도로 개선해서 기술을 더욱 심화하고 차별화하는 혁신활동이다. 이 유형의 혁신은 추격과정을 통해 기존 기술패러다임 내에 축적된 능력을 최대한 확장시키면서 새로운 시장을 열거나 차별화된 제품을 개발한다. 이 과정에서 다른 분야의 축적된 기술을 효과적으로 활용하여 기존 기술을 한 단계 더 업그레이드시키는 작업을 수행했다. 메모리 반도체 분야, 디스플레이 분야, 자동차 세타엔진 개발, 육상건조공법 등에서의 혁신이 이에 해당하는 사례이다.

삼성전자 NAND 플래시메모리는 메모리 개발과정에서 축적한 공정기술과 생산관리능력을 확장하여 새롭게 성장하는 모바일 분야에 적용하는 기술전략을 선택해 성과를 올린 사례이다(신장섭·장성원, 2006). 디스플레이의 경우도 유사하다. 메모리 반도체 분야와 가전 분야에서 축적한 능력을 확장하여 대규모 디스플레이 기술혁신을 선도하게 되었다. 현대자동차도 알파엔진과 베타엔진을 개발하는 과정에서 축적한 능력을 확장함으로써 중형차 분야에서 경쟁력 있는 세타엔진을 개발했고 그 기술을 수출하게 되었다. 현대중공업의 육상건조공법도 해양플랜트 진수 기술을 선박에 응용한 것으로서, 이를 통해 육상에서 선박을 건조할 수 있게 되었다(최영락 외, 2008).

이렇게 추진된 경로실현형 혁신은 대기업들의 원천기술 선택능력, 집중적 자원동원 능력, 개발에서 대량생산까지의 시간을 단축시키는 능력이 뒷받침되었기 때문에 가능했다. 어떤 기술이 가능성 있는 기술로 부상할 것인가를 탐색하다가 어느 정도 기술발전 방향이 좁혀지면 특정 기술을 선택해 이에 대한 집중적인 투자와 함께 개발 및 대량생산 시스템을 빠르게 구축해서 새롭게 성장하는 시장을 장악하는 전략이 유효했다.

2. 한계

1) 경로창출형 혁신의 제약

국내 기업들은 여러 가지 가능한 대안들 중 특정 대안을 선택해서 신속하게 상업화로 이끄는 경로실현형 혁신활동에 성공했지만 새로운 경로를 창출하는 혁신에는 소극적인 모습을 보여주고 있다.

　경로창출형path creating 혁신은 새로운 개념을 정립하여 기술혁신 경로를 창출하는 혁신이다. 따라서 경로창출형 혁신이 이루어지는 맥락은 문제도 명확하게 정의되어 있지 않고 그것을 해결하기 위한 대안도 불확실한 상황이다.

　새로운 경로를 창출하는 경로창출형 혁신에도 2가지 유형이 있다. 첫 번째 유형은 과학지식을 활용한 경로창출형 혁신이다. 이는 과학적 성과를 토대로 원천기술을 개발하고 그것을 통해 새로운 산업을 개척하는 혁신활동이다. 줄기세포와 관련된 지식을 바탕으로 새로운 맞춤치료 방법을 개발하는 혁신활동이 이에 해당한다고 할 수 있다.

　두 번째 유형의 혁신은 이미 존재하고 있는 여러 요소기술을 새로운 개념에 입각해서 새로운 방식으로 통합하여 새로운 시장과 수요를 창출하는 혁신이다. 크리스텐센Clayton Christensen이 강조하는 새로운 소비자와 시장을 대상으로 하는 '파괴적 혁신disruptive innovation'이 이런 유형에 해당한다고 할 수 있다(Christensen, 1997). 애플의 아이폰이 전형적인 사례이다. 애플은 이미 알려진 휴대전화와 관련된 요소기술을 콘텐츠 및 소프트웨어 다운로드 서비스와 통합시키고, 그것을 혁신적인 디자인으로 재구성하여 서비스와 기술이 결합된 새로운 제품을 개발함으로써 신시장과 소비자들을 창출했다. 애플은 유려한 디자인을 지닌 사용하기 쉬운 제품과 서비스만 개발한 것이 아니라 사용자와 상호작용하면서 콘텐츠와 소프트웨어를 지속적으로 공급하는 혁신 기업의 생태계를 만들어냈다.

　경로창출형 혁신활동은 기술개발과 함께 그 기술이 개발·사용되는 사회를 전망하고 구성하는 능력을 필요로 한다. 새로운 개념의 기술개발은 기술만을 개발하는 것이 아니라 그것이 개발되고 활용되는 사회시스템을 동시에 개발하는 것이기 때문이다.

현재 한국에서 경로창출형 혁신활동은 거의 이루어지지 않고 있다. 새로운 개념을 창출하는 것보다는 기존 개념에 입각한 기술을 새로운 방식으로 개발하는 활동에 익숙해져 있기 때문이다. 외국 선도기업의 기술경로를 추격하는 혁신활동을 뛰어넘어 프론티어 영역에서 기술혁신활동을 수행하고 있지만, 기존 개념의 연장선에서 새로운 대안을 찾고 있다.[4] 경로창출형 기술혁신을 본격적으로 추진하기 위해서는 기존의 관점과 시각을 뛰어넘는 새로운 접근이 필요하며 다양한 의견이 제시되고 실험이 이루어질 수 있는 개방형 혁신네트워크가 형성되어야 한다.

2) 대기업 중심의 폐쇄형 혁신네트워크 강화

1990년대 후반 이후 추진된 경로실현형 기술혁신은 폐쇄형 네트워크와 수직적 위계를 통해 이루어졌다. 특정 기술궤적을 선택하여 대규모 집중투자를 동반한 재빠른 제품개발·생산을 통해 규모와 속도의 경제를 실현하기 위해서는, 일정 수준의 능력을 갖추고 일사불란하게 움직일 수 있는 혁신주체로 구성된 네트워크가 필요했다. 한국의 경로실현형 혁신은 새로운 기술을 중심으로 다양한 주체들이 참여하여 자기조직화하면서 발전하는 '개방형 생태계'를 형성하는 혁신이 아니었던 것이다. 조립 대기업을 중심

---

[4] 국내 기업의 이러한 모습에 대한 생생한 묘사는 신기주(2010)를 참조할 것. 삼성전자는 2006년 11월 현재의 스마트폰과 유사한 MITs(Mobile Intelligent Terminal by Samsung)라는 제품을 개발했다. 이 제품이 나오자 소비자들이 인터넷 카페를 만들고 스스로 사용법을 익히려는 움직임을 보였다. 아이폰 등장 초기와 유사한 모습들이 나타난 것이다. 그러나 삼성전자는 자신들이 무엇을 만들었는지 알지 못했고 이 기회를 놓쳐버렸다. 새로운 개념 창출에 대한 경험과 비전이 없었기 때문에 이런 현상이 나타난 것이다. 기술은 있었지만 그것을 활용할 상상력이 부족했다.

으로 필요한 요소와 기능을 위계적으로 조직한 네트워크를 바탕으로 발전한 혁신모델이라고 할 수 있다.

이런 측면에서 보았을 때 경로실현형 혁신은 추격 단계의 대기업 중심 혁신체제의 연장선에 서 있다고 할 수 있다.[5] 기술개발의 불확실성과 관련 기업이 축적한 기술능력의 깊이 및 폭에서 차이가 있었지만 핵심 조직이 방향을 정하고 자원을 집중적으로 투입하면서 혁신네트워크를 조직·규율했다는 점에서 유사한 접근을 취한 것이다. 또 세계적 차원에서의 경쟁을 위해 능력이 있는 기업과 그렇지 않은 기업을 차별화하고 부족한 부분은 아웃소싱을 활용하는 이러한 혁신활동은 추격체제에 존재했던 대기업-중소기업, 네트워크 참여기업-단순 하도급 기업의 간극을 더욱 확대하는 결과를 낳았다.

대기업 중심의 폐쇄형 네트워크가 지배적인 혁신모델이 되면서 다른 유형의 혁신네트워크 발전도 지체되고 있다. 구글, 애플과 같은 미국식 벤처기업과 독일·일본식 히든 챔피언 기업의 육성이 이야기되고 있고 몇 개 기업들이 활동하고 있지만, 이를 통해 대기업 중심의 폐쇄형 네트워크에 필적하는 새로운 외부 혁신체제를 구성하지는 못하고 있다. 하나의 모델에

---

[5] 추격 단계의 경로추종형 혁신은 위계적이고 폐쇄적인 혁신네트워크 형성과 함께 진행되었다. 기계·부품·소재 산업이 발전되지 않은 상황에서 조립 대기업을 중심으로 추격형 혁신활동이 수행되면서 대기업은 해외로부터 기술을 도입하여 하위 기업을 육성하고 대기업 중심의 폐쇄적인 혁신네트워크를 형성했다. 또 이 때문에 혁신네트워크에 참여한 기업들은 조립 대기업과 종속적인 관계를 맺게 되었다. 경로실현형 혁신의 경우에는 추격과정을 통해 관련 산업과 기업이 발전되어 있었기 때문에 추격형 혁신과는 출발 조건이 달랐다. 그러나 기술개발의 불확실성이 높은 상태에서 대규모 투자와 신속한 기술개발을 위해서는 대기업의 지도에 따라 잘 규율되는 네트워크가 필요했다. 추격 단계에서 형성된 잘 훈련된 폐쇄적 네트워크는 경로실현형 혁신에서도 여전히 유용한 틀이었다.

지배되는 단순화된 혁신체제는 다양성이 부족하여 외부 환경의 급격한 변화에 대응하기 어렵다는 점을 감안한다면 이는 한국 혁신체제의 위협요인이 될 수 있다.

한편 정부가 특정 분야를 선택해서 집중 지원하는 '선택과 집중targeting' 정책도 대기업 중심의 혁신네트워크를 강화시키는 효과를 낳았다. 특정 산업이나 기술에 대한 선택과 집중을 통해 자원을 집중적으로 배분할 때 그것을 책임지고 성공으로 이끌 만한 능력이 있는 주체로 대기업을 선택하기 때문이다. 단기적으로 성과를 내고 승진해야 하는 공무원의 입장에서는 이미 충분한 기술능력을 가지고 있는 대기업을 정책파트너로 선정하는 것이 영리한 선택인 것이다.[6]

3. 정책 방향

추격체제로부터 벗어난 탈추격 혁신을 구현하기 위해서는 무엇보다도 먼저 대기업 중심의 혁신네트워크와는 다른 논리에 따라 작동되는 새로운 혁신네트워크를 형성하여 병행 발전하도록 함으로써 혁신체제를 다양화

---

6 양극화 문제가 주요 의제로 부상하면서 국가연구개발사업에 중소기업의 참여 비중이 확대되고 있지만 그 과실은 여전히 대기업에 많이 돌아가고 있다. 중소기업이 국가연구개발사업을 통해 기술을 개발하는 경우 그것이 대기업이 필요로 하는 기술인 경우가 많기 때문에 그 연구개발사업은 대기업이 스스로 자원을 투입했어야 할 연구를 정부 지원을 통해 수행한 셈이 된다. 또 대기업과 중소기업의 컨소시엄 형태로 추진되는 국가연구개발사업의 경우도 실질적인 협력보다는 연구개발 하청의 형태로 진행되는 경우가 많다고 보고되고 있다. 대기업-중소기업 공동연구개발사업 형태로 과제를 수주한 후 중소기업이 대부분의 연구를 수행하게 된다는 것이다("대기업 배만 불리는 연구분야 지원 예산", 《조선일보》, 2010년 8월 5일 자).

하는 작업이 필요하다. 이는 새로운 발전 모델을 제시함과 동시에 기존 대기업 중심의 혁신네트워크를 새롭게 혁신하는 계기를 마련해줄 수 있다.

그동안 추진된 탈추격을 위한 신성장동력 산업 육성, 원천기술 개발을 위한 정책은 경로실현형 혁신을 추진하면서 대기업 중심 혁신네트워크의 자산을 활용하는 전략을 취했다.[7] 이는 대기업 중심의 경로실현형 혁신을 더욱 확장시키는 결과를 낳았다.

그러나 경로실현형 혁신이 일정 궤도에 도달한 상황에서 이제 혁신정책은 대기업 중심의 폐쇄적 네트워크를 넘어 새로운 유형의 혁신활동을 수행하는 네트워크 형성을 지원하는 것이 필요하다. 이 혁신네트워크는 경로창출형 혁신을 수행하여 대기업 중심의 네트워크와 경쟁하면서 동시에 협력하는 기능을 수행해야 한다.

혁신적 중소기업이 군집된 네트워크, 사회적 기업과 협동조합의 네트워크는 이런 활동을 수행할 수 있는 하나의 출발점이 될 수 있다. 이들을 중심으로 그동안 대기업 네트워크가 등한시하거나 진입할 수 없었던 새로운 성장 영역과 경로를 발굴하고, 대기업 네트워크와 대등한 관계에서 거래할 수 있는 능력을 함양하는 방안, 관련 기업들과의 협력을 통해 초창기부터 글로벌하게 진출하는 새로운 혁신네트워크를 형성하는 방안을 탐색하는 것이 필요하다.

이와 함께 국가연구개발사업과 공공부문의 연구개발활동도 새로운 혁신네트워크의 형성·발전을 지원하는 방안을 모색하는 것이 필요하다. 중소기업, 사회적 기업의 부족한 혁신능력을 보완하고 혁신네트워크의 진화

---

[7] 기업 지배구조의 큰 변화가 없다면 대기업 중심의 혁신체제는 폐쇄적 네트워크에 기반을 둔 경로실현형 혁신을 계속해서 추구할 수밖에 없기 때문에 추격체제를 극복하기 어렵다.

를 도모할 수 있는 플랫폼을 구축하는 정책이 요청된다.

또 산업경쟁력 강화 중심의 혁신정책을 넘어 사회문제 해결을 위한 혁신활동을 구현하는 정책을 취하여 새로운 혁신활동의 영역과 시장을 개척하는 것도 필요하다. 이는 추격체제의 경제지상주의를 정정할 수 있는 기회를 제공해줄 것이다. 한편 이런 활동을 중소기업과 사회적 기업과 같은 혁신주체들이 중심이 되는 새로운 네트워크 구축 전략과 연계하면, 새로운 영역 개척과 새로운 혁신네트워크 형성을 동시에 수행할 수 있다. 사회문제 해결을 위한 혁신활동도 강화시키면서 새로운 성장의 축이 될 수 있는 혁신네트워크를 형성하는 일석이조의 활동이 이루어질 수 있는 것이다.

탈추격을 위한 새로운 혁신생태계의 형성, 사회문제 해결과 같은 새로운 과학기술혁신정책 영역은 기존 전문가 중심의 의사결정 시스템과는 다른 새로운 거버넌스를 요구한다. 전문가에 의해 주도되는 산업혁신 중심, 대기업 혁신 중심의 거버넌스를 넘어 사용자와 사회영역이 참여하고 중소기업, 사회적 기업의 이해도 반영되는 참여형 거버넌스가 필요한 것이다.

거버넌스의 변화와 함께 과학기술혁신정책의 기획·평가 과정에서도 기술 중심의 틀을 넘어 사회·기술시스템socio-technical system 접근에 입각한 패러다임이 필요하다.[8] 기술 획득 그 자체에 초점을 맞추는 기획과 평가방식을 넘어 그 기술이 가져오는 사회적 효과와 의의를 사전적으로 파악하고 사후적으로 평가하는 통합적 인식과 프레임이 필요하다. 이는 기술개발 및 사용의 사회·경제적 맥락을 고려하는 관점을 취하기 때문에 시책의 적절

---

8 사회·기술시스템론은 사회와 기술은 서로 분리되어 존재할 수 없는 통합된 시스템으로 존재한다고 파악한다. 사회와 기술이 서로 보완성을 형성하면서 사회·기술시스템을 구성한다. 사회·기술시스템론은 혁신체제론이 진화한 논의로서 혁신의 사용 측면, 사회적 측면을 중요한 요소로 설정하고 있다. 혁신체제론의 경제 중심적 측면을 보완하면서 사회적 측면까지 분석에 포괄하고 있는 것이다(Geels, 2004a, 2004b).

성을 높여 과학기술혁신정책의 문제해결 능력을 향상시키고 연구개발사업의 성과도 향상시킬 수 있다. 탈추격형 혁신은 기술만이 아니라 사회도 동시에 구성하는 활동이기 때문에 이러한 사회·기술시스템적 접근을 전제로 할 수밖에 없다.[9]

---

9 이에 대한 좀 더 자세한 논의는 송위진(2012)을 참조할 것.

참고문헌

송성수·송위진. 2010. 「코렉스에서 파이넥스로: 포스코의 경로실현형 기술혁신」. ≪기술혁신학회지≫, 제13권 제4호.

송위진. 2005. "한국의 이동통신: 추격에서 선도의 시대로". 삼성경제연구소.

_____. 2009. 「2000년대 한국의 과학기술혁신정책: 창조와 통합의 지향」. ≪과학기술학연구≫, 제9권 제2호.

_____. 2012. 「문제해결형 연구개발사업의 주요 특성과 정책방향」. ≪STEPI Insight≫, 99호.

송위진·성지은·정연철·황혜란·정재용. 2006. 「탈추격형 기술혁신체제의 모색」. 과학기술정책연구원.

송위진·이근·임채성. 2004. 「디지털 전환기의 후발국 기술추격 패턴 분석: 디지털 TV 사례」. ≪기술혁신연구≫, 제12권 제3호.

신기주. 2010.4. "한국 기업들 성장 패러다임을 혁신하라". ≪Fortune Korea≫.

신장섭·장성원. 2006. "삼성반도체 세계 일등 비결의 해부". 삼성경제연구소.

이근. 2007. 『동아시아 기술추격의 경제학』. 박영사.

≪조선일보≫. 2010.8.5. "대기업 배만 불리는 연구분야 지원 예산".

최영락·송위진·황혜란·송성수. 2008. 「차세대 기술혁신시스템 구축을 위한 정부의 지원시책」. 한국공학한림원.

Christensen, C. M. 1997. *The Innovator's Dilemma: When New Technologies Cause Great Firms to Fail*. Harvard Business School Press.

Geels, F. 2004a. "From Sectoral Systems of Innovation to Socio-technical Systems Insights about Dynamics and Change from Sociology and Institutional theory." *Research Policy*, Vol. 33, No. 6-7.

_____. 2004b. "Understanding System Innovations: a Critical Literature Review and a Conceptual Synthesis." Elzen et al.(ed). 2004. *System Innovation and the Transition to Sustainability*. Edward Elgar.

Kim, L. 1997. *Imitation to innovation: the dynamics of Korea's technological learning*. Harvard

Business School Press.

Lee, K. and C. Lim. 2001. "Technological regimes, catching-up and leapfrogging: the findings from Korean industries." *Research Policy*, vol. 30, pp. 459~483.

UNIDO. 2005. "Capability Building for Catching-up: Historical, Empirical and Policy Dimensions." *Industrial Development Report 2005*. Vienna: UNIDO.

02 추격형 산업구조 변화 전략에 따른 대·중소기업의 상생 한계

김종선 _과학기술정책연구원 연구위원

1. 서론

한국은 세계적으로 유례없는 빠른 발전을 이룩해왔다. 1953년 1인당 국민소득이 67달러에 불과했으나, 1977년 1,000달러, 1995년 1만 달러를 달성했으며, 2011년에는 2만 2,500달러에 이르렀다. 이런 사례는 경제발전을 목표로 하고 있는 개발도상국들에게 분명 성공적인 것으로 보일 것이다. 그러나 환경이 변함에 따라서 한국의 지속적인 경제성장은 쉽지 않아 보인다. 그 대표적인 예로 1인당 국민소득이 2007년 2만 달러를 돌파한 이후, 다시 1만 달러대로 떨어졌다가 2010년 다시 2만 달러를 달성하는 등 최근 5년간 2만 달러 주변에서 더딘 성장을 하고 있다.

느린 경제성장의 원인은 대외적으로 세계 경제의 불황, 에너지 가격 폭등, 동북아시아 긴장 확대, 중국의 G2 부상 등 다양한 요인들에서 기인하며, 대내적으로는 대외 제약 요건들을 극복할 수 있는 새로운 성장동력의 부재 때문이다. 결론적으로 기존 성장동력에서 한계가 노정되고 있는 것이다.

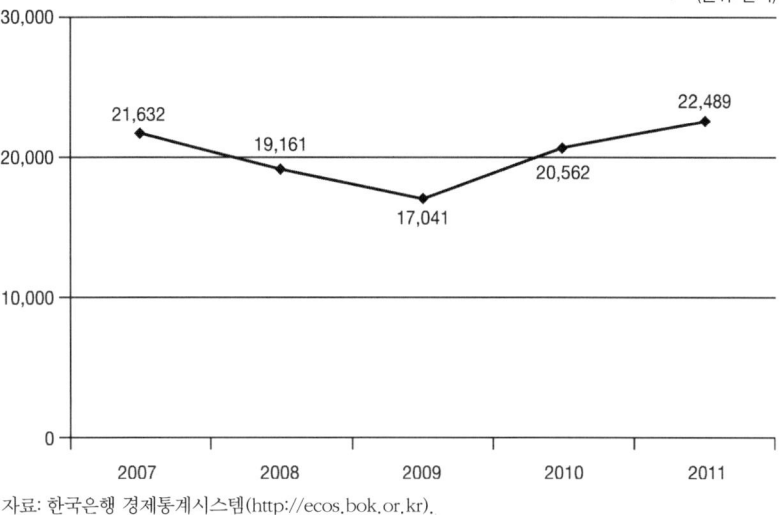

〈그림 2-1〉 한국의 1인당 국민소득 추이

(단위: 달러)

자료: 한국은행 경제통계시스템(http://ecos.bok.or.kr).

보다 빠른 성장을 위해서는 기존 성장 전략의 노정된 한계점을 분석하고, 이를 기반으로 보다 발전적인 방향으로의 체제 전환이 필요할 것으로 생각된다. 이에 이 글에서는 기존 성장동력의 한계로 가장 많이 지적되고 있는 대기업과 중소기업의 동반성장 어려움을 역사적으로 고찰하여 그 원인을 간접적으로 살펴보고자 한다. 그리고 이를 기반으로 대기업과 중소기업 발전의 공진화를 위한 시사점을 제시하고자 한다.

2. 문제 현황

한국은 1990년대 이전까지 노동생산성이 낮은 농업 분야 인력비중이 줄어들고, 노동생산성이 높은 제조업의 고용비중이 꾸준히 증가해왔다. 이러한 현상은 제조업이 꾸준히 일자리를 창출하면서 저부가가치 산업인 농

<그림 2-2> 산업구조 변화와 산업 간 고용이동 패턴

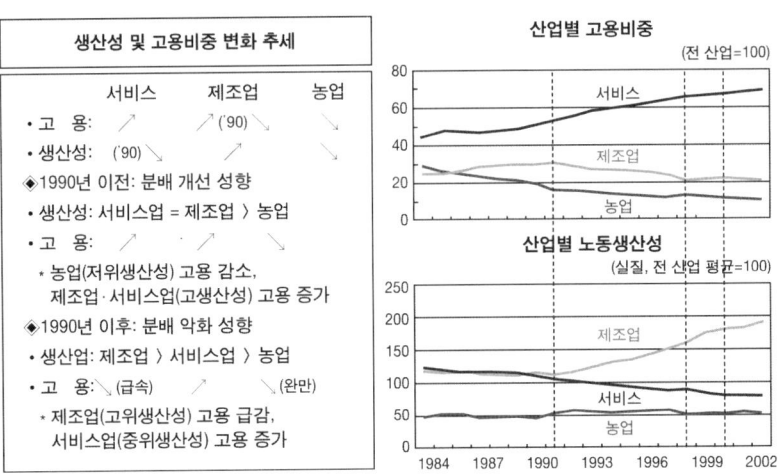

자료: KDI·합동TF(2005).

업 분야에서 인력을 흡수하고, 다시 이를 통해서 제조업이 성장하는 선순환구조를 만들었기 때문이다. 또한 선순환구조는 소득분배의 개선효과까지 이어졌다. 그러나 1990년 이후 제조업은 노동생산성이 높아짐에도 불구하고 일자리를 충분히 만들어내지 못하고 있다. 이로 인해 많은 잉여 인력들이 중간 정도의 생산성을 가지는 서비스업으로 이동하는 현상이 나타났으며, 소득분배도 악화되는 경향을 보이고 있다.

제조업 분야에서 고용비중 감소는 2000년대 들어 고용 없는 성장이라는 이름으로 안착되었다. 제조업 분야의 고용비중은 시간이 지남에 따라서 더욱 감소하기 시작했으며, 서비스업은 지속적으로 증가했다. 전 산업에서 제조업의 고용비중은 20%를 넘어왔으나, 2000년 20.3%에서 2008년도에는 17.3%까지 감소했다. 반면, 서비스업은 2000년 61.3%에서 지속적으로 증가하여 2008년에는 67.3%에 이르렀다.

여기서 문제는 제조업이 여전히 고성장을 주도하고 있으나, 고용창출

〈그림 2-3〉 제조업과 서비스업의 고용비중 변화

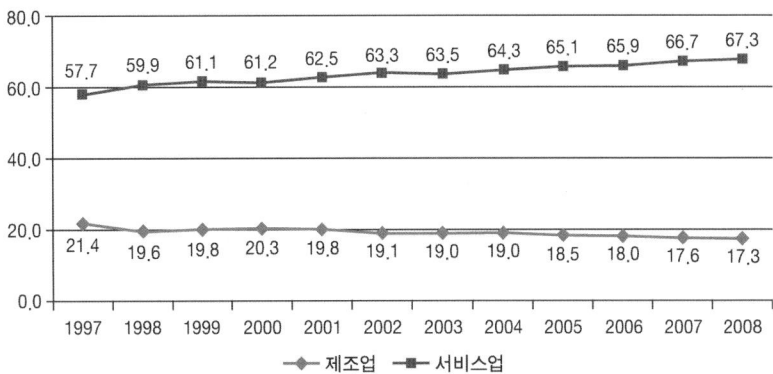

자료: 통계청 국가통계포털(http://kosis.kr).

〈그림 2-4〉 제조업의 고용창출 부족

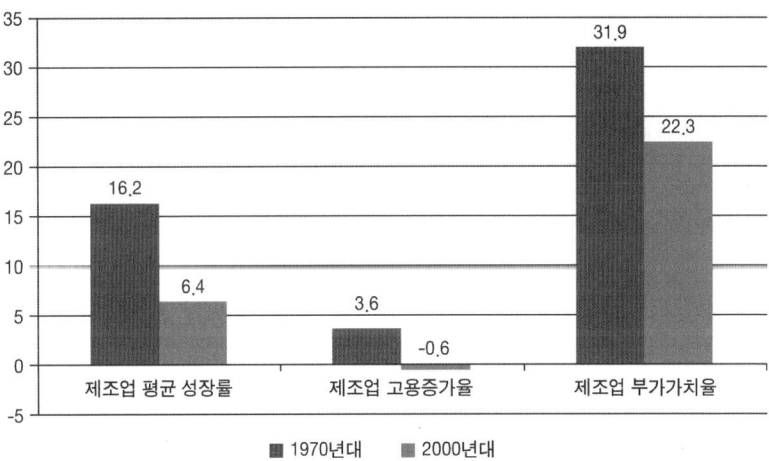

자료: 이근태 외(2012).

면에서는 큰 역할을 하지 못하고 있다는 점이다. 통계에 따르면, 2000년대 제조업은 여전히 6.4%로 성장하고 있으며 부가가치율도 22.3%를 보이고 있으나, 고용증가율은 2000년대 들어 -0.6%로 고용창출을 거의 하지 못하고 있다.

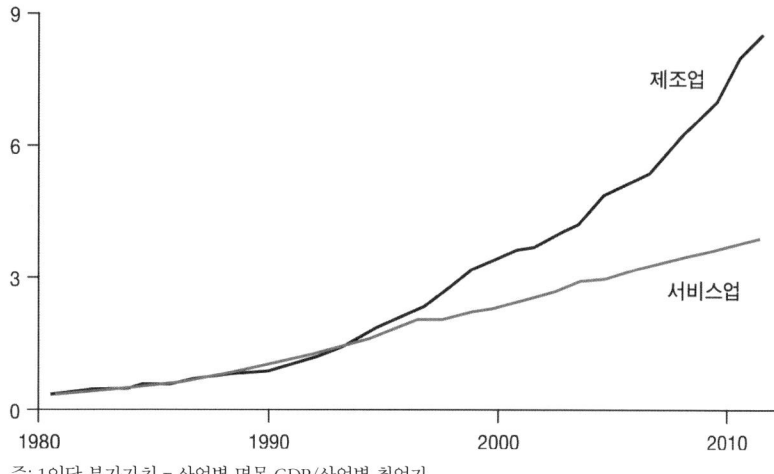

〈그림 2-5〉 제조업과 서비스업의 1인당 부가가치 추이

주: 1인당 부가가치 = 산업별 명목 GDP/산업별 취업자.
자료: 이근태 외(2012).

　제조업에서 고용창출이 되지 못함에 따라서 많은 사람들이 서비스업으로 이동하게 되었다. 그러나 서비스업은 여전히 제조업에 비해서 높은 부가가치의 일자리를 만들지 못하고 있다. 이러한 결과, 서비스업의 1인당 부가가치 생산은 제조업에 비해 매우 낮은 수준을 보이고 있다.

　결론적으로 제조업이 성장에도 불구하고 일자리를 충분히 창출하지 못하기 때문에, 많은 사람들이 낮은 부가가치를 창출하는 서비스업에 몰리는 문제가 나타나고 있다. 이러한 구조적 문제는 분명 국가의 성장동력 약화에 큰 영향을 미쳤음에 틀림없다. 그렇다면 제조업 성장을 이끄는 대기업들은 일자리 창출을 어떻게 하고 있는가? 최근 보도된 ≪경향신문≫ 2012년 9월 21일 자 기사를 보면, 10대 대기업의 지난 10년간 매출액은 2.5배 증가했으나 고용은 1.3배에 그친 것으로 나타났다.[1] 또한 대기업이 전체

---

[1] "대기업 매출 149% 늘 때, 고용 32% 늘어", ≪경향신문≫, 2012년 9월 21일 자.

제조업에서 차지하는 비중이 15% 정도임을 고려할 때, 대기업의 적극적인 고용확대는 고용 없는 성장을 극복하는 데 한계가 있다.[2] 전체 제조업의 85% 고용을 차지하는 중소기업의 고용확대가 절실하다. 그러나 대기업과 중소기업의 양극화 심화로 인해 중소기업의 성장을 통한 고용확대에도 한계가 있는 것으로 판단된다.

앞서 살펴본 바와 같이, 대기업과 중소기업의 성장의 공진화가 고용 없는 성장을 극복하고, 궁극적으로는 현재 약화된 국가의 성장동력을 다시 강화하는 좋은 방안이라고 할 수 있다. 그렇다면 어떻게 이를 실현할 수 있는가? 이를 위해서는 우선적으로 그 원인을 찾아봐야 할 것이다. 이 글은 대기업과 중소기업의 양극화 심화에 따른 성장의 공진화 어려움을 한국 경제성장 전략의 역사에서 찾아보고자 한다

3. 한국 추격 발전의 장점: 빠른 산업구조 변화를 통한 추격

한국은 지난 시기 경제성장을 위해 다양한 전략을 사용하여 성공적인 경제성장을 이룩했다. 이를 산업구조 관점에서 살펴보면, 한국은 매우 빠른 산업구조 변화를 통한 추격 전략을 펼쳐왔다. 이러한 전략은 1980년대 한국 제조업의 구조변화가 주요 선진국에 비해서 가장 빠르게 변해왔음에서 간접적으로 유추할 수 있다.

한국은 경공업에서 출발하여, 매우 빠르게 중화학공업 비중이 높아진 국가이다. 1980년대 한국의 경공업 부가가치 비중은 39.2%였으나, 2009년에는 13.8%로 감소했다. 동일한 기간 동안 미국, 일본, 독일 등 주요 선진국의

---

2 2007년 기준 추정치이며, 자료는 2012년 중소기업청 업무보고를 참조했음.

〈표 2-1〉 주요국의 경공업과 중화학공업 부가가치 비중(%) 추이

국가	경공업				중화학공업			
	1980	1990	2000	2009	1980	1990	2000	2009
미국	29.1	29.9	29.3	28.5	67.8	66.7	64.6	65.6
일본	26.6	23.8	24.8	25.4	67.3	69.9	72.5	72.3
독일	-	21.2	20.9	16.5	-	75.8	76.1	80.7
프랑스	27.6	30.7	27.1	27.8	68.0	65.0	69.3	68.5
핀란드	49.9	42.3	36.0	30.7	46.4	54.2	61.7	67.0
스웨덴	32.4	32.8	28.2	26.1	65.0	64.6	69.0	71.1
한국	39.2	26.1	19.9	13.8	58.1	71.0	77.8	84.8

주: 독일, 프랑스는 2008년 기준.
자료: 1980년과 1990년은 *OECD STAN Database 2005*를, 2000년과 2009년은 *OECD STAN Database 2009*를 사용하여 계산했으며, 일부 자료는 국가과학기술자문회의(2006)에서 발췌함.

〈그림 2-6〉 주요국의 제조업 구조변화율 추이 비교

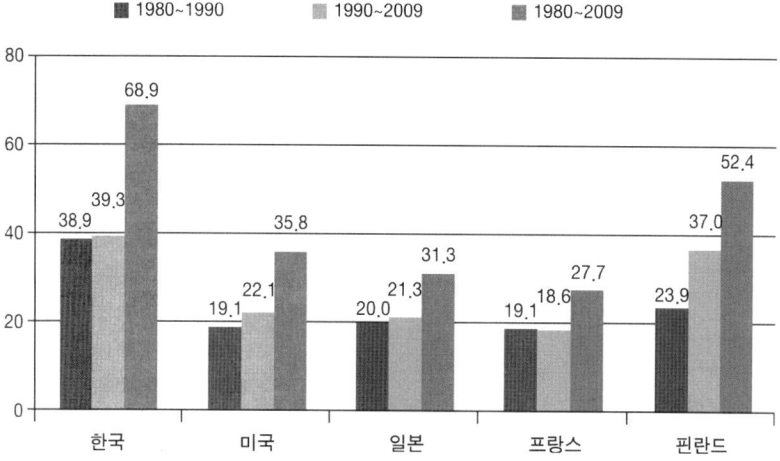

주: 1) 23개 제조업의 명목부가가치를 기준으로 허시만 지수를 사용하여 계산.
　　2) 미국, 일본은 2008년이 최근 연도임.
자료: *OECD STAN Database 2009*를 활용하여 계산했으며, 일부 자료는 한동훈 외(2005)에서 발췌함.

경공업 부가가치 비중이 여전히 20%대를 유지하고 있는 것을 보면, 한국은 세계적으로도 경공업 비중이 빠르게 감소한 나라임에 틀림없다. 이에 비해서 중화학공업이 차지하는 부가가치 비중은 동일 기간 동안 한국은 58.1%에서 84.8%로 증가한 반면, 다른 주요 국가들은 60~70%대를 유지하고 있다.

이러한 빠른 산업구조 변화는 주요국들의 제조업 구조변화율에서도 확연히 차이가 난다. 한국은 1980년부터 2009년까지 제조업의 구조변화율이 68.9%로 미국, 일본, 프랑스, 핀란드와 비교해도 월등히 높다. 이 수치는 노키아가 석탄회사에서 세계적인 휴대폰 회사로 성장하면서 큰 변화를 보인 핀란드의 52.4%보다도 매우 높다.

〈표 2-2〉 제조업 내 시기별 주요 산업 부가가치 비중(%) 변화

순위	1970년		1980년		1990년		2000년		2010년	
	산업	비중	산업	비중	산업	비중	산업	비중	산업	비중
1	섬유 및 의류	28.0	섬유 및 의류	23.3	전기전자	15.6	전기전자	24.8	전기전자	24.5
2	음식료	19.6	화학, 석탄 및 석유	19.8	화학, 석탄 및 석유	14.5	화학, 석탄 및 석유	15.3	금속제조	17.2
3	화학, 석탄 및 석유	14.2	음식료	10.8	금속제조	13.9	금속제조	12.8	자동차	16.3
4	종이 및 인쇄	8.9	전기전자	10.5	섬유 및 의류	13.5	자동차	12.4	화학, 석탄 및 석유	15.7
5	자동차	8.6	금속제조	10.2	자동차	11.8	섬유 및 의류	8.3	일반기계	8.9
6	비금속광물	6.3	비금속광물	6.5	음식료	7.4	일반기계	7.9	섬유 및 의류	4.2
7	전기전자	4.3	자동차	5.2	일반기계	6.7	음식료	6.3	음식료	4.1
8	기타 제조업	3.7	종이 및 인쇄	4.8	비금속광물	6.7	종이 및 인쇄	4.3	비금속광물	3.3
9	일반기계	2.9	일반기계	4.4	종이 및 인쇄	5.1	비금속광물	4.2	종이 및 인쇄	3.0
10	금속제조	2.7	기타 제조업	2.9	기타 제조업	3.3	기타 제조업	2.3	정밀제조	1.5

자료: 한국은행 경제통계시스템(http://ecos.bok.or.kr).

산업별로 살펴보면, 한국은 1970년대 섬유산업이 28.0%로 가장 많은 부가가치를 창출하는 산업이었으나, 1990년대부터는 전기전자 산업이 가장 중요한 산업으로 군림했다. 이외에도 자동차, 화학, 금속제조 산업 등 중화학공업들의 부가가치 생산 비중이 급증하면서 중화학공업 위주의 산업구조로 전환되었다.

결론적으로 한국은 경공업에서 시작하여, 중화학공업, 그리고 최근에는 휴대폰을 비롯한 IT 분야 등으로 빠르게 산업구조를 전환함으로써 선진국을 추격한 국가이다. 한국의 경제성장 결과를 고려할 때, 이러한 빠른 산업구조 변화는 분명 강점임에 틀림이 없다.

4. 한국 추격 발전 유산의 극복: 기존 산업 내 중소기업의 경쟁력 약화

한국은 빠른 산업구조 전환을 강점으로 급속한 경제성장을 해왔다. 그렇다면 산업구조 전환에 따른 산업별 부가가치 변화는 어떻게 변화하고 있는가? 이를 위해서 제조업 분야에서 국민소득 1만에서 2만 달러 변화 시기의 한국과 미국, 일본의 산업 내, 산업 간 부가가치율[3] 변화를 비교했다.[4]

---

3 부가가치율 = 생산된 부가가치/총생산액 × 100.
4 부가가치율의 변화 = 산업 내 부가가치율 변화 + 산업 간 부가가치율 변화 + 상호영향. 여기서 산업 내 부가가치율 변화는 산업의 생산비중이 일정하다는 가정하에 (각 산업의 생산비중) × (각 산업의 부가가치율 변화)의 합으로 기존 산업의 부가가치율 변화를 의미하며, 산업 간 부가가치율 변화는 부가가치율이 일정하다는 가정하에 (각 산업의 부가가치율) × (각 산업의 생산비중 변화)의 합으로 계산된다. 마지막으로 상호영향은 (각 산업의 부가가치율 변화) × (각 산업의 생산비중 변화)의 합으로, 부가가치율 상승이 빠른 산업이 생산비중도 빠르게 높아지는 경우 커진다.

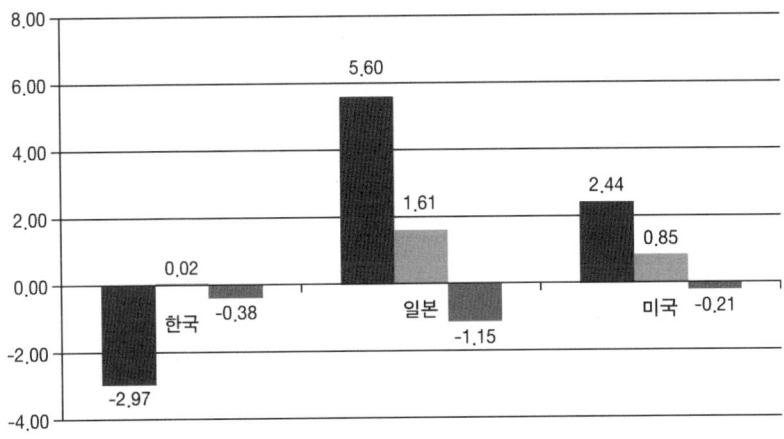

〈그림 2-7〉 국민소득 1만~2만 달러 기간의 제조업 부가가치율 변화 비교

주: 한국(1995~2007년), 다른 국가(1980~1990년).
자료: OECD STAN Database 2009.

분석 결과, 미국과 일본은 1만~2만 달러 시기에 기존 산업의 부가가치율이 증가했으며, 산업구조 변화를 통한 부가가치율도 증가한 것으로 나타났다. 즉, 기존 산업을 고도화시키면서 산업구조 변화를 통해서 성장한 것이다. 반면 한국의 1만~2만 달러 사이 기간을 살펴보면, 산업 내 부가가치율이 떨어지고 있으며, 산업 간 부가가치율도 낮은 수준의 양의 값을 나타냈다. 이는 화학산업 등 기존 주력산업이 높은 부가가치율을 창출하지 못하고 있는 상황에서 산업구조 변화로 발전한 전자산업도 높은 부가가치율을 창출하지 못하고 있음을 의미한다. 결론적으로 한국은 추격자로서 빠른 산업구조 변화를 통해 성장하면서 기존 산업들이 고도화되지 못했으며, 전환된 산업도 높은 수준의 부가가치를 창출하지 못하고 있음을 의미한다.

낮은 부가가치 창출 및 산업구조 전환의 성장 전략은 주로 대기업들이 주도하여 이루어져 왔다. 대표적인 예로 삼성의 경우 1987년 주력 업종은 도소매업이었으나, 현재는 세계적인 전기전자 회사로 성장했다. LG의 경

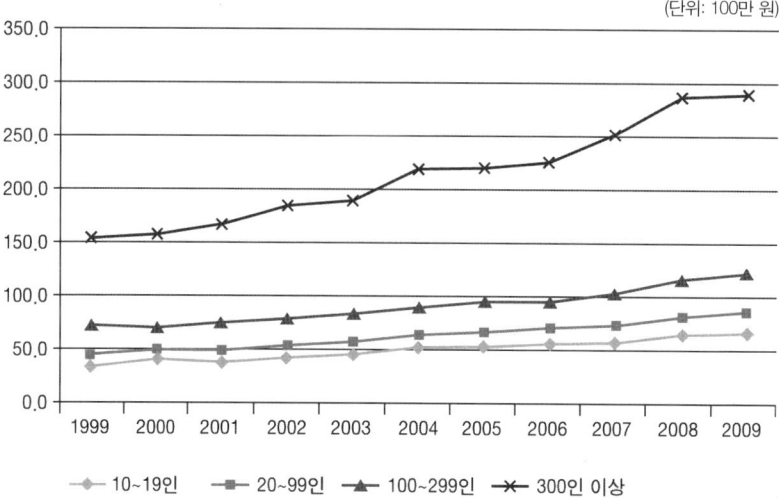

〈그림 2-8〉 기업 규모별 노동생산성 추이(제조업 전체)

(단위: 100만 원)

자료: 통계청 국가통계포털(http://kosis.kr).

우도 1980년대 중심 사업은 석유화학이었으나, 2002년에는 도소매업이 최대 주력 업종이 되었다.

반면 중소기업들은 상대적으로 인력, 자금 등의 부족으로 빠른 산업구조 전환에 적응하지 못했으며, 산업구조 전환보다는 기존 산업 내에서 성장을 도모해왔다. 이미 기술한 것처럼 산업 내 부가가치율이 떨어지고 있는 상황에서의 중소기업 성장은 느릴 수밖에 없다. 결과적으로 중소기업의 고부가가치화 전환을 어렵게 만들었으며, 궁극적으로 대기업과 중소기업의 노동생산성 차이를 확대했다.

또한 고부가가치화 실패에 따른 중소기업의 경쟁력 약화는 세계화에 따른 글로벌 부품 조달과 맞물려 대기업과 중소기업의 연계관계를 약화시키고 있다. 대기업 위주로 수출이 되고 있음을 고려할 때, 이러한 연계관계 약화는 중간투입재의 국산화 비율 감소로 이어지고 있다. 세부적으로 보면, 1997년 제조업에서 중간투입재의 국산화 비율은 73%였으나 2008년도에는 69.7%까지 감소했다. 이러한 중간투입재의 국산화 비율 감소는 국내 부품을 제공하는 중소기업과 수출주도의 글로벌 대기업과의 동반성장의 공진화를 더욱 어렵게 하고 있다.

<그림 2-9> 부문별 중간투입재 국산화 비율 변화

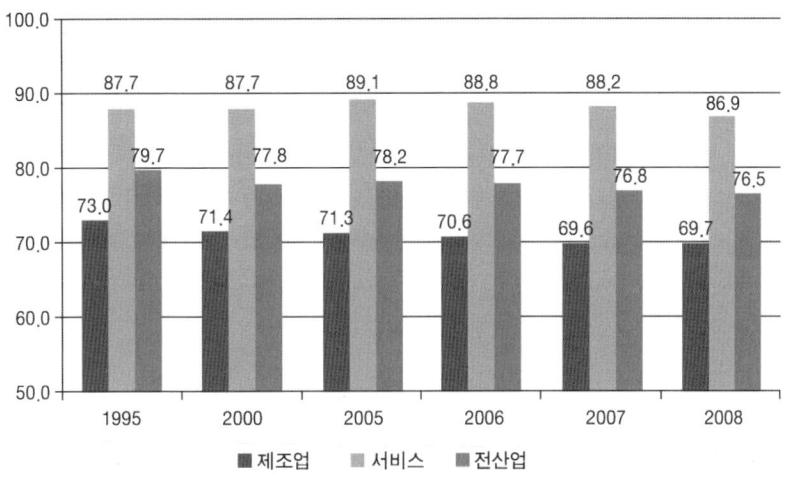

자료: 이건우(2011).

<그림 2-10> 제조업 내 기업규모별 기업체 수 변화 추이

(단위: 1,000개)

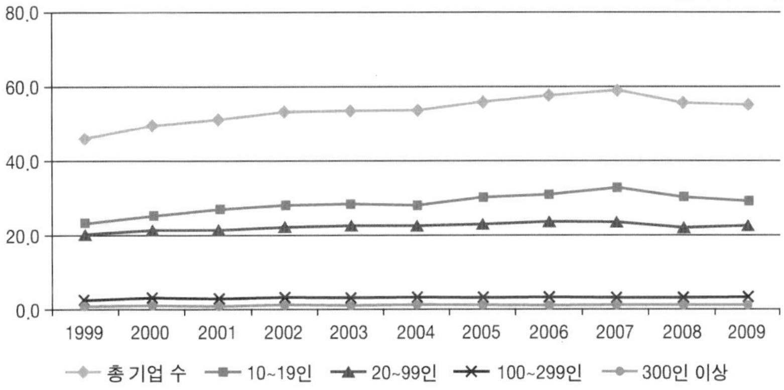

자료: 통계청 국가통계포털(http://kosis.kr).

위와 같이 중소기업의 경쟁력 약화 및 환경 악화 등은 대기업과 달리 중소기업을 더욱 어렵게 만들고 있다. 통계조사에 따르면, 대기업과 100인 이상 규모의 중소기업 수는 거의 변화가 없으나, 100인 이하의 영세기업 수가 최근 급속히 감소하고 있는 것으로 나타났다. 이는 영세기업들이 성장하기보다는 생존에도 어려움이 있는 상황으로 이해될 수 있다.

5. 시사점

기존 추격형 산업구조 변화 전략이 우리 경제 발전에 크게 이바지했으나, 최근 한계를 노정하고 있음을 알 수 있었다. 특히 기존 산업의 고도화 실패와 이로 인한 중소기업의 경쟁력 약화가 대기업과 중소기업의 양극화 심화, 고용 없는 성장, 저부가가치 서비스업의 일자리 확대 현상으로 이어지고 있음을 알 수 있었다. 이러한 문제들은 궁극적으로 국가 성장동력을 약화시키고 있으며, 새로운 성장 전략 모색의 필요성을 각인시키고 있다.

특히 제조업 내 대기업 위주 성장 전략의 한계점을 고려할 때, 앞으로 중소기업들이 생존을 위해 노력하고 있는 기존 산업의 고부가가치화를 고려해야 할 것으로 판단된다. 이를 위해서는 정부가 신성장동력 산업처럼 새로운 산업만을 추구하지 말고, 기존 산업의 고도화에도 많은 관심을 가져야 할 것이다.

또한 제조업 위주 발전 모델에서 벗어나 양질의 일자리를 창출하고 차세대 먹거리를 제공해줄 수 있는 서비스업의 고도화에도 큰 노력을 기울여야 할 것이다. 이를 위해서는 서비스업은 현재 도소매업 위주의 낮은 부가가치를 창출하는 상황에서 벗어나 금융, 컨설팅, 소프트웨어 등 고부가가치 분야로 산업구조를 전환하는 것도 적극적으로 고려해야 할 것이다.

마지막으로 빠른 산업구조 변화에 따라서 대기업은 주요 수입원이 기존 산업에서 신산업으로 변했으며, 이로 인해 한 산업 내에서 대기업과 중소기업이 공동운명체 문화를 적극적으로 만들지 못했다. 앞으로는 기존 산업의 고도화 및 중소기업의 경쟁력 강화와 더불어 대기업과 중소기업이 공동운명체를 형성할 수 있는 문화 형성도 중요한 과제로 고려되어야 할 것으로 판단된다.

참고문헌

≪경향신문≫. 2012.9.21. "대기업 매출 149% 늘 때, 고용 32% 늘어".

국가과학기술자문회의. 2006. 「동반성장을 위한 과학기술 혁신전략」.

이건우. 2011. 「한국산업의 연관구조 변화분석」. 산업연구원.

이근태 외. 2012.5.16 "성장과 고용창출의 동력 제조업의 재조명". ≪LG Business Insight≫.

중소기업청. 2012. 「중소기업청 업무보고」.

통계청 국가통계포털. http://kosis.kr.

한국은행 경제통계시스템. http://ecos.lok.or.kr.

한동훈 외. 2005. 「연구개발을 통한 산업구조 재편 전략」. 국가과학기술자문회의.

KDI·합동TF. 2005. 「경제양극화 실태와 정책과제」.

OECD STAN Database. http://www.oecd.org/industry/ind/stanstructuralanalysisdatabase.htm.

03
탈추격과 사용자 혁신을 위한 정부 혁신지원정책

김영배 _KAIST 경영대학 교수

1. 서론

우리 기업이 선진 기술을 모방하고 추격하는 수준에서 벗어나 새로운 기술을 스스로 창출하고 선도하는 수준으로 도약하기 위해서는 최근 혁신 연구에서 떠오르고 있는 사용자 혁신user innovation을 주목할 필요가 있다. 사용자 혁신이란 새로운 기능functionality을 필요로 하는 사용자(여기에는 개인과 기업 모두 포함된다)가 스스로 사용하기 위해 혁신을 개발하는 경우를 말하며, 이에 반해 생산자 혁신producer innovation은 혁신을 판매하기 위해 개발하는 경우를 말한다(von Hippel, 2005). 그동안 우리 기업은 선진국에서 시장 수요와 기술이 이미 검증된 선발자의 혁신을 더 좋게 더 싸게 그리고 더 빠르게 개발함으로써 성공적으로 추격에 성공했다(Kim, 1997; Lee and Lim, 2001). 그러나 최근 한국은 여러 산업에서 선도적 위치에 올라서게 되었고, 기존의 추격형 제품 개발 패턴에서 벗어나 새로운 시장과 기술을 바탕으로 우리 고유의 창의적 혁신을 개발하지 않으면 안 되게 되었다. 이러한 세계를 선도하는 최초의 혁신을 개발하기 위해서는 불가피하게 전에 없는 시장 및 기술의 불확실성에 직면할 수밖에 없다. 그런데 사용자 혁신은 사용자가 필요한 니즈needs를 스스로 기술개발을 통해 솔루션solution을 개발하고 있다는 점에서 우리 기업에게 탈추격 혁신 과정에서의 시장 및 기술 불확실성을 낮출 수 있는 새로운 혁신 대안을 제시해준다.

그럼에도 불구하고 그동안 정부의 혁신정책이나 정책 수립을 위한 현황 파악의 일환으로 시행되고 있는 국가 혁신활동 조사 등은 추격 패러다임 속에서 생산자 혁신을 중심으로 이루어져 왔다. 이러한 '추격형 생산자 중심의 혁신'에 집중된 정부정책과 각종 제도는 탈추격의 새로운 혁신 접근방법의 대안으로 떠오르고 있는 사용자 혁신을 간과(혹은 무시)하고 있을 뿐 아니라, 사용자들이 혁신을 창출하고 공유하며 활용하는 데 오히려 걸림돌이 되는 경우도 나타나고 있다. 특히 그동안 정부가 주도하여 대표 산업을 선정하고 국가 대표선수national champion를 선발하여 이들에게 국가자원을 집중하고 국제경쟁력을 강화하여 해외시장 수출을 통해 성장해온 하향식의 직접적인 정책 패러다임은, 사용자 누구나 창의성을 발휘하여 자신의 니즈를 스스로 해결하는 다양한 혁신을 개발하고 공유·확산할 수 있도록 기술적·사회적·제도적 인프라를 구축하고 혁신활동을 민주화하는 상향식의 간접적인 정책 패러다임과는 다를 수 있다. 따라서 '추격형 생산자 중심의 혁신'과 '탈추격형 사용자 중심의 혁신' 간 차이가 무엇인지 살펴보고, 이 두 가지 혁신이 공존할 수 있도록 정부의 혁신지원정책 결정과 국가 혁신체제 구축을 위해 어떤 변화가 필요한지 분석할 필요가 있다.

이 글에서는 현재 우리 산업이 직면하고 있는 탈추격 혁신의 요구 조건을 먼저 살펴본 후 사용자 혁신에 대한 개념과 주요 특성에 대해 기존 선진 연구와 국내 연구 결과를 고찰하도록 한다. 이를 통해 탈추격 혁신 전략의 하나로서 사용자 혁신의 개발과 확산이 활성화될 수 있는 정부정책과 기업

전략 방안을 모색하도록 한다.

2. 한국 산업의 혁신 과정과 당면 과제

한국은 지난 반세기 동안 유래 없는 경제성장과 아울러 지속적인 기술능력 향상에 힘써왔다. 기존 혁신 연구들은 한국 기업들의 기술혁신과 기술능력 학습 과정이 선진국의 성숙기 기술의 도입·모방·소화를 통해 이루어졌고 이를 기반으로 보다 새롭고 복잡한 기술들을 학습하여 일부 산업에서는 세계에서 최초로 기술을 창출하거나 세계 최고의 기술능력을 보유하는 단계로까지 성장했음을 밝히고 있다(Kim, 1997, Lee, Bae and Choi, 1988; Lee and Lim, 2001). 〈그림 3-1〉은 선진국에서 경화기에 있는 이미 성숙된 기술을 이전받아 이를 획득·소화·개선하는 과정을 통해 기본 기술능력을 학습한 후에 기술수명 주기상 보다 앞선 과도기 및 유동기 단계의 기술을 다시 획득하고 소화하며 개선하는 과정을 통해 보다 높은 기술능력으로 점진적으로 발전하는 과정을 보여주고 있다. 이들 연구들은 우리 기업들이 이처럼 성공적으로 선진 기술을 획득하고 스스로 새로운 기술혁신을 할 수 있는 여러 가지 동인들을 사회문화적 차원과 정부정책적 차원 그리고 기업전략 차원에서 밝히고 있다(Kim, 1997; Lee, Bae and Choi, 1988; Lee and Lim, 2001; Hobday, Rush and Bessant, 2004; Mathews and Cho, 2000).

그러나 한국은 현재 반도체나 온라인게임, 디스플레이나 조선 등 일부 산업에서 단지 선진 기술을 추격하는 단계를 지나 스스로 새로운 기술경로를 개척하거나 기존 기술경로의 선두에서 새로운 기술을 개발하는 사례가 나타나고 있다(Bae, Kim and wi, 2010). 추격catch-up이 단지 후진국 혹은 후발기업이 선진 기술이나 선진국의 생산성에 버금가게 따라가는 과정에 초

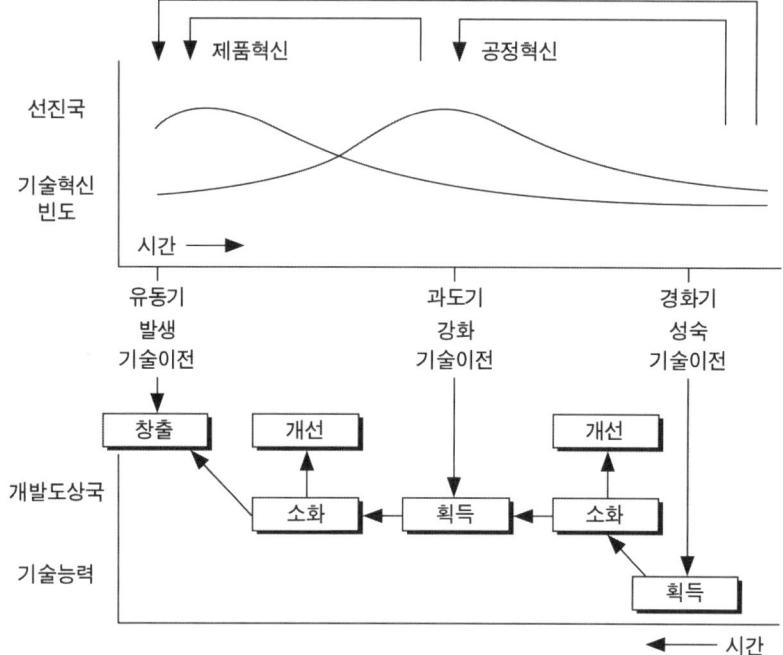

〈그림 3-1〉 한국 기술능력 발전의 동태적 과정

자료: Kim(1997).

점이 맞추어진 반면, 탈추격 혹은 추월leapfrogging은 후발국이 새로운 기술과 낮은 임금을 활용하여 선진국의 생산성을 능가하는 경우를 의미한다(Brezis, Krugman and Tsiddon, 1993). 소에테(Soete, 1985)는 기술에 초점을 맞추어 추월을 후발자가 선발자의 초기 기술 패러다임을 건너뛰고 최신의 기술 패러다임으로 바로 건너뜀으로써 얻는 기회로 정의하고 있다. 다시 말하면 후발기업들이 이전 기술 패러다임에 필요한 투자나 숙련skill에 대한 축적 없이도 더 진화된 새로운 기술을 선진 기업으로부터 이전받고 나아가 혁신을 통해 기술능력에서 선진 기업을 추월하는 경우를 의미한다고 할 수 있다(Perez and Soete, 1988; Lee and Lim, 2001). 페레스와 소에테(Perez and

Soete, 1988) 등은 후발자가 선발자를 추격하는 과정에서 기술발전 궤적이 단선적이며 누적적인 것으로 생각한 반면, 이근·임채성(Lee and Lim, 2001)은 후발자가 선발자를 기술 추격하는 과정이 단순히 기존 기술발전 궤적을 따라가는 path following 패턴뿐만 아니라 기존 기술발전 궤적을 건너뛰거나 path skipping 혹은 새로운 기술발전 궤적을 창출하는 path creating 패턴이 있으며, 특히 기술발전 궤적을 건너뛰거나 창출하는 경우를 기술 탈추격 혹은 기술 추월이라고 분류했다.

최근 한국의 기술 탈추격 혹은 추월에 대한 연구가 주목을 받고 있으며, 우리가 성공적으로 추격 단계에서 탈추격 단계로 도약하기 위해서는 과거와 달리 새로운 혁신 패러다임이 필요함을 제기하고 있다(송위진·황혜란, 2009; 이근, 2007). 이들 연구들이 공통적으로 지적하고 있는 탈추격 단계에서 혁신의 어려움은 바로 시장과 기술의 불확실성이라고 할 수 있다(이근, 2007; 송위진·이준석, 2007). 즉, 선진 기술을 모방하고 개선하는 추격 단계에서는 이미 시장과 기술 가능성이 입증된 제품이나 서비스의 개발에 초점이 있는 반면, 우리가 새로운 제품이나 서비스를 개발할 때는 스스로 이 기술의 잠재성과 아울러 시장의 수요에 대한 불확실성도 극복하지 않으면 안 된다.

기존 연구들이 우리가 성공적으로 기술을 추격할 수 있는 동인으로 제기했던 정부 주도의 기술개발정책이나 재벌기업 중심의 수출전략, 그리고 효율성과 스피드를 강조하는 기업전략 등은 모두 상대적으로 불확실성이 어느 정도 해소된 기술과 시장에 집중할 수 있었기 때문에 가능했다고 여겨진다. 다시 말하면 기술수명 주기상 지배제품 dominant design 이 등장하여 경쟁의 요체가 누가 더 빨리 그리고 싸게 더 좋은 품질의 제품이나 서비스를 개발하고 생산할 수 있었느냐에 달려 있었기 때문이라고 할 수 있다(Utterback, 1994; Teece, 1986).

그러나 우리가 탈추격 단계에서 기술혁신을 하려면 아직 선진국에서 지배제품이 등장하기 전에 시장과 기술의 불확실성을 극복하고 우리 스스로 지배제품을 창출하지 않으면 안 된다. 이러한 시장과 기술 불확실성을 감소시킬 수 있는 방법 중 하나가 바로 사용자 혁신을 활용하는 것이다. 사용자 혁신은 사용자 자신의 니즈를 스스로 문제해결을 통해 솔루션을 개발하기 때문에, 결과적으로 시장과 기술 불확실성을 현저하게 감소하는 특징이 있다.

3. 사용자 혁신(user innovation)[1]

슘페터(Schumpeter, 1934) 이래 우리는 혁신적인 제품이나 서비스를 이를 판매하는 생산자가 개발한다고 당연히 생각하고 있지만 우리 일상의 많은 혁신의 태동은 바로 이를 필요로 하는 사용자가 개발하는 경우가 많다는 점을 간과하고 있다. 즉, 기술혁신을 기업 또는 시장에 새로운 기술적 솔루션을 제공하는 것으로 정의할 때, 전통적으로는 제조업체나 서비스제공업체가 이 솔루션을 판매하기 위해 혁신을 하는 생산자 중심 혁신producer-centered innovation으로 이해되어왔다. 그러나 사용자 중심 혁신user-centered innovation은 솔루션을 사용하기 위해 개인이나 기업이 혁신하는 경우를 말한다. 예를 들어 삼성전자가 차세대 반도체를 개발하는 것은 전통적인 생산자 혁신에 속하지만, 만일 이 반도체 칩의 품질을 높이고 더 저렴하게 만들기 위해 자체적으로 사용하는 노광장비의 성능을 획기적으로 개선했다면 이는 사용자 혁신이라 할 수 있다.

---

1 사용자 혁신에 대한 자세한 문헌 고찰은 von Hippel(2005) 참조, 그리고 우리 문헌 고찰은 김영배(2012) 참조.

그동안 스포츠용품이나 완구, 리눅스Linux 같은 오픈소스 소프트웨어나 스마트폰의 앱application, 그리고 은행의 새로운 서비스 개발에 이르기까지 광범위한 산업에서 사용자 혁신이 발견되고 있다(von Hippel, 2005; Oliveira and von Hippel, 2009). 기존 연구들은 산업에 따라 사용자에 의한 혁신이 전체 혁신의 10~40%를 차지하는 것으로 보고하고 있으며(von Hippel, 2005), 캐나다와 네덜란드의 제조업을 대상으로 한 연구에서는 적게는 20%에서 많게는 50%의 기업들이 생산공정에서 사용자 혁신을 하는 것으로 나타나고 있다(Gault and von Hippel, 2009; de Jong and von Hippel, 2009). 또한 영국과 미국, 일본의 경우 일반 개인 소비자 중에서도 사용자 혁신을 개발하는 비율이 4~10% 정도 되는 것으로 나타나고 있고, 이들이 소비자제품 혁신에 투입하는 시간과 비용은 비록 정부 통계에는 반영되고 있지 않지만 일본의 경우 산업체 R&D 투자의 13%, 미국의 경우 36%, 그리고 영국의 경우 144%나 되는 것으로 추산되고 있다(Ogawa and Pongtanalert, 2011; von Hippel, Ogawa and de Jong, 2011).

선진국에서 이미 1970년대부터 주목을 받아온 사용자 혁신은 2000년대 들어와 인터넷의 발전과 소프트웨어를 기반으로 한 혁신의 비중이 증가하고 모듈에 기반을 둔 제품 개발과 제조가 활성화되면서 전통적인 생산자 혁신과 어깨를 나란히 하는 새로운 혁신 패러다임으로까지 발전하고 있다. 볼드윈과 폰히펠(Baldwin and von Hippel, 2011)은 인터넷이나 소셜 네트워크 서비스SNS 등의 기술발전, 제품이나 생산의 모듈화, 대량 맞춤생산mass customization, 3D CAD나 SDK Software Development Kit 같은 설계나 소프트웨어 개발도구 등의 발전으로 인해 전통적인 생산자 중심 혁신 모델뿐만 아니라 사용자 개인 혹은 사용자 커뮤니티community를 기반으로 한 혁신 모델이 경제적으로 정당화될 수 있으며, 또한 그 비중이 점차 증가할 것으로 예측하고 있다. 이러한 사실은 그동안 기술혁신은 이를 제조하는 기업체가 주도하여 개발된다는 암묵적인 가정에 새로운 시각을 던져주고 있다.

사용자 혁신과 관련하여 새롭게 조망되고 있는 주요 개념과 현상을 살펴보면 다음과 같다. 수많은 사용자 중에서도 특히 주목을 받는 것은 **선도사용자**lead user라 할 수 있다. 선도사용자란 여러 사용자 중에서 특정한 니즈의 필요성이 상대적으로 커서 이를 해결하는 혁신으로부터의 혜택이 가장 클 뿐 아니라 이러한 혁신이 시장 추세를 선도함으로써 결국은 다른 사용자가 향후 이를 필요로 할 가능성이 높은 경우의 사용자라고 할 수 있다. 이들은 이러한 니즈를 기술적으로 해결하는 혁신을 통해 혜택을 가장 크게 향유할 수 있으므로 기꺼이 혁신에 투자할 유인이 상대적으로 매우 크며 또 실제로 다른 사용자에 비해 사용자 혁신을 창출할 가능성이 높다. 더구나 시간이 지나면서 다른 사용자들도 이러한 혁신을 원하게 될 가능성이 크므로 상업적 가치도 높아지게 된다.

선도사용자 단독에 의한 기술혁신뿐만 아니라 리눅스 같은 오픈소스 소프트웨어와 같이 여러 사용자들이 서로 협동하여 기술혁신을 창출하는 사례도 빈번하게 보고되고 있다(Franke and Shah, 2003). 특히 인터넷의 등장과 협력적 설계도구collaborative design tools들의 개발, 소셜 네트워크의 활성화로 인해 협동적인 사용자 혁신 개발비용이 낮아지고 기술 공유의 가능성은 높아졌다. **사용자 혁신 공동체**user innovation community는 "개인 혹은 기업으로 이루어진 사용자 노드들이 혁신에 대한 정보를 전달하는 대면적·전자적 링크에 의해서 상호 연결된 공동체"를 말하는데(von Hippel, 2005), 이런 사용자 혁신 공동체는 구성원들의 혁신 아이디어가 공유되고 또 그 효용성이 검증되는 공간으로서 활용될 수 있어 더 좋은 혁신이 개발되고 전파되는 과정에서 중요한 역할을 하게 된다. 현재 오픈소스 소프트웨어 분야에서 Sourcefore.net의 경우 200만 명 이상의 사용자가 활동하며, 10만 개의 프로젝트가 운영 중인 것으로 알려져 있다.

사용자 혁신의 특징 중 하나는 생산자 혁신과 달리 **지식재산권**intellectual property에 의해 보호되기보다 다른 사용자들에게 무료 혹은 유료로 공개되는 비율이 높다는 점이다. 그 이유는 원래 혁신이 판매를 목적으로 개발되기보다 자신이 사용하기 위해 개발되었고, 따라서 시장에 판매될 수 있는 완전 제품이 되기 위해서는 좀 더 보완이 필요하게 되는데, 사용자 혁신가들은 다른 사용자들과 자신의 혁신을 공유하면서 자신의 위상을 인정받을 수도 있고 나아가 다른 사용자들의 피드백으로 인해 더 나은 솔루션을 얻을 수도 있기 때문이다. 또한 오픈소스 소프트웨어 운동에서도 보듯이 이들은 개방과 참여, 공유를 핵심 가치로 여기고 있어 혁신 과정 자체를 즐기고 또 다른 사용자들과 자신의 혁신이 공유되고 확산되는 것을 소중히 생각하고 있기 때문이기도 하다.

게다가 기업이 자신의 혁신을 독점적으로 사용하기 위해서는 특허나 영업비밀 같은 지식재산권으로 보호해야 하지만 이를 위해서는 많은 비용과 노력이 수반되어야 한다. 특히 개인이나 중소기업의 경우 상대방이 지식재산권을 침해했는지 감시하고 법적인 소송을 하는 것이 현실적으로 쉽지만은 않다. 그렇다면 차라리 자신의 혁신을 적극적으로 공유하는 대신 다른 사람이나 기업으로부터의 혁신도 자유롭게 공유하는 GPL General Public License[2]이나 CCL Creative Commons License[3] 같은 새로운 지식재산권 방식이 혁신에 대

---

[2] GNU General Public License 또는 GPL은 Free Software Foundation에서 만든 free software license로서 리눅스 커널을 이용하는 사용 허가가 대표적이다. 이 허가를 가진 프로그램을 사용하여 새로운 프로그램을 만들게 되면 파생된 프로그램 역시 GPL 라이선스 대상이 된다. 컴퓨터 프로그램을 이용하는 모든 사람에게 자유 소프트웨어의 권한을 누릴 수 있도록 하는 것이 목적이며, 심지어는 그러한 작업이 변형되거나 추가될 수도 있는 자유마저 있다(위키백과, "GNU 일반 공중 사용 허가서" 참조).

[3] CCL 역시 저작물 배포를 자유롭게 허용하는 저작권 라이선스 중 하나로서 저작자 표시BY, 저작자 표시-비영리BY-NC, 저작자 표시-비영리-변경 금지BY-NC-ND, 저작자 표

한 비용도 적게 들고 개인과 사회의 혜택을 더 높일 수 있는 대안이 될 수 있는 것이다. 선진국에서 보여주고 있는 것이 바로 혁신의 가치에 따라 일부는 특허와 같은 전통적인 지식재산권을 통해 독점적으로 활용하지만 일부는 또 외부 기업과 공유를 하는 선택적 공유 selective revealing 현상이다(Henkel, 2006). 여기에는 공유를 하더라도 혁신의 일부만을 공유한다든지 아니면 시차를 두고 공유한다든지 혹은 선택된 일부 기업이나 개인하고만 공유를 한다든지 하는 것을 포함한다. 다시 말하면 혁신으로부터 사적인 혜택을 극대화하는 것은 꼭 이를 독점적으로 활용하는 것이 아니라 일부는 독점적으로 또 일부는 공유를 하는 방식에 의해 가능하다는 것이다. 이것이 바로 사적인 투자의 장점과 무료공개의 장점을 모두 누릴 수 있는 체계를 모색하는 중간적 모델로서 여러 학자들이 모색하고 있는 사적-집합적 모델 Private-Collective model이라고 할 수 있다(von Hippel and von Krogh, 2003).

4. 한국의 사용자 혁신 현황

한국의 경우도 사용자 혁신 사례가 많이 보고되고 있다(김영배 외, 2008). 예를 들어 우리가 세계를 석권하고 있는 조선 산업에서 비록 3D CAD 소프트웨어는 외국에서 개발된 제품을 활용하고 있지만 선체 설계나 의장 설계 등의 응용소프트웨어 모듈은 현대중공업, 대우조선해양 및 삼성중공업 등 조선 3사가 스스로 개발하여 사용함으로써 생산성과 품질 납기 성과를 획기

시-비영리-동일조건 변경 허락 BY-NC-SA, 저작자 표시-변경 금지 BY-ND, 저작자 표시-동일조건 변경 허락 BY-SA 등 다양한 조건을 선택할 수 있으며 나라별로 다양한 라이선스 조건이 적용되고 있다(위키백과, "크리에이티브 커먼즈 라이선스" 참조).

적으로 높이고 있다(김영배, 2009). MMORPG 등 온라인게임에서 세계 선두를 달리고 있는 엔씨소프트의 리니지 게임 개발에서도 다수의 사용자가 제품서비스의 혁신과 개선에 참여하고 있는 사례가 보고되고 있다. 결혼시스템의 개발과 악운의 단검 기능의 약화, 정령탄 시스템, 그리고 활의 양손 무기화 등이 모두 사용자에 의해 개발 혹은 개선된 혁신들이라 할 수 있다. 이 밖에 자동차 내비게이션 시스템에서도 사용자의 지도 경로 계산 등과 같은 혁신 사례가 보고되고 있고, 무소음 PC쿨러 개발이나 스마트폰 앱 개발, 의료기기 개발 등에서도 개인 사용자 혁신을 발견할 수 있다.

나아가 2008년도 한국의 제조업체를 대상으로 한 기술혁신 실태조사와 이와 연계한 사용자 혁신에 대한 후속 연구 결과 여러 산업의 제조업체 중 약 17.7%가 사용자가 스스로 개발한 공정혁신[4]을 활용하고 있는 것으로 나타났다. 이는 네덜란드나 캐나다와 같은 선진국에서 나타난 40% 이상에 비해 낮으며(Gault and von Hippel, 2009; de Jong and von Hippel, 2009), 대만의 19.9%와는 비슷한 수준이다(Chang and Chiu, 2011). 한편 일반 소비자 1만여 명을 대상으로 한 사용자 혁신 실태조사에서는 약 1.8%가 지난 3년 동안 시장에 존재하지 않으며 자기 직업이나 사업과 관련되지 않지만 새로운 기능이 포함된 소비자 혁신 제품을 개발한 것으로 나타나고 있다. 이 또한 영국이나 일본, 미국의 3.7~6.1% 수준보다 낮은 편이다(Kim and Lee, 2013).

물론 같은 설문서를 사용하여 사용자 혁신을 측정했어도 표본 추출이나 자료조사 방법이 동일할 수 없기 때문에 단순 국제비교 결과를 그대로 받아들이기는 문제가 없지 않지만, 전반적으로 선진국에 비해 한국의 사용

---

4 OECD(2005)에 의하면 공정혁신은 외부에서 개발된 혁신을 활용하는 것도 포함되는 반면, 사용자개발 공정혁신은 스스로 개발한 공정혁신만을 대상으로 한다.

자 혁신 비율이 높지 않은 것은 몇 가지 이유를 생각할 수 있다. 먼저 한국 산업의 주력은 아직 대량생산 방식을 기반으로 하고 있다. 볼드윈과 폰히펠(Baldwin and von Hippel, 2011)의 연구에서도 대량생산 방식 시대에는 생산자 혁신 비중이 높은 것으로 보고하고 있다. 또한 사용자 혁신은 사용자의 기술역량이 중요한데 아직 한국의 기술능력은 대체로 선진국에 비해 낮기 때문에 사용자 혁신 비율이 낮게 나타날 수 있다. 하지만 조선 산업에서 보는 바와 같이 한국 기업이 공정설비나 부품 등에서 선도사용자로 발전할수록 사용자 혁신 비중이 높아질 것으로 예견된다. 마지막으로 그동안 우리 교육 시스템이 기존 지식의 습득에 초점을 두었기 때문에 대부분의 개인들이 스스로 자신의 니즈를 기술적으로 해결하는 능력을 개발하는 데 미흡하여 소비자 사용자 혁신consumer user innovation 비중이 낮은 것으로 해석될 수 있다.

한편 사용자 혁신의 공유와 전파 측면에서도 한국은 선진국과 차이점을 보이고 있다. 제조업체를 대상으로 한 김영배·김현호(Kim and Kim, 2010)의 연구에서 사용자 혁신이 다른 기업과 공유된 비중은 3.2%로서 캐나다나 네덜란드 같은 선진국의 25%보다 낮게 나타나고 있으며, 대만의 37%보다도 현저히 낮다(Gault and von Hippel, 2009; de Jong and von Hippel, 2009; Chang and Chiu, 2011). 이처럼 한국 제조업체에서 사용자 혁신 비중과 공유 비중이 낮은 이유는 아직 제조업체의 전반적인 기술능력이 선진국에 비해 낮은 이유도 있지만 우리 사회의 낮은 상호신뢰 규범과 함께 대기업 중심의 폐쇄적인 산업구조에도 기인하는 것으로 보인다.

삼성경제연구소에서 발표한 OECD 국가 간의 사회 신뢰도 지수는 한국이 29개 OECD 국가 중에 24위로 매우 낮으며, 사용자 혁신에 대한 유사한 실태조사를 했던 네덜란드나 캐나다의 경우는 각각 2위와 9위로 상대적으로 높게 나타나고 있다(이동원 외, 2009). 후쿠야마(Fukuyama, 1995) 역시 한국의 신뢰도 규범을 매우 낮게 평가하고 있으며, 자동차 산업을 대상으로 한 다이어와 추(Dyer and Chu, 2003)의 연구에서도 한국은 수요자와 공급자 간의 낮은 신뢰도로 인해 지식공유가 미국과 일본 자동차 기업에 비해 매우 낮은 것으로 보고하고 있다. 다시 말하면 한국 산업구조가 대기업 위주의 수직적·폐쇄적 가치연쇄모형을 기반으로 하고 있고 상호신뢰mutual trust와 상호호혜reciprocity 관계 정도가 낮음으로 인해, 각 기업의 사용자 혁신에 의한 상호공유와 교환관계 규범이 선진국에 비해 낮게 형성되어 있는 것이 현실이라 할 수 있다.

결과적으로 한국의 경우 산업체나 개인 소비자들의 사용자 혁신은 선진국에 비해 많지는 않지만 무시할 수 없을 만큼 이루어지고 있다. 그런데 기업들 간에 사용자 혁신이나 기술의 공유가 낮게 나타남으로써 혁신에 필요한 자원들이 중복적으로 투입되고 있고, 혁신으로부터 우리 사회가 누릴 수 있는 공적인 혜택을 충분히 활용하지 못하고 있는 실정이다. 이는 우리 제조업체가 상대적으로 선진국에 비해 혁신을 기반으로 한 경쟁력에서 불리한 위치에 있음을 말해주고 있다.

5. 탈추격을 위한 사용자 혁신 전략과 정부정책

탈추격을 위해 노력하는 우리 기업들은 사용자 혁신을 최근 주목받고 있는 개방혁신open innovation 전략으로 활용할 필요가 있다. 스스로 잠재적 시장 니즈를 파악하고 새로운 기술적 가능성을 동시에 타진해야 하는 혁신 선도기업은 새로운 제품이나 서비스를 개발하는 과정에서 불가피하게 시장과 기술의 불확실성에 노출될 수밖에 없다. 이러한 불확실성을 줄이기 위해 기업들은 많은 노력과 비용을 들여 광범위한 시장조사와 focused group interview 등 다양한 마케팅 기법을 활용하고 있고, 동시에 stage gate method 등의 기술 선택기법 등을 활용하고 있으나 근본적인 해결책이 될 수는 없다.

반면에 사용자가 스스로 니즈를 해결할 수 있는 솔루션을 개발한다면 이러한 시장과 기술 불확실성을 획기적으로 감소시킬 수 있다. 특히 향후 시장 트렌드를 이끄는 선도사용자를 활용한 혁신 전략은 기존의 시장조사나 시장 세분화 전략을 통한 신제품 개발 방식보다 더 큰 성공 가능성을 제공한다. 고객의 요구와 사용 전 기대를 조사하는 일반적인 시장조사 작업보다 실제 선도사용자가 누구인지를 찾아 이들이 개발한 사용자 혁신을 상업화한다면 생산자 입장에서도 성공할 가능성이 높은 신제품 개발의 기반이 되는 것이다. 실제로 MIT대학의 폰히펠Eric von Hippel 교수와 하버드대학의 스티븐 톰크Stephen Thomke 교수가 3M과 함께 개발한 pyramiding 선도사용자 방법론lead user method이 시장조사 방법보다 신제품 성공률이 8배나 높은 것으로 알려져 있다(Lilien et al., 2002). 덴마크도 LEGO나 Bang & Olufsen 등 세계적인 기업과 함께 선도사용자 방법의 개발과 확산을 주도하고 있다.

또한 사용자 혁신 커뮤니티를 통해 혁신을 창출하고 공유·확산하는 전략도 고려해야 한다. 현재 많은 기업들이 자신의 제품이나 서비스 사용자를 대상으로 온라인 커뮤니티online community를 운영하고 있긴 하지만 대부분의 기능이 제품에 대한 사용 평가와 문제점에 대한 지적, 그리고 구전에 의한 홍보 마케팅 등에 국한되어 혁신 과정에서 소극적인 역할에 머무르고 있다. 그러나 사용자들이 이에 더 나아가 기존 제품이나 서비스가 제공하지 못하는 새로운 기능을 추가하거나 변경하는 혁신을 스스로 개발할 수 있도록 커뮤니티 운영 전략을 확대할 필요가 있다. 특히 소프트웨어를 기반으로 혁신이 가능한 경우 사용자 혁신 커뮤니티는 매우 유용한 혁신 전략이 될 수 있다. 최근 스마트폰의 앱 개발이나 여러 산업체의 CAD/CAM application module 개발 등은 전형적으로 소프트웨어를 기반으로 한 혁신으로서, 한국이 IT와 제조를 결합하여 보다 고부가가치의 혁신을 창출할 수 있는 새로운 기회를 제공해주고 있다. 한국의 교육 시스템이 단순히 지식을 습득하는 차원에서 벗어나 문제해결 능력을 키울 수 있는 방향으로 전환되고, 사용자 편의성이 높은 SDK 등이 개발·확산되며, 나아가 여러 분야의 온라인 혁신 공동 플랫폼online innovation community platform이 구축된다면 새로운 사용자 혁신이 더 많이 개발·공유될 수 있을 것으로 생각된다.

그런데 기존의 생산자 중심의 폐쇄적인 혁신 패러다임closed innovation paradigm을 기반으로 한 정부의 기술혁신 지원정책은 이처럼 새로운 사용자 혁신에 대한 고려를 하지 못하고 있다. 주로 생산사나 전문 개발자들의 혁신을 상업화하기 위한 연구개발 투자에 자원배분이 집중되고 있어 사용자 스스로 필요한 혁신활동에 대한 지원은 별로 고려되고 있지 못하다. 기업이나 연구소에 지원된 정부의 기술혁신 자금이 또 다른 혁신의 원천인 사용자 개인이나 기업에게도 지원될 수 있다면 지금보다 사용자 혁신 개발이 더 활성화될 수 있을 뿐 아니라 이러한 사용자 혁신이 더 활발히게 공유되고 전파됨으로써 우리 사회의 후생welfare 수준을 높일 수 있을 것으로 여겨진다.

동시에 기존의 지식재산권 제도도 다양한 기술혁신 패턴과 활용방식을 반영하지 못하고 기술이나 혁신의 독점적인 활용을 통한 사적 이익의 보호만을 강화하는 정책에 치우치는 경향이 있다. 이러한 정책은 우리 기업이 선진 기업의 기술을 모방하고 추격하는 단계catch-up stage에서는 효과적일 수는 있으나, 앞으로 독자적인 기술혁신을 통해 글로벌 시장을 선도하는 탈추격 단계post catch-up stage에서는 수정·보완될 필요가 있다. 세계적인 기업으로 도약한 몇몇 대기업이나 일부 벤처기업은 그 자신이 선도사용자로서 필요한 혁신을 개발하고 있을 뿐 아니라(김영배 외, 2008), 이제까지의 선진 기술을 모방하는 대신 고객의 해결되지 못한 잠재 니즈를 파악해서 창의적인 혁신을 시도하고 있다. 그런데 만일 사용자가 스스로 기술적인 솔루션을 개발하고 있다면, 생산자 입장에서는 사용자로부터 이러한 혁신을 얼마나 빨리 파악해서 상업화하느냐가 매우 중요한 전략이 될 수 있기 때문이다.

이미 미국이나 유럽 일부 국가에서는 이러한 추세에 따라 사용자 중심의 혁신 지원정책 방향에 대한 모색이 산학연 협력 프로그램으로 진행되고 있다. 따라서 사용자 혁신의 패턴을 반영한 기술혁신시스템을 구축해가기 위해서는 사용자 혁신의 현황과 문제점, 성공요인들에 대한 탐색과 조사분석이 이루어져야 한다. 그러나 기존의 제조업체를 대상으로 한 현재의 CIS type 기술혁신 실태조사를 통해서는 사용자 혁신의 현황을 확인할 방법이 없다. 캐나다 등 일부 국가에서는 사용자가 혁신 과정에서 어떤 역할을 하고 있는지 보다 정확하게 파악하기 위한 새로운 설문을 개발·시행하고 있다(Sabouring and Beckstead, 1999). 혁신 과정에서 사용자가 어떻게 기여하고 있는지, 사용자에 의한 혁신의 비중이 얼마나 되는지, 그 과정에서 어떤 장애물이 존재하는지에 대한 정확한 현황과 통계가 파악되어야 사용자 혁신을 보다 활성화하기 위한 정부의 효과적인 기술혁신 지원정책이 수립될 수 있을 것이다.

6. 요약과 결론

〈표 3-1〉은 앞서 논의한 '추격형 생산자 중심의 혁신'과 '탈추격형 사용자 중심의 혁신'에 대한 특징과 필요한 정책적 접근방법의 차이를 요약정

〈표 3-1〉 생산자 혁신과 사용자 혁신 패러다임의 비교

구분	생산자 혁신	사용자 혁신
혁신의 동기	판매하기 위해 혁신 개발	사용하기 위해 혁신 개발
혁신주체	상업적인 동기를 가진 생산자	혁신이 필요한 사용자 혹은 사용자 공동체(개인, 기업 혹은 조직)
장점	효율성과 신뢰성(상업적 가치)	자율성과 다양성(사용적 가치)
적합한 상황	대량시장과 대량생산 표준화된 제품이나 서비스 개발과 생산에 막대한 자본이 필요	초기 시장 혹은 이질적인 시장 수요 고객화된 제품이나 서비스 개발과 생산에 막대한 자본이 불필요
사례	신약, Microsoft OS, Digital TV 등 대부분의 대량생산제품이나 소프트웨어	오픈소스소프트웨어(예: 리눅스), 오픈소스하드웨어(예: 아두이노), YouTube, world wide web, 카약 등
지식재산권	개발자를 보호하기 위해 일정기간 모방으로부터 독점적 권리 부여와 경쟁 제한(특허, 저작권 등 copyright)	기존 지식재산 관리방식에 더하여 독점적 권리를 제한하고 무료공개와 공유 확산(GPL, CCL 등 copyleft)
한국의 현황	대부분 생산자 혁신 중심 재벌 등 대기업 중심의 산업구조 수직적/폐쇄적 기업 간 상호거래 낮은 호혜규범과 사회적 신뢰도	일부 사용자 혁신 사례 (선도사용자 등장으로 활성화 시작) 사용자 혁신 공동체 활동 미흡 사용자 혁신 공유 확산이 낮음
정부정책	직접적이고 하향적인 접근방법 - 정부가 혁신 개발자를 선정하여 직접적인 지원 - R&D 보조금, 세금 감면, 우수인력 지원 등 - 연구 성과물의 지재권 보호 등	간접적이고 상향적인 접근방법 사용자들이 적은 비용으로 혁신을 개발하고 공유·확산할 수 있도록 인프라 구축 - toolkit 개발이나 on/off-line 혁신 community를 구축 - 사용자 혁신 현황 실태조사 - 사용자 문제해결 역량 교육 등

리하고 있다. 한국은 현재 일부 산업에서 탈추격 전략이 필요하긴 하지만 아직도 많은 산업에서 추격 노력이 진행되고 있으며, 전체 혁신 중 아직도 생산자 혁신이 주류를 이루고 있는 것이 현실이다. 따라서 사용자 혁신 지

원정책이 기존 생산자 혁신 지원정책을 대신하는 것이 아니라 상호 보완되어야 한다.

결론적으로 사용자 혁신을 활성화하고 이에 대한 활발한 공유를 위해서는 먼저 생산자 혁신 지원정책과 병행하여 사용자 혁신에 대한 정부 지원 프로그램이 추가되어야 하며, 기업들 간에 그리고 산학연 상호 간에 혁신 과정의 협력이 쉽게 이루어질 수 있도록 상호호혜의 신뢰규범을 형성해야 한다. 여기에는 대기업과 중소기업 간에 공정하고 개방적이며 수평적인 거래 관계가 구축될 수 있도록 제반 인프라와 제도를 갖추는 노력이 포함되어야 한다. 아울러 사용자 간의 혁신활동을 공유할 수 있는 온라인 혹은 오프라인 네트워크를 구축해주고, 나아가 공동의 문제해결을 위한 툴키트 toolkit를 제공해주며, 기술표준을 개방화 open standard하여 특정한 업체가 독점할 수 없도록 하는 문제 등도 해결되어야 한다. 특히 지식재산권 제도가 현재처럼 기술 보호만을 도모하는 것이 아니라 혁신주체 간의 자유로운 협동과 공유를 가로막는 걸림돌이 되지 않도록 GPL이나 CCL 그리고 환경 기술과 같이 공익을 위한 EPL Eco-Patent Commons License [5] 제도 등의 다양한 방식이 포함되도록 보완해야 한다. 점점 더 중요해지는 개방적 혁신과 사용자 혁신을 적극적으로 장려하고 기술공유를 전략적으로 활용함으로써 한국 기업들이 세계시장에서 혁신 경쟁력을 높이고 이를 통해 개인 기업의 사적 혜택뿐 아니라 우리 사회의 공적 후생 수준을 동시에 높일 수 있는 현명한 정책 방향이 모색되기를 기대한다.

---

5 EPL은 환경이나 생태에 관련된 기술을 자유롭게 공유하는 것이 허용되도록 IBM, Nokia 등 대기업에 의해 주도된 creative commons license이다(p2pfoundation, "Eco-Patent Commons" 참조).

참고문헌

김영배. 2009. 「조선산업 CAD 사용자 혁신 사례」. ≪기술혁신연구≫, 특별호, 37~68쪽.

_____. 2012. 「새로운 방식의 기술혁신: 사용자혁신의 성공사례와 실행방안」. ≪TIM alive≫, 3(2), 74~87쪽.

김영배·양희동·박철우·배종태·위정현·손동원·허원창·임채성·차민석. 2008. 「사용자혁신과 기술혁신시스템」. STEPI 보고서.

송위진·이준석. 2007. 「탈추격 단계에서의 기술경제적 불확실성에 대한 대응: 개념적 틀의 개발」. ≪과학기술연구≫, 7(1).

송위진·황혜란. 2009. 「기술집약적 중소기업의 탈추격형 기술혁신 특성 분석」. ≪기술혁신연구≫, 17(1), 49~67쪽.

위키백과. "GNU 일반 공중 사용 허가서". http://ko.wikipedia.org/wiki/GPL.

_____. "크리에이티브 커먼즈 라이선스". http://ko.wikipedia.org/wiki/%ED%81%AC%EB%A6%AC%EC%97%90%EC%9D%B4%ED%8B%B0%EB%B8%8C_%EC%BB%A4%EB%A8%BC%EC%A6%88_%EB%9D%BC%EC%9D%B4%EC%84%A0%EC%8A%A4.

이근. 2007. 『동아시아 기술추격의 경제학』. 박영사.

이동원 외. 2009. "제3의 자본: 사회적 자본은 어떻게 증진되는가?". 삼성경제연구소.

Bae, Z., Y. Kim and J. Wi. 2010. "Identifying Trajectories from Catch-up to Path Creation: Transition Process Model and Case Studies in Korea." The 7th Asialics International Conference, Taipei, April 2010.

Baldwin, C and E. von Hippel. 2011. "Modeling a Paradigm Shift: From Producer Innovation to User and Open Collaborative Innovation." *Organization Science*, 22(6), pp. 1399~1417.

Brezis, E. S., P. R. Krugman and D. Tsiddon. 1993. "Leapfrogging in International Competition: A Theory of Cycles in National Technological Leadership." *The American Economic Review*, 83(5), pp. 1211~1219.

Chang, Y. and W. Chiu. 2011. "Manufacturing firms as users for process innovation in newly industrializing countries: A comparative study between Taiwan and Korea." working paper.

de Jong, J. P. J. and E. von Hippel. 2009. "Transfer of User Process Innovations to Process Equipment Producers: A Study of Dutch High-tech Firms." *Research Policy*, 38, pp. 1181~1191.

Dyer, J. H. and W. Chu. 2003. "The Role of Trustworthiness in Reducing Transaction Costs and Improving Performance: Empirical Evidence from the United States, Japan, and Korea." *Organization Science*, 14(1), pp. 57~68.

Franke, N. and S. Shah. 2003. "How Communities Support Innovative Activities: An Explanation of Assistance and Sharing Among End-Users." *Research Policy*, 32, no.1, pp. 157~178.

Fukuyama, F. 1995. *Trust: The Social Virtues and the Creation of Prosperity*. NY, NY: Free Press.

Gault, F. and E. von Hippel. 2009. "The Prevalence of User Innovation and Free Innovation Transfers: Implications for Statistical Indicators and Innovation Policy." *MIT Sloan School of Management Working Paper*.

Henkel, J. 2006. "Selective Revealing in an Open Innovation Process: The Case of Embedded Linux." *Research Policy*, 35, pp. 953~969.

Hobday, M., H. Rush and J. Bessant. 2004. "Approaching the Innovation Frontier in Korea: The Transition Phase to Leadership." *Research Policy*, 33, pp. 1433~1457.

Kim, L. 1997. *Imitation to innovation: Dynamics of Korea's technological learning*. Boston: Harvard Business School Press.

Kim, Y. and H. Kim. 2010. "User Innovation in Korean Manufacturing Firms: Incidence and Protection." *KAIST College of Business working paper*, KCB-WP-2011-001.

Kim, Y. and J. Lee. 2013. "Consumer User Innovation in Korea: Who Develops and Shares User Innovation?" Presentation at 11th Open and User Innovation Workshop, CENTRIM, Brighton Business School, UK.

Lee, J., Z. Bae and D. Choi. 1988. "Technology Development Processes: A Model for a Developing Country with a Global Perspective." *R&D Management*, Vol.18(3), pp. 235~250.

Lee, K and C. Lim. 2001. "Technological Regimes, Catching-up and Leapfrogging: the Findings from Korean Industries." *Research Policy*, 30, pp. 459~483.

Mathews, J. A. and D. S. Cho. 2000. *Tiger Technology: The Creation of the Semiconductor Industry in East Asia*. Cambridge University Press, Cambridge.

Ogawa, S. and K. Pongtanalert. 2011. "Visualizing Invisible Innovation Content: Evidence from Global Consumer Innovation Surveys." working paper, http://papers.ssrn.com.

Oliveira, P. and E. von Hippel. 2009. "Users as Service Innovators: The Case of Banking Services." *MIT Sloan School of Management working paper* # 4748.

OECD. 2005. *Oslo Manual*.

p2pfoundation. "Eco-Patent Commons." http://p2pfoundation.net/Eco-Patent_Commons.

Perez, C. and L. Soete. 1988. "Catching up in Technology: Entry Barriers and Windows of Opportunity." in G. Dosi et al.(eds). *Technological Change and Economic Theory*. New York: Pinter, pp. 458~479.

Sabourin, D. and D. Beckstead. 1999. *Technology Adoption in Canadian Manufacturing*. Catalogue No. 88F0006XPB, No.05. Ottawa: Statistics Canada.

Schumpeter, J.A. 1934. *The Theory of Economic Development*. Harvard University Press, Cambridge, MA.

Soete, L. 1985. "International Diffusion of Technology, Industrial Development and Technological Leapfrogging." *World Development*, 13(3), pp. 409~422.

Teece, D. 1986. "Profiting from Technological Innovation." *Research Policy*, 15(6), pp. 285~306.

Utterback, J. M. 1994. *Mastering the Dynamics of Innovation: How Companies can Seize Opportunities in the face of Technological Change, Boston*. MA: Harvard Business School Press.

von Hippel, Eric. 2005. *Democratizing Innovation*. Cambridge MA: MIT Press.

von Hippel, E. and G. von Krogh. 2003. "The private-collective innovation model in open source software development: Issues for Organization Science." *Organization Science*, 14, pp. 209~223.

von Hippel, E., S. Ogawa and J. P. J. de Jong. 2011. "The age of the consumer innovator." *Sloan Management Rev.*, 53(1), pp. 27~35.

04 조립형 산업화와 탈추격 함정

정준호 _강원대학교 부동산학과 교수

1. 서론

1960년대 이후 한국의 산업화는 성공적인 것으로 평가받고 있다(Amsden, 1989). 이는 제2차 세계대전 이후에 산업화를 통해 선진국의 경제를 추격한 거의 유일한 사례로 언급된다. 고용창출을 통해 소득격차가 완화되는 방향으로 경제성장이 이루어져 소위 낙수효과 trickle down effects가 국민경제를 감싸 돌았다. 하지만 산업화는 1990년대 중반을 넘어서면서 국민경제는 총량적으로 성장하고 있지만 모두의 소득이 증가하지 않는, 일부의 소득만 급격히 증가하는 사회·경제적 양극화를 낳고 있다. 가령, 외환위기 이후 대기업을 중심으로 수출이 가파르게 증가하고 대기업의 혁신역량도 제고되면서 수출 대기업은 최전성기를 구가하고 있지만 내수부문 중소기업은 그렇지 않다.

그렇다면 1990년대 이후의 산업화는 어떠한 특징을 가지고 있기에 과거와 다른 양상들을 보여주고 있는 것인가? 한국의 산업화는 선진 경제를 따라잡는, 소위 '추격형' 산업화이다. 이러한 추격형 산업화가 새로운 경제환경과 부조응하거나 내부적으로 추가적인 혁신역량을 제고하지 못하여 이에 이른 것인가? 추격에 그토록 성공적이었던 산업화가 그 이상의 추격을 용인하거나 혁신을 창출하지 못하고 과거와는 달리 사회·경제적 양극화를 낳는 바로 그 질곡에 우리는 직면해 있다. 추격형 산업화가 일종의 '탈추격 함정'을 낳고 있는 것은 아닌가? 추격은 그 자체로 추격을 넘어설 수 없는 것인가?

기존의 산업화가 소득불평등을 줄이고 경제 전반의 혁신능력의 대칭성을 구성하는 데 기여한 반면, 1990년대 중반 이후의 현행 산업화는 소득양극화를 초래하고 사회 전반의 혁신능력 창출의 비대칭성을 강화하고 있다면, 이를 어떻게 이해해야 하고 이를 넘어선 탈추격 패러다임의 구성은 가능한 것인가? 이러한 문제의식하에서 이 글의 목적은 1990년대 중반 이후의 산업화의 특징을 규정짓고 그것이 가져오는 사회·경제적 효과를 보여주는 데 있다. 또한 이러한 산업화에 대한 논의를 통해 기존의 추격형 산업화가 추격을 넘어설 수 있는지에 대해 성찰해보려는 것이다.

2. 한국의 추격형 산업화 경로: '복선형' 산업화에서 '조립형' 산업화로

1970년대 이후 한국의 산업화는 전후방 산업연관의 강화, 생산재와 소비재 산업부문들 간의 비례적 성장을 통해 소위 '복선형' 산업화 경로를 밟아온 것으로 이해된다(서익진, 2003). 따라서 한국은 일본처럼 국제적 경쟁력을 가진 최종조립업체와 부품·소재업체를 국민경제에 내장시킨 풀세트형 산업화의 길을 걸어왔다고 볼 수 있다. 1986~1988년 3저 호황을 거치며

성장의 기틀을 잡은 전기전자, 반도체, 자동차, 기계, 조선, 철강 등 가공조립형 산업의 수출경쟁력은 2000년대 접어들어 그 절정을 맞이하고 있다. 선진 경제를 따라잡으려는, 소위 추격형 산업화는 2011년 현재 물가를 고려한 구매력 평가 기준으로 한국의 1인당 GDP가 3만 1,000달러이고 일본의 경우는 3만 5,000달러여서 성공을 거두었다고 자부할 수 있다.

하지만 최근의 수출 대기업 주도의 가공조립형 산업화는 국민경제 내에서 낙수효과를 가져다주는 것이 아니라 오히려 사회적·공간적 양극화를 촉진하고 있다(정준호, 2012). 1970~1980년대에 미국과 일본 등의 선진 경제로부터 선진 기술을 도입하고 학습하기 위해 완성품을 해체하고 이를 복기하면서 — 이른바 역엔지니어링reverse engineering — 눈물겨운 기술학습 노력을 경주했고 국내 기업들에 의한 국산화를 치열하게 전개했던 것이 사실이다. 그렇지만 1990년대 중반 이후, 정확히는 외환위기 이후 한국의 산업화는 이전 경로와는 상이한 길을 가고 있는 것으로 보인다.

1990년대 중반 이후 펼쳐지고 있는 한국의 산업화는 핫또리 타미오(2007)가 일컫는 '조립형assembly' 산업화 가설로 요약될 수 있을 것 같다. 이는 "기업 차원에서 보면 기업의 단위비용이 시장가격을 넘어서더라도 생산을 중단하지 않고 감행함으로써 규모의 경제와 실행에 의한 학습을 통해 기술경험을 기업 내부에 축적하여 제품 설계와 생산이 가능한 역량을 확보하는 전략"을 일컫는다(Levy and Kuo, 1991). 이러한 기업 수익전략은 막대한 초기의 자본투자를 감당할 수 있는 대기업, 즉 재벌에게 부합되는 것이었으며, 중앙정부는 암묵적·명시적으로 조건부로 금융·세제 및 각종 자원들을 지원했다(Amsden, 1989). 이러한 기업전략에 기반을 둔 산업화는 단순기술에서 복잡기술로 상향하는 기술학습 과정을 거치기 때문에 최신 공정기술의 확보가 생산성의 증대와 경쟁력의 확보에 핵심적이다. 하지만 수직적 차원이 아닌 수평적 차원에서 기술과 지식을 결합하는 혁신능력의 확보, 즉 남과 다른 것을 만들어내는 혁신역량의 축적에는 취약하다. 따라서 이러한 산업화의 경쟁력 기반은 품질이 아니라 가격이다(정준호·이병천, 2007).

이러한 산업화 경로는 대규모 설비투자를 가정하고 있기 때문에 작업장의 장기적인 숙련 형성을 기반으로 하지 않는다. 경쟁력의 기반이 되는 공정기술의 확보를 위해 엔지니어의 역할이 강조되고 이들과 현장 작업장 사이의 연계는 취약하다. 이러한 의미에서 기술과 숙련이 분리되어 있다. 현장 작업자가 중간관리직으로 승진하기가 사실상 힘든 위계적인 기업경영조직은 이를 반영하고 있다. 또한 막대한 설비투자로 인해 가동률이 기업의 경쟁력 확보에서 핵심적이기 때문에 장시간의 노동, 요소비용의 절약을 위한 사내 하청과 광범위한 비정규직, 그리고 비용부담을 기업 외부로 전가하는 수지적인 기업 간 관계를 활용할 기능성이 크다. 이에 따라 중소기업은 파트너가 아니라 경기순환에 따라 비용부담의 스펀지로 곧잘 활용된다.

중소기업이 한국 경제에서 고용과 사업체 수에서 핵심적인 지위를 점하고 있지만 그에 걸맞은 혁신능력을 보여주지 못하고 있는 것은, 부분적으로 대기업과 중소기업 간의 관계가 비용대체의 측면에서 활용되고 있는 것과 무관하지 않은 데 있다. 물론 대기업은 중소기업에게 안정적인 시장을 제공한다. 그러한 점에서 대기업과 중소기업 간의 관계가 온전히 비용대체의 측면으로만 이해될 수 있는 것은 아니다. 대·중소기업 간의 관계는 시장기회와 비용전가라는 두 측면 모두를 포함한다. 하지만 어느 측면에서 이를 바라보더라도 여기에는 혁신능력의 제고란 문제의식이 비집고 들어갈 여지는 거의 없다.

이제까지의 논의를 요약해보면, 한국의 산업화는 대기업 엔지니어 주도의 공정 혁신능력의 배가, 시의적절한 대형 설비투자, 그리고 값싼 양질의 현장노동을 활용하여 경쟁우위를 축적시켜왔다. 이는 작업장의 집합적인 숙련의 축적에 기반을 둔 독일과 일본의 산업화와는 상이한 것이다. 예를 들면, 한국에서 작업장의 기능직은 기업 내 상향이동에 대한 비전을 상실하고 중간관리자와 엔지니어는 과부하에 시달리는 숙련과 기술이 분리되지만(조성재·정준호·황선웅, 2008), 대표적으로 일본 도요타의 경우 기능직과 제품 엔지니어 간의 연계를 담당하는 현장(공정) 엔지니어의 역할이 중요한데, 기능직은 이러한 지위로 상승할 수 있는 비전을 가진다. 따라서 일정 정도 기술과 숙련이 통합된다(고바야시 히데오, 2011).

3. 조립형 산업화와 탈추격 함정

1) 1990년대 중반 이후 조립형 산업화의 가속화

1960년대 이후 한국의 산업화는 생산재와 소비재 부문의 비례적 성장과 전후방 산업연관이 확보되는 복선형 풀세트 산업화를 추구했다. 하지만 1990년대 이후 세계화와 중국의 부상 등으로 복선형 산업화를 구성하는 부문들의 내적 연관은 느슨해지고 약해졌다. 전후방 산업연관의 강화와 광범위한 국산화를 수반하는 복선형 가공형 산업화 대신에, 대기업 주도로 부품·소재의 광범위한 글로벌 아웃소싱에 기반을 두어 신속하고 유연하게 완제품을 개발할 수 있는 조립형 산업화가 이를 대체하고 있는 것으로 보인다. 핫또리 타미오(2007)가 지적한 바와 같이, 이러한 조립형 산업화는 특정 기술적 조건, 대외분업 구조, 정부의 산업정책 등이 서로 맞물려 나타난 것이다.

첫째, 숙련의 절약과 직무의 공간적 분리를 가능케 하는 기술적 조건은 조립형 산업화를 지탱해주는 핵심적 기반이다. 예를 들면, 1970년대 중반

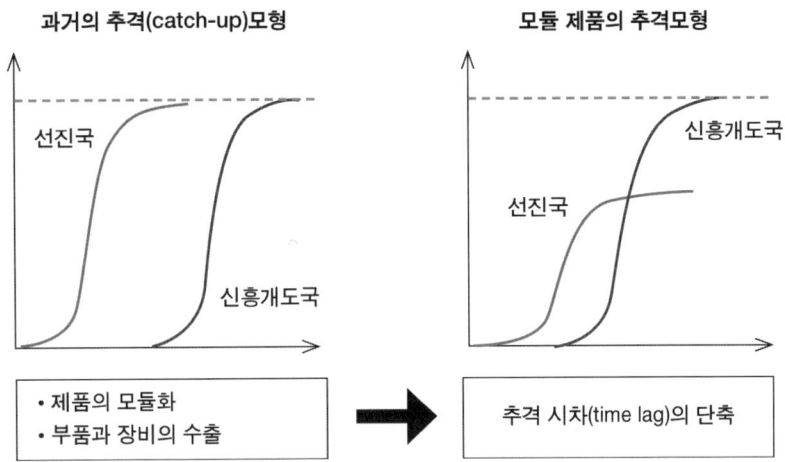

〈그림 4-1〉 기술적 조건의 변화에 따른 추격모형의 변화

자료: Shintaku, Ogawa and Yoshimoto(2006).

이후의 NC 자동화기계의 도입과 확산, 1980년대 중반 이후의 노동배제적인 자동화 설비투자, 그리고 1990년대 중반 이후 IT기술에 기반을 둔 모듈화 등 일련의 숙련절약형 기술들은 특히 전기전자, 자동차 산업에서 작업장 숙련이 장기적인 축적보다는 중·단기적인 제품 수준의 고도화를 가능케 했다.

최근 우리가 보유한 제품 모듈화 기술은 정부의 국산화 노력의 결과로 축적된 단순기술과 복잡기술을 상호 제어할 수 있는 시스템 통합기술을 반영하고 있다. 모듈화된 제품에는 기술과 숙련이 응축되어 있으며, 이는 숙련과 기술을 학습하는 데 소요되는 시간과 노력을 급속하게 단축시켜준다. 모듈화된 제품에 대한 대규모 투자를 통한 비용 경쟁력의 확보는 과거와 다른 선진국과의 추격 기반을 제공한다. 〈그림 4-1〉에서 보는 바와 같이, 과거에는 신제품이 선진국에서 개발·생산된 이후 시장과 기술 성숙도에 따라 생산시설이 저임금의 개도국으로 이전되었는데, 이는 개도국에게 순차적인 추격의 기회를 제공했다. 하지만 최근의 IT 기반의 모듈화는 생산의 지리적 이전을 순차적인 것이 아니라 동시적·병행적인 것으로 전환시키기 때문에 개도국과의 추격 시차가 더욱더 급속히 줄어들고 있다.

둘째, 이러한 기술적 조건은 핵심부품과 설비기계의 해외수입을 필연적으로 수반하고 이를 가능케 하는 부품수입 및 기술이전(예: 일본)과 최종재 소비시장(예: 미국)으로 구성되는 국제분업 구조를 전제한다. 한국의 맥락에서 1950~1980년대 냉전구조는 이러한 국제분업 구조의 형성에 일조했다. 냉전 이후 한·미·일 분업관계는 한·중·미·일 분업관계로 확장되었지만 기본적인 구도에는 변함이 없다. 왜냐하면 중국을 우회한 미국으로의 완제품 수출이 여전히 중심적인 역할을 수행하고 있기 때문이다. 이러한 분업구조에서 기술이전과 부품·소재의 공급지로서 일본은 한국의 조립형 산업화에 결정적이다.

〈그림 4-2〉에서 보듯이, 부품·소재의 대일 무역수지 적자는 1990년대 후반 이후 지속적으로 악화되어왔다. 제조업 강국 독일과의 부품·소재 무역수지 적자도 1990년대 후반 이후 악화되다가 최근에 개선되고 있으며, 미국과도 부품·소재에서는 적자 추세를 이어오다 2000년대 중반 이후에 그 추세가 반전되었다. 1990년대 후반 이후 이러한 부품·소재의 주요국과의 무역적자에도 불구하고 대외수출은 호조세를 이어가고 있다. 특히 부품·소재의 대일 적자와 대외수출의 증가는 한국 산업화에서 동전의 앞뒷면이라 할 수 있다.

한국의 조립형 산업화는 이처럼 일본을 포함한 주요 선진국들로부터 필연적으로 부품·소재의 수입을 동반하고 있다. 이는 현행 한국의 주력 수출품인 IT, 반도체, 통신, 휴대폰 등에 들어가는 핵심 부품·소재를 해외에서 들여온다는 것을 시사한다. 따라서 최근의 조립형 산업화는 선진국과의 추격 시차를 앞당기고 있으나 대외 의존적인 수출주도형 경제의 심화를 수

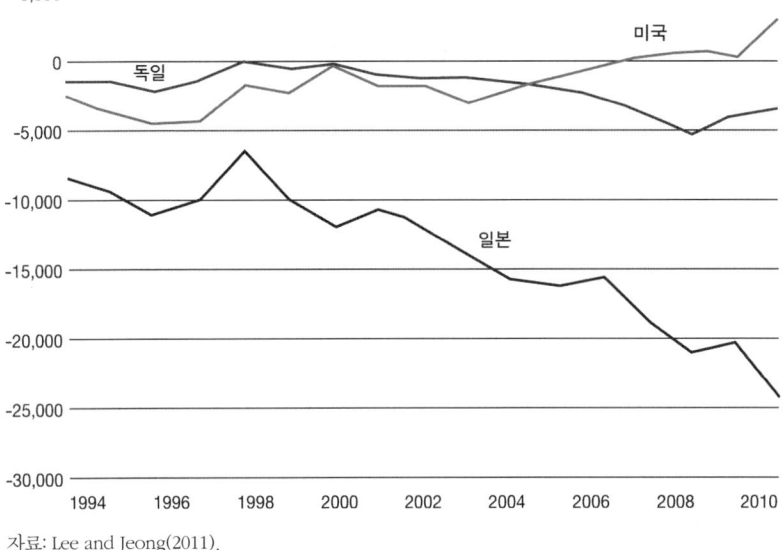

〈그림 4-2〉 부품·소재의 대 일본·독일·미국과의 무역수지 추이

(단위: 100만 달러)

자료: Lee and Jeong(2011).

반하여 국민경제를 대외 변동성에 심하게 노출시키고 있다(Lee and Jeong, 2011).

마지막으로, 정부의 적극적인 산업정책은 노동을 배제하고 대기업 주도의 경제성장 모형을 성립하는 데에 일조했다(Amsden, 1989). 조건부 지대에 의거한 각종 금융 및 재정 지원, 기술이전과 학습을 촉진하기 위한 과학기술개발투자 등은 한국 경제의 추격과정을 용이하게 만들었다. 하지만 여전히 정부의 산업정책은 대기업 주도의 성장지상주의에 매몰되어 과거의 경로의존성에서 탈피하지 못하고 있으며 외환위기 이후 새로운 성장동력의 발굴이나 고용창출에 주목할 만한 역할을 수행하지 못하고 있다(정준호, 2012).

2) 1990년대 중반 이후 조립형 산업화의 사회·경제적 효과: 탈추격 함정

1990년대 중반 이후의 최근 산업화가 초래한 사회·경제적 효과는 무엇인가? 한마디로 이야기하면 사회·경제적 양극화이다. 또한 혁신역량의 측면에서 보면 대기업과 중소기업 간 또는 혁신주체들 간의 심한 비대칭성의 증가이다. 최근의 조립형 산업화는 모듈화된 제품의 양산과 수출에 기반을 두고 있다. 혁신역량의 측면에서 보면 모듈화는 제품 수준의 신속한 고도화를 가능케 하고 선진국과의 추격도 용이하게 하여 일부의 경우 이를 추월할 수 있는 기회를 부여한다(Shintaku, Ogawa and Yoshimoto, 2006). 하지만 핵심부품의 조달이나 중간숙련의 축적은 여전히 외부에 기대거나 더디기 때문에, 이는 복선형 가공 산업화의 경로에서 벗어나게 하여 전후방 산업연관의 약화와 대외의존의 심화로 이어질 수 있는 고리이기도 하다.

이러한 조립형 산업화는 낙수효과란 측면에서 보면 제한적이다. 〈그림 4-3〉에서 보는 바와 같이, 수출에 따른 부가가치 유발효과는 1990년대 중반 이후 지속적으로 하락하고 있다. 이는 수출주도형 경제성장의 과실이 국내에 남아 있기보다는 점점 더 해외로 유출되고 있다는 것을 보여준다. 이에 따라 수출 대기업이 국내 중소기업이나 관련 연관기업들에 미치는 경제적 파급효과는 줄어들고 있는 것이다.

다른 한편으로, 설비기계의 대외의존도가 1998년 외환위기 이후 급속히 증가하고 있다. 이는 제품의 양산을 위한 설비투자가 해외에 의존하고 있음을, 즉 주요 부품과 소재의 광범위한 아웃소싱이 발생하고 있음을 반영한다. 더욱이 제품과 기술의 모듈화는 굳이 국산화 노력을 부추기보다는 아웃소싱을 활용하여 그 경비나 노력을 경감하도록 자극한다.

특히 2000년대 이후의 대기업 주도 수출·조립형 산업화는 자동화와 모듈화의 기술적 조건에 기대고 있기 때문에 고용창출이 기대만큼 늘어나지

〈그림 4-3〉 수출의 산업연관 효과 및 설비기계의 대외의존도 추이

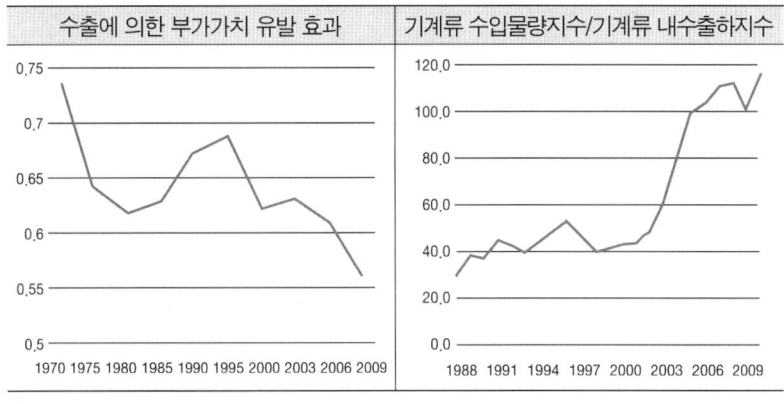

자료: Lee and Jeong(2011).

않는 고용 없는 성장을 야기한다. 1980년대 중반 이후 노동배제적인 자동화와 IT기술의 도입은 1980년대 후반 이후 전투적인 노동조합을 우회하려는 수단이기도 하지만, 후후발 추격의 지경학적·기술적 조건이기도 하다. 이러한 산업화는 고용을 창출하고 다양한 산업 간 연계를 더욱더 고무하는 사회적 분업의 심화에 장애물로 작용할 수 있다(정준호, 2012). 한국의 산업화는 대기업 내 기술적 분업의 심화를 통해 기술학습과 경쟁력을 제고하기 때문에 노동생산성의 증가와 성장을 야기할 수 있다. 하지만 사회 전체 차원에서 다양한 경제주체들의 참여를 통해 경제규모 확대를 도모하는 것에는 한계가 있다.

〈그림 4-4〉에서 보는 바와 같이, 미국, 독일, 일본 등 선진국의 경우 제조업 고용이 정점에서 20% 이하로 떨어지는 데 약 한 세대가 걸리는 데 반해 한국의 경우 그 절반에 불과하다. 특히 대기업의 설비 의존적 성장 전략은 괜찮은 일자리와 추가적인 고용창출에 크게 기여하지 못하고 있다. 이러한 전략은 설비가동의 극대화를 염두에 두기 때문에 품질보다는 가격에 의존하여 요소비용의 절감에 민감할 수밖에 없는 상황이다(정준호, 2012).

〈그림 4-4〉 제조업 고용비중 추세의 국제 비교

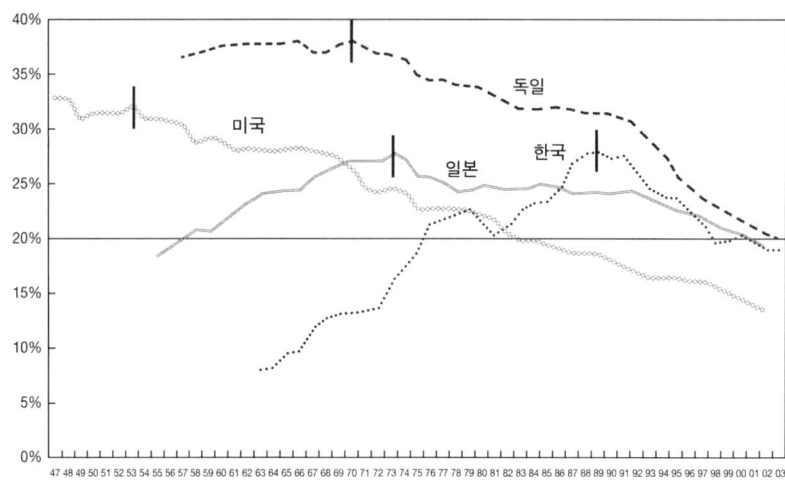

주: 한국 14년(1989년 27.8% → 2003년 19.6%), 미국 30년(1953년 32.3% → 1983년 19.8%), 독일 33년(1970년 38.1% → 2003년 20.0%), 일본 28년(1973년 27.4% → 2001년 20.0%).
자료: 정준호(2007).

핫또리 타미오(2007)가 잘 지적한 바와 같이, 조립형 산업화는 고도의 완제품을 생산할 수 있는 대기업과 기술수준이 낮은 부품·소재를 생산하는 중소기업의 공존이라는 이중구조를 낳는다. 수많은 국산화 노력과 부품·소재에 대한 정책적 관심에도 불구하고 핵심 부품과 소재 분야에서 이들 중소기업이 선진국과의 격차를 따라잡고 넘어서기에는 여전히 역부족이다. 이러한 기술적 측면뿐만 아니라 중소기업은 경기변동 또는 비용절감의 완충역할을 수행함으로써 이들의 혁신역량이 축적될 수 있는 여지가 적었다. 〈그림 4-5〉에서 보는 바와 같이, 소수 대기업을 겨냥한 중소기업들 간의 과당경쟁, 중국의 부상에 따른 요소비용의 하락 압력, 혁신능력 축적의 부재 등으로 인해 대·중소기업 간의 생산성과 임금격차는 지속적으로 악화되고 있다.

다른 한편으로, 한국의 혁신능력은 지속적으로 제고되어온 것이 사실

〈그림 4-5〉 대·중소 제조기업 간 임금 및 생산성 격차 추이(대기업 = 100)

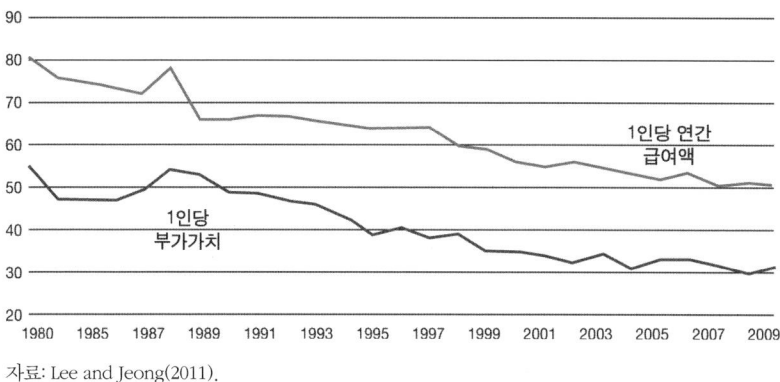

자료: Lee and Jeong(2011).

〈그림 4-6〉 주요 국가의 OECD에서 차지하는 특허출원 비중 추이(%)

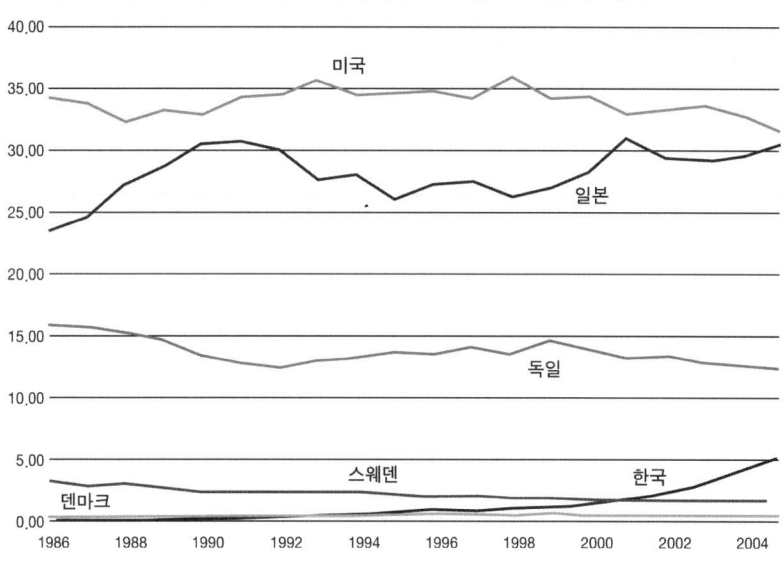

주: 특허 출원 건수는 미국특허청(USPTO), EU특허청(EPO), 일본특허청(JPO)의 합임.
자료: Lee and Jeong(2011).

이다. 〈그림 4-6〉에서 보는 바와 같이, OECD에서 차지하는 특허출원 비중이 2000년대 이후 급상승하고 있으며, 스웨덴보다는 훨씬 높은 수준이다.

이는 주로 대기업 핵심 역량의 확충과 기술 벤처기업의 활성화에 기인한다. 하지만 덴마크의 경우 특허출원 비중이 한국보다 훨씬 낮지만 전반적인 혁신능력이란 측면에서 보면 한국보다 낮다고 볼 수는 없다. 따라서 특허출원의 급상승이 반드시 경제 전반의 혁신능력의 온전한 제고를 의미한다고 볼 수는 없다. 그렇다고 하더라도 2000년대 이후 대기업과 일부 중소기업에 의한 혁신능력의 제고는 주목할 만하다.

〈표 4-1〉 OECD 국가 간 소득격차 비교

구분	9분위/1분위 소득비율		9분위/5분위 소득비율		5분위/1분위 소득비율		남녀임금격차(%)		저임금비율 (중위소득 2/3 이하)(%)	
	1999	2009	1999	2009	1999	2009	1999	2009	1999	2009
호주	3.00	3.33	1.84	2.00	1.63	1.67	14.29	16.36	14.31	14.44
오스트리아	-	3.36	-	1.94	-	1.73	23.14	19.36	-	16.02
벨기에	2.39	2.25	1.70	1.66	1.41	1.36	15.18	8.92	-	4.00
캐나다	3.63	3.68	1.81	1.90	2.00	1.94	24.11	19.73	23.06	20.48
덴마크	2.49	2.73	1.70	1.71	1.46	1.60	14.72	12.11	8.00	13.60
핀란드	2.36	2.59	1.69	1.76	1.40	1.47	21.72	19.68	-	8.48
프랑스	3.10	2.84	1.94	2.01	1.59	1.41	9.21	13.13	-	-
독일	3.22	3.67	1.83	1.82	1.76	2.02	23.05	21.55	20.04	20.15
아일랜드	3.27	3.94	1.92	2.12	1.70	1.86	19.73	10.38	17.79	20.22
이탈리아	2.50	2.27	1.60	1.56	1.56	1.45	7.69	11.76	10.42	7.98
일본	2.97	2.99	1.84	1.85	1.62	1.62	34.55	28.28	14.58	14.65
한국	3.83	4.69	1.97	2.25	1.94	2.09	40.55	38.90	23.41	25.68
네덜란드	2.89	2.91	1.74	1.76	1.66	1.65	21.53	16.66	14.81	-
뉴질랜드	2.68	2.83	1.70	1.83	1.58	1.55	8.33	7.75	12.31	12.54
노르웨이	1.95	2.29	1.41	1.47	1.38	1.55	10.14	8.67	10.42	7.98
스웨덴	2.24	2.28	1.64	1.68	1.36	1.36	16.85	14.93	-	-
스위스	2.53	2.69	1.70	1.83	1.49	1.47	22.32	19.51	-	-
영국	3.44	3.59	1.90	1.99	1.81	1.81	25.27	19.81	20.12	20.57
미국	4.50	4.98	2.21	2.36	2.04	2.11	23.46	19.78	24.45	24.84
OECD 평균	3.01	3.34	1.80	1.97	1.65	1.68	19.67	15.92	16.76	16.30

자료: OECD Income Distribution Database(http://www.oecd.org/social/income-distribution-database.htm).

2000년대 이후 한국의 산업화는 〈표 4-1〉에서 보는 바와 같이 빈부격차를 줄이기는커녕 소득의 양극화를 심화시키고 있다. OECD 국가와 비교해보면 소득격차 수준이 OECD 평균보다 높으며 빈부격차가 심한 미국 수준에 육박하고 있다. 한국 경제는 NC 기계화, IT화로 대변되는 기술패러다임에 따른 광범위한 중간숙련 수요의 감소, 숙련절약형 생산방식으로 인한 중간숙련의 고숙련 업그레이드의 비전 상실, 이에 따른 상시적인 구조조정과 소득격차의 심화 등으로 이러한 경제의 양극화가 발생하고 있다(정준호, 2012).

외환위기 이후 혁신주도의 강한 경쟁전략이 요구되었음에도 불구하고, 인위적인 저환율정책과 수량적 노동유연성을 활용한 요소비용 최소화 전략, 즉 약한 경쟁전략이 한국의 경제 성과를 좌우해왔다(정준호·이병천, 2007). 물론 대기업을 중심으로 혁신능력의 제고가 이루어진 것은 사실이지만 기업 간, 부문 간 혁신능력의 비대칭성은 더욱더 강화된 셈이다. 이처럼 약한

〈그림 4-7〉 조립형 산업화와 탈추격 함정: 경제 양극화의 진전

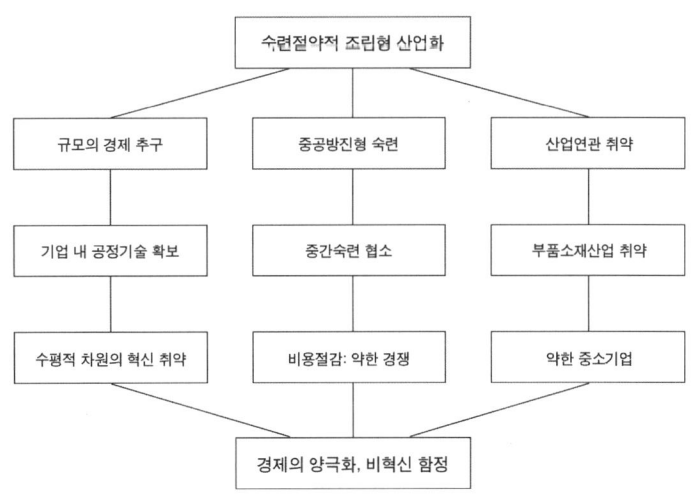

자료: 정준호·이병천(2007). 수정·보완.

경쟁전략과 일부의 강한 경쟁전략이 결합된 대기업의 경우 성장의 과실을 대부분 향유하고 있지만 중소기업의 경우에는 그렇지 않다(〈그림 4-7〉 참조). 가령, 기업규모 및 공사부문과 무관하게 전방위적으로 활용되고 있는 비정규직은 여전히 약한 경쟁전략의 적실성을 역설적으로 보여주고 있다.

4. 탈추격 함정을 넘어서

1990년대 중반 이후 기술과 제품의 모듈화의 진전, 대기업 편향적인 정부의 산업 및 경제정책, 대기업의 수출주도형 경제 드라이브의 강화 등을 통해 한국의 산업화는 애초 우리가 상정한 복선형에서 벗어나 조립형 산업화의 경로를 따라가고 있는 것으로 보인다. 이에 따라 대·중소기업 간의 격차가 확대되고, 국내 산업연관의 고리가 느슨해지고, 대외 경제변동에 대한 취약성이 심화되어 종국에는 사회·경제적 양극화가 나타나고 있다. 이러한 산업화의 경로에 대처하기 위해서는 부품·소재 산업의 육성과 이를 통한 중소기업 기반의 강화를 통해 내수와 수출의 균형을 추구해야 한다. 하지만 대기업의 경제력이 지배적인 한국 경제상황에서 이를 현실에 적용하고 작동시키기에는 너무나 많은 난관이 있다.

추격에 성공적이었던 이러한 산업화는 그 수명을 다한 것인가? 추격을 더욱더 세련되고 정교하게 한다는 의미인지, 또는 추격을 넘어서서 우리만의 창조적인 혁신을 내세운다는 것인지 논자에 따라 상이하게 탈추격의 규정을 사용하고 있지만, 어느 규정이든 탈추격은 혁신에 바탕을 두고 있다. 혁신은 실리콘밸리 방식의 첨단제품을 창조하는 급진적 혁신일 수도 있고, 사용자와의 소통을 강화하거나 생산자들의 지속적인 작업장 혁신을 통해 나타나는 점진적 혁신일 수도 있다. 기술과 숙련을 분리하는 사고는 전자를, 하지만 이 둘을 통합할 경우에는 후자를 선호한다. 그러나 이러한 혁신은 산업별로, 지역별로 상황에 따라 차별적으로 전개되어 이를 한 획으로 정리하는 것은 무리다.

광범위한 의미에서 탈추격을 지속적으로 혁신을 창출할 수 있는 사회제도적 기제를 구성하는 것이라고 본다면, 한국 산업화의 관성과 경로의존성을 고려하여 독일과 일본처럼 대기업과 중소기업의 상호협력의 강화, 급진과 점진적 혁신의 조합을 생각할 수밖에 없을 것이다. 대기업에 중·장기적으로 대항할 수 있는 혁신 중소기업과 사회적 기업의 진지를 구축하는 것이 과제로 등장한다. 왜냐하면 이 부문이 한국 경제에서 가장 취약한 부문이기 때문이다.

이를 위해 고려할 수 있는 것이 정부의 연성제약에 대한 검토이다. 특히 한국의 산업정책은 대기업에게는 리스크를 사회화하는 연성제약을 조건부로 허용했다. 이를 통해 대기업은 이익을 사유화하고 비용을 사회화하여 사회적으로 큰 논란거리가 되고 있지만, 대기업이 생산자로서 그 위상을 정립할 수 있었던 것은 사실이다. 바로 이와 유사한 논리로 중소기업이 주요 생산자로서 경제적 참여를 확대하기 위해 리스크를 사회적으로 공유할 수 있는 연성제약에 대한 검토(예: 파산법의 개정)가 필요하다(정준호, 2012). 이와 더불어 중소기업 영역의 보호와 규제의 강화 같은 기존의 경로에서 벗어날 수 있는 대책이 요구된다(Block, 2008). 물론 무조건적인 연성제약의 완화와 과도한 보호는 혁신의 정치적·경제적 잠금lock-in 현상을 초래할 수 있기 때문에 정치적·경제적 '견제와 균형 내의 보호', 즉 경쟁을 동원하는 조건부contingent 보호를 의미하고, 이를 위한 민주적 통제와 규율은 여기서 매우 중요하다(정준호, 2012).

국가의 역할과 사회적인 것의 중요성에 대한 인식의 전환이 필요하다. 추격을 위한 성장 강화적 기제 창출의 설계자로서가 아니라 기술혁신의 촉진자 또는 중재자로서 국가 역할의 변화가 필요하고, 이는 각종 이해관계자와의 소통을 통해 경제활동의 사회적 착근성의 강화가 요구된다. 이는 국가가 애덤 스미스 Adam Smith적인 의미의 순수공공재(예: 국방과 치안)를 제공하는 것에 국한되지 않고, 사회 전반의 혁신을 도모할 수 있는 분권화된 시스템의 설계와 동시에 공동체의 보호와 유지라는 의미의 공적 통제의 역할을 수행해야 한다는 것을 의미한다(Block, 2008; 정준호, 2012). 가령, 블록(Block, 2008)은 미국에서 민간 자본의 헤게모니하에서도 공공부문이 벤처자본가로서 기능하는 방식을 보여준다. 공공부문이 프로그램 수혜자들에게 다른 정부기관과의 네트워크 연계를 주선하고, 주요한 정부계약자, 벤처자본가, 경영지원에 관한 특정 컨설팅 업체를 소개하는 역할을 수행하는 것이다. 하지만 이는 시장을 창출한 것이 아니라 시장과의 연계에 대한 편의를 제공하는, 소위 생태적 규율에 의존한다.

최근의 산업화 경로에서 현장노동의 배제, 즉 숙련과 기술의 분리가 심화되고 있는데, 이에 대한 관심이 요구된다. 블록(Block, 2008)은 미국의 혁신체제에서 이 부분을 가장 큰 문제점 중의 하나로 이해하고 있다. 질 높은 작업장 고용의 지속적인 유지와 확대를 위해서는 현장노동이 혁신의 동력으로 참여할 수 있는 공간의 확보가 필요하다. 현장노동의 숙련에 대한 재정의를 통해 사회적 소통을 아우르는 숙련 개념의 확장을 지속적으로 고려해야 한다. 예를 들면, 노조 단위의 사회적 책임의 확대를 통해 지역사회와의 소통을 강화하는 사회적 자본에 기반을 둔 숙련 개념의 창안을 고려할 수도 있다(정준호, 2012). 탈추격이 한국 산업화의 유산을 혁신 친화적으로, 즉 급진과 점진적 혁신을 모두 아우르고 일부만이 아닌 모두를 위한 성장과 발전 기제를 창안하는 것을 의미하는 것이라면 이러한 숙련과 기술의 통합은 지나칠 수 없는 우리 앞의 과제이다.

참고문헌

고바야시 히데오. 2011. 『현대가 도요타를 이기는 날』. 한수진 역. 21세기북스.
서익진. 2003. 「한국 산업화의 발전양식」. 이병천 엮음. 『개발독재와 박정희시대』. 창비.
정준호. 2007. 「대안적 산업발전 경로에 대한 모색: 덴마크와 핀란드 사례의 시사점을 중심으로」. 이병천 엮음. 『세계화 시대 한국 자본주의: 진단과 대안』, 221~264쪽. 한울.
_____. 2012. 「분배 친화적 성장을 위한 생산: 복지체제와 신산업정책의 모색」. 유종일 편. 『경제민주화: 분배 친화적 성장은 가능한가』, 203~238쪽. 모티브북.
정준호·이병천. 2007. 「한국의 탈추격 시스템, 어디로 가는가: '생산-복지 체제'의 성격에 대한 시론」. "제4회 사회경제학계 공동학술대회: 시장국가냐 복지국가냐" 발표 논문집.
조성재·정준호·황선웅. 2008. "국경제와 노동체제의 변화". 연구보고서. 한국노동연구원.
핫노리 다미오. 2007. 『개발의 정세사회학』. 유석춘·이사리 공역. 서울: 전통과 현대.
Amsden, A. 1989. *Asia's Next Giant: South Korea and Late Industrialization*. Oxford: Oxford University Press.
Block, F. 2008. "Swimming Against the Current: The Rise of a Hidden Developmental State in the United States." *Politics & Society*, 36(2), pp. 169~206.
Lee, B. C. and J. H. Jeong. 2011. "Dynamics of Dualization in Korea: From Developmental Dualization to Exclusive Dualization." A paper presented to SNUAC International Conference 2011 Global Challenges in Asia: New Development Model and Regional Community Building, 20th and 21st Oct. 2011, Seoul.
Levy, B. and W. J. Kuo. 1991. "The Strategic Orientations of Firms and the Performance of Korea and Taiwan in Frontier Industries: Lessons from Comparative Case Studies of Keyboard and Personal Computer Assembly." *World Development*, 19(4), pp. 363~374.
OECD Income Distribution Database. http://www.oecd.org/social/income-distribution-database.htm.
Shintaku, J., K. Ogawa and T. Yoshimoto. 2006. "Architecture-based Approaches to International Standardization and Evolution of Business Models." *MMRC Discussion Paper*, No.96. 21COE, University of Tokyo.

05 탈추격 대안으로서 일터혁신의 등장과 발전

조성재 _한국노동연구원 선임연구위원

1. 서론

경제가 발전하기 위해서는 당연히 지속적인 기술혁신이 뒷받침되어야 한다. 기술이야말로 새로운 제품을 만드는 방식의 기초이기 때문이다. 서비스업 또한 새로운 장비나 도구가 제공될수록 고객만족도를 높일 수 있는 가능성은 높아진다. 새로운 미용기계나 운수서비스에서 고속철도의 도입을 연상해보면 금방 수긍할 수 있을 것이다. 그러나 그것으로 충분한가?

실제 경제와 산업의 운영과정에서 연구개발자 혹은 엔지니어만큼의 중요성을 갖고 있는 것이 일반 작업자 혹은 서비스제공자들이다. 그들은 매우 단순한 작업을 반복하고 있거나 기껏해야 몇 개월 정도의 훈련으로 쉽게 숙달되는 일을 수행하고 있을지도 모른다. 그렇지만 그들의 직무를 로봇으로 대체하는 것은 엄청난 비용을 소요하며, 사람의 노동만큼 유연하지 않고, 무엇보다 로봇은 판단력과 제안능력을 갖고 있지 않다.

이렇게 겉으로 보기에는 저부가가치 노동인 것으로 보이지만, 막상 그러한 노동이 없으면 한 사회가 유지되거나 효율적으로 생산하는 것이 불가능한 영역은 의외로 많다. 그리고 놀랍게도 세계적인 경쟁력을 보유한 기업들은 이렇게 일반 작업자의 영역에서 뛰어난 조직력을 발휘하고 있다. 도요타자동차는 그 대표적인 사례이며, 사우스웨스트항공이나 구글과 같은 회사도 직원들 모두의 창의성과 혁신역량이 남들이 넘볼 수 없는 경지로 기업의 경쟁력을 올려놓은 좋은 사례다.

이들 기업에서 연구개발자나 공학자, 엔지니어가 덜 중요하다는 것은 아니다. 핵심 요지는 겉으로 평범해 보이는 일반 작업자와 지원 부서들의 업무에도 '혁신'이 중요하고, 이 혁신역량을 집단적으로 갖춘 조직이 뛰어난 경쟁력을 가질 뿐 아니라 바로 그 평범한 작업자들의 노동생활의 질QWL: Quality of Working Life도 양호할 수 있다는 점이다.

우리는 이렇게 제조업이든 서비스업이든 일선 작업자들의 일하는 방식의 변화를 통해 기업 경쟁력 향상과 근로자 삶의 질 개선을 동시에 달성하는 경우를 '일터혁신Workplace Innovation'이라고 부른다.[1] 일터혁신은 근본적 기술혁신에 비해 큰 폭의 진보를 가져다주지 않을 수도 있다. 그렇지만 돌파형 기술Break through Technology이 특허료 지불을 통해 누구나 활용할 수 있고, 또 언젠가는 성숙기술로 변화될 것임에 비해 일터혁신은 사람의 마음이 변화해야 하고, 조직적인 진화능력을 구축해야 하기 때문에 단기간 내에, 누구나 모방하는 것은 불가능하다. 다시 말해서 만약 시장 내에서 활

---

[1] 일터혁신은 주로 제조업 위주로 발전해왔기 때문에 작업장 혁신으로 더 많이 알려져 있다. 그러나 최근 서비스업에 대한 적용가능성 등을 염두에 두면서 일터혁신으로 용어가 바뀌었다. 일터혁신의 보다 공식적인 정의는 "일하는 방식의 변화를 통하여 노동의 인간화와 생산성 및 품질수준을 동시에 제고하고자 하는 목적의식적 활동으로서, 인간 노동의 창의성과 역량 증진을 촉진하며 기술 및 사람 관리의 발전과 상호작용하는 지속적, 조직적 활동"이라고 볼 수 있다.

용 가능한 기술수준이 유사하다면, 기업의 경쟁력을 좌우하는 것은 일상적인 생산 및 서비스 활동의 효율성 수준이며, 이는 일터혁신을 통해 작업자들의 역량과 직무 몰입도를 제고하고, 사람들의 일하는 방식을 바꿈으로써 차별화될 수 있다.

그렇다면 일터혁신의 견지에서 보면 한국의 일터는 얼마나 '혁신'이 이루어지고 있는가? 아니면 '무늬만 혁신'이고, 실제로는 노동강도의 강화를 통한 저급한 단기적 경쟁력에 여전히 목매달고 있는 것은 아닌가? 보다 근본적으로 한국은 경제성장 과정에서 어떠한 일하는 방식을 특징으로 해왔으며, 이제 추격의 완성과 탈추격으로의 전환기에 처하여 일하는 방식의 변화는 올바로 탐색되고 있는 것인가? 이 글은 이러한 의문에 대한 답을 모색하기 위해 쓰였다. 비록 이 질문들에 충분한 답을 제시하지는 못하겠지만, 나름대로 혁신의 핵심 영역 중 하나라고 할 수 있는 일터혁신에 대해 새롭게 이해하고 조명하는 기회가 될 것이라는 기대를 가져본다.

2. 한국 생산방식의 실태

일터혁신은 쉽게 말해서 일하는 방식을 긍정적으로 변화시키는 것이라고 했는데, 이는 일터혁신의 출발점인 제조업 관점에서 보면 생산방식의 혁신을 의미하기도 한다. 생산방식이란 기술체계와 작업조직의 총합으로서 그야말로 물건이 만들어지는 과정의 기술적·사회적 측면의 복합적 특성을 지닌다.

역사적으로 크게 보아 자본주의의 생산방식은 수공업적 생산방식(다품종 소량)에서 테일러-포드주의에 기초한 대량생산방식(소품종 다량)으로, 그리고 수요의 다양화와 극소전자Micro-Electronics 기술에 기반을 둔 유연생산방식(다품종 다량)으로 발전해왔다. 유연생산방식은 다시 도요타주의에 기초한 린lean 생산방식과 자율적 팀 작업방식 등으로 구분될 수 있을 것이다.

1980년대 이후 일본의 산업이 전 세계를 석권해나가는 추세와 더불어 학문적으로, 실천적으로 이를 이해하고 전파하기 위한 다양한 노력이 전개되어왔다. 그중 MIT대학을 중심으로 한 다국적 자동차 산업 연구그룹은 도요타를 비롯한 일본의 특징을 린 생산방식이라고 명명했는데, 이는 낭비의 제거를 기초로 하는 도요타 방식을 '군살이 없다lean'고 표현한 데서 유래한다. 그것은 재고의 최소화를 겨냥하는 JIT Just In Time 납품방식과 눈으로 보는 관리방식뿐 아니라 현장 작업자들의 개선과 제안활동, 소집단활동과 다기능화, 풍부한 교육훈련과 직능에 기초한 임금체계 등을 구성요소로 하는 것으로서, 이제 린 방식의 기법을 하나라도 도입하지 않은 제조업 사업장이 없을 정도로 세계적인 표준 작업방식으로 자리 잡아가고 있다.

그렇지만 린 생산방식은 테일러-포드주의의 기초인 작업의 표준화, 그리고 톱다운 중심의 조직 관리방식을 채택하고 있다는 점에서 대량생산방식과 큰 차이가 없으며, 오히려 참가형 테일러주의로서 노동강도의 강화로만 귀결된다는 비판도 숱하게 제기되었다. 도요타가 어용노조나 과로사의 기업으로 유명한 것도 이와 무관하지 않을 것이다.

이에 비해 스웨덴 볼보나 독일의 벤츠 자동차의 경우는 작업자와 작업팀에게 더 많은 자율성, 재량권, 여유와 학습기회를 부여한다는 점에서 린 방식과 구분되는 자율적 작업팀 방식이라고 부를 수 있다. 예를 들어, 볼보의 우데발라 공장은 컨베이어벨트를 아예 걷어치우고 조선소의 도크와 같은 작업공간에 10여 명의 작업팀이 자동차 한 대를 처음부터 끝까지 만드는 방식을 채택하기도 했다. 이는 작업팀의 숙련에 철저히 의존하는 시스템이기 때문에 생산성과 품질 수준이 점진적·누적적으로 상승하는 시스템이지만, 1990년대 초반 볼보의 경영위기 시에 우데발라 공장이 폐쇄되면서 인류사에서 미완의 실험으로 남게 되었다. 그러나 그 정신은 자동차 산업을 넘어 다른 산업으로도 확산되었으며, 작업과정 혹은 서비스과정에서 전문성과 자율성을 필요로 하는 기업들이 이러한 자율팀 방식을 적지 않게 채택하고 있는 것으로 보인다.

그러나 일본은 물론 서유럽 등에서도 최근 생산방식 중에서 가장 많이 분포하고 있는 것은 린 생산방식으로 알려져 있다. 자율팀 방식의 대표 주자 중 하나였던 벤츠 공장에서조차 린 방식의 기법들이 대거 도입되었다는 논의들도 제기되고 있는 상황이다. 단, 원조인 도요타에서와는 달리 강한 독일 금속노조의 힘을 배경으로 노사 대등성의 정신이 유지되면서 린 기법이 도입되고 있다는 점에서 일터혁신의 기본 정신을 구현하고 있다고 할 것이다.

이렇듯 세계적으로 린 생산방식이든 자율팀 방식이든 일터혁신을 통해 기업 경쟁력과 근로자 삶의 질을 양립해보고자 하는 시도는 꾸준히 이루어져 왔다. 이제 한국의 경우는 이러한 일터혁신이 어느 정도나 진행되었는지를 살펴보기로 하자.[2]

우선 한국의 작업장을 분류하기 위한 체계도가 〈그림 5-1〉에 제시되어 있다. 일터혁신의 전제조건으로서 우선 작업장이 체계적으로 운영되어야만 한다. 그것은 작업량이나 품질에 대한 통제가 이루어지고 있는지, 혹은 최근 5년간 작업장 운영과 관련한 개선 프로그램을 수행한 적이 있는지 등에 따라 판단되었다. 그다음 분류 기준으로서 유연생산방식의 기법들, 혹은 일터혁신의 기법 중 대표격인 린 툴, 즉 참가형 작업조직 관행들이 도입

---

2 일터혁신의 개념을 따라서 한국의 작업장을 유형 구분하기 위해 한국노동연구원의 사업체패널조사WPS: Workplace Panel Survey 자료를 활용한 조성재·이준협(2010) 등 일련의 연구결과를 참조했다.

〈그림 5-1〉 작업장 유형의 구분 체계도

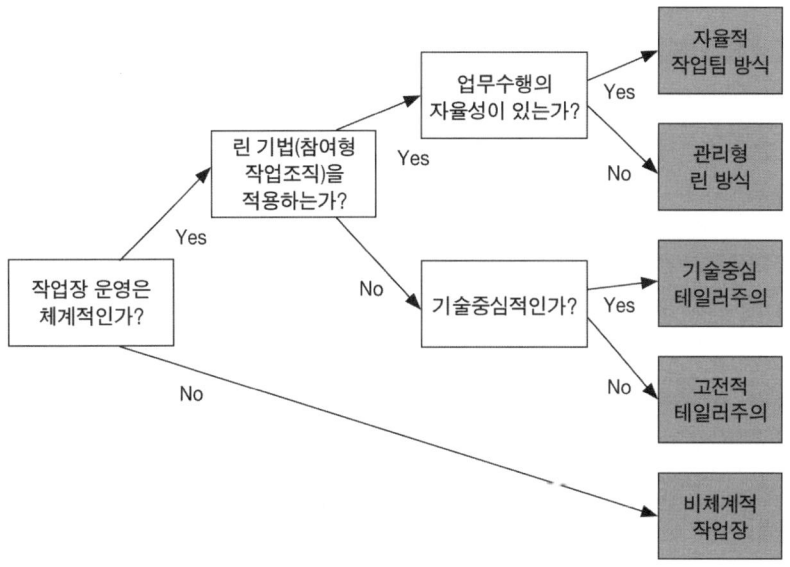

자료: 조성재·이준협(2010).

되어 있는가의 여부를 판단한다. 만약 이러한 참가형 작업관행이 발달해 있지 않다면 그것은 전통적인 테일러-포드주의 생산방식에 가까울 것이다. 린 툴을 도입한 사업장들은 다시 작업팀에 자율성을 부여하고 있는지의 여부로 자율적 작업팀 방식과 관리형 린 방식으로 최종적으로 구분된다. 또한 테일러주의 작업장들 중 로봇과 IT기술 등 최신 기술과 공학을 생산공정에 적용한 경우 기술 중심 테일러주의 혹은 네오테일러주의로 명명하는 것이 가능하고, 그러한 기술 의존적인 혁신 노력도 없는 경우 고전적 테일러주의라고 볼 수 있을 것이다. 이상의 가지치기를 통하여 그림과 같이 한국의 사업장을 다섯 가지 유형으로 구분할 수 있다.

〈표 5-1〉은 위 기준에 따라 사업체패널 자료를 토대로 계산한 결과 한국의 사업장들이 어떻게 분포하고 있는지를 보여준다. 일터혁신 사업장이

〈표 5-1〉 한국 작업장의 유형 분포(100인 이상 사업체 전 업종)

	자율적 작업팀 방식	관리형 린 방식	기술 중심 테일러주의	고전적 테일러주의	비체계적 작업장	합계
빈도	403	1,140	1,321	3,899	3,063	9,827
백분율	4.1	11.6	13.4	39.7	31.2	100.0

자료: 조성재·이준협(2010: 23).

라고 볼 수 있는 자율적 작업팀 방식과 관리형 린 방식을 채택하고 있는 사업장의 비중은 한국의 100인 이상 사업장의 15.7%에 지나지 않는다. 반면 기술 중심 테일러주의 사업장의 비중이 13.4%, 그리고 고전적 테일러주의 사업장의 비중이 무려 39.7%에 이르며, 심지어 비체계적 사업장의 비중이 31.2%에 달하고 있다. 이는 한국에서 일터혁신이 매우 지체되어 있을 가능성을 제기하는 것이다.[3] 또한 이 표에서 흥미로운 점은 린 방식과 기술 중심 테일러주의의 비중이 비슷하게 나타나는 점이다. 이는 일하는 방식의 변화를 통한 혁신 성과는 장기간이 소요되고 작업자들에 대한 설득과정과 교육훈련 투자를 필요로 하는 반면에, 로봇 도입을 통한 생산현장의 합리화는 보다 쉽게 여겨질 수 있다는 것을 함의한다. 그러나 앞서 설명한 바와 같이 로봇은 인간의 노동에 비해 경직적이고 개선능력을 갖지 못한다는 점에서 성과에 대한 불확실성은 두 방식이 마찬가지이다. 결정적인 차이점은 조직문화가 혁신적으로 구축될 수 있다면 린 방식 등 인간노동을 중심에

---

3 일터혁신의 진척 정도에 대한 수치화된 국제비교 자료는 찾기 어렵다. 참고로 룬드발Bengt-Ake Lundvall, 발리레Antoine Valeyre 등 저명한 혁신 연구자들에 따르면 서유럽 대기업들의 경우 자율팀 방식을 채택하고 있는 경우가 38.2%, 린 방식을 채택한 경우가 25.7%로서 둘을 합치면 절반을 넘어선다. 그러나 이 조사는 개인 베이스로 이루어졌고, 분류기준이 다르기 때문에 한국과 직접 비교하기는 어렵다. 다만, 한국이 서유럽에 비해 일터혁신이 많이 지체되어 있는 것으로 판단하는 데 이견은 없는 것으로 보인다.

〈표 5-2〉 규모별 작업장 유형 분포(100인 이상 제조업)

작업장 유형	규모			전체
	100~299	300~999	1,000 이상	
자율적 팀	103	43	29	176
	4.5	8.2	14.9	5.8
관리형 린	340	105	60	506
	14.8	20.1	30.4	16.7
기술 중심	280	131	22	433
	12.2	25.1	10.9	14.3
고전적	1,220	147	41	1,408
	52.9	28.0	20.6	46.5
비체계적	361	97	46	505
	15.7	18.6	23.3	16.7
합계	2,304	524	198	3,026
	76.1	17.3	6.6	100.0

주: 위의 숫자는 가중치 적용 빈도수, 아래 숫자는 종 백분율임.
자료: 조성재·전우석(2011: 15).

둔 접근방식이 로봇 혹은 설비의 자동화에 의존한 시스템보다 투자비가 덜 들고 사회적 측면의 정당성까지 획보힘으로씨 노사관계의 협력성 세고까지 겨냥할 수 있다는 점일 것이다.

제조업은 이러한 일터혁신이 빨리 발전하고 적용되고 확산된 영역이기 때문에 일터혁신이 보다 많이 진행되었을 것으로 짐작된다. 〈표 5-2〉는 제조업만으로 자료를 한정했을 때 어떠한 분포를 보이는가를 규모별로 나타내고 있다. 1,000인 이상 사업장은 역시 관리형 린 방식이나 자율적 작업팀 방식으로 분류되는 비중이 상대적으로 큰 것으로 확인되었다. 주목할 것은 기술 중심 테일러주의의 경우 300~999인 중견기업에서 높은 비중을 나타낸 점이다. 이는 한국의 중견기업들이 일터혁신보다 손쉬운 로봇 도입을 선택할 가능성이 높다는 것을 시사한다. 반면 100~299인의 중규모 기업들

〈표 5-3〉 린 서비스 및 자율팀 방식의 교차빈도표(100인 이상 서비스업)

	자율팀 방식 아님	자율팀 방식	전체
린 방식 아님	5,099 78.2	738 11.3	5,837 89.5
린 방식	580 8.9	105 1.6	685 10.5
전체	5,679 87.1	843 12.9	6,522 100.0

주: 위의 숫자는 빈도수, 아래 숫자는 전체 백분율임.
자료: 조성재 외(2012: 56).

의 경우 고전적 테일러주의 사업장의 비중이 매우 높아서, 이들의 혁신역량을 어떻게 제고할 것인가의 과제를 안고 있다고 할 것이다.

그런데 최근 한국 경제는 서비스 산업의 고도화가 또한 시급한 과제이며, 서비스 산업이야말로 인간 노동을 중심으로 한 일터혁신이 절실한 영역이라는 점에서 서비스 산업의 유형이 어떻게 구분되는지에 대해서도 살펴볼 필요가 있다. 〈표 5-3〉은 서비스 산업의 특성에 맞도록 위 개념과 방법론을 수정하여 적용했을 때 한국의 100인 이상 중대규모 서비스 사업장 중 10.5%만이 린 방식을 채택하고 있다는 것을 보여준다. 또한 자율팀 방식 사업장은 이와 유사한 12.9%인데, 앞서 사용한 방법과는 달리 상호배제적인 분류 방식을 취하지 않았기 때문에 두 방식이 함께 적용된 사업장이 1.6% 정도 추출되었다. 중요한 것은 78.2%의 사업체는 어떠한 방식의 일터혁신도 적용하고 있지 않다는 점이며, 이것이 100인 이상 중대규모 사업체를 대상으로 했다는 점에서 서비스 산업에서도 한국 일터혁신의 지체현상이 심각한 상황임을 일러준다고 할 것이다.

3. 한국의 추격기 일터 모습과 혁신 모델의 발전

일터혁신은 이렇듯 자율성을 부여하든, 타이트한 관리를 통해 구현하든 역량 있는 작업자들의 참여를 끌어냄으로써 현장의 암묵적 숙련, 혹은 경험적 지식을 체계적·조직적으로 활용하려는 혁신전략이다. 또한 노동의 인간화에 대한 문제의식을 갖고 일하는 사람의 만족도를 제고함으로써 경쟁력 및 생산적 노사관계와 상호작용할 수 있는 전략적 요충이기도 하다. 그럼에도 불구하고 한국에서 이러한 일터혁신은 지체되어 있는 것으로 평가되었는데, 그 요인은 무엇인가? 어떠한 경로를 거쳐서 한국의 생산방식이 발전해온 것인가?

해방 이후 1950년대까지 주로 방직공장을 중심으로 한국인 기술자와 숙련공들의 역할은 적지 않았던 것으로 보인다. 이들은 일본인 기술자들의 철수에도 불구하고 한국에서 내포적 산업발전의 기초를 닦았던 것으로 보인다. 그러나 1960년대 이후 해외로부터 자본과 기술이 도입되면서 공장 운영방식도 선진업체들로부터 배워오는 것이 불가피했다. 발전소, 석유화학공장 등에 미국식 관리방식이 도입되면서 직무를 과학적으로 구분하고 역할을 배분하는 것, 그리고 직무급을 적용하는 것이 가장 선진적인 임금체계이며 관리방식이라는 사고가 지배하기도 했다. 그러나 직무에 따른 업무 배분과 임금체계는 유연성이 떨어지기 때문에 국내에서 제대로 자리 잡지 못했던 것으로 보인다. 한편으로는 한일국교 정상화의 조건에 따라 일본 기술의 도움으로 포항제철이 건설되었는데, 이때 직능급을 비롯한 일본식 관리방식이 도입되기도 했다.

그러나 이러한 중화학공업이나 철도 등 일부 공공부문에 대한 숙련의 공급과 과학적 관리기법의 도입은 소수에 불과했다. 1970년대까지 한국은 섬유, 의류, 완구, 신발, 가발 등 여성 인력 중심의 생산품과 경공업 제품 수출에 의존하여 성장했다. 이들 사업장에서는 철저한 위계적·인격적·전제적 통제와 성별 분업이 기본이었으며, 장시간 노동과 저임금을 토대로 한 작업장 환경은 숙달을 넘어 숙련으로 나아가는 것을 저해했다. 또한 여성 인력은 결혼과 함께 노동시장에서 일시 퇴장했다가 중년 이후 저숙련 노동으로 다시 돌아오는 양상을 반복했다. 결국 1990년대 초반이 되면 인건비 상승에 따른 부담을 견디지 못하고 많은 경공업 사업체들은 동남아나 중국 등지로 생산기지를 옮기는 것으로 활로를 모색했다. 한편 남성 중심 사업장들의 경우 역시 병영적 통제를 특징으로 했다. 또한 1967년 「직업훈련법」 제정 이후 잇따라 훈련제도가 정비되고 공업고등학교 등 실업계 고등학교의 졸업생들이 시장에 쏟아져 나오면서 공업화에 필요한 숙련은 적절한 보상이 없이도 확보될 수 있게 되었다. 이는 다시 병영적 통제와 결합되어 저임금, 장시간 노동을 강제한 배경으로 작용했다.

흥미로운 것은 1974년경부터 시작되고 1980년대까지 지속된 공장새마을운동에 제안제도와 QC 등 일본식 생산방식의 기법들이 그 내용에 포함되어 있었다는 점이다. 당시 일본과의 국교정상화를 계기로 일본으로부터의 자본과 기술 도입이 많았던 데서 이러한 전략이 성립했던 것으로 보이지만, 산업현장에서 이것은 작업자들에 대한 정신적 통제 기제로 주로 활용되었던 것으로 보이며, 그마저도 제대로 수용되지 않았던 것으로 보인다.

1987년 이전까지 한국의 일터를 지배했던 저임금, 장시간 노동과 병영적 노동통제는 1987년 7, 8, 9월 노동자대투쟁으로 일대 전기를 맞이한다. 파업이 한 해 200건 정도에 불과하던 나라에서 불과 수개월 만에 파업 건수는 3,000건을 돌파했으며, 전국 각지에서 우후죽순처럼 노조가 결성되어 노조 조직률은 5%포인트 이상 급증했다. 이제 손쉽게 인격적 통제로 값싼 노동력을 활용하던 시스템으로는 경쟁력을 확보할 수 없게 된 것이다. 노조를 억압하거나 회피해보려던 기업들은 시대와 환경이 변화했음을 감지하고 우선 노조와의 단체교섭 절차와 관행을 정립하는 데 주력하는 한편, 인건비가 빠르게 상승하는 데 대응하여 생산성을 어떻게 확보할 수 있을 것인가를 모색하기 시작했다.

그런데 그 방향은 다양하게 분화되어 나타났다. 대우조선과 현대중공업 등은 이른바 신경영전략이라는 것을 통해 작업장 내에서 다시 헤게모니를 장악하는 데 진력했으며, 이를 위해 현장감독자의 권한이 강화되고 개인별 접근을 포함한 치밀한 현장통제가 이루어지게 되었다. 이는 1980년대 초반까지 진행되었던 공장새마을운동의 개량 버전으로서 일본식 통제기제를 주로 활용한 것이었다. 결국 1990년 전후까지 한국의 전투적 노조운동의 대명사였던 현대중공업은 1990년대 중반을 넘어서면서 회사가 원하는 방식으로 현장이 재조직되었으며, 이에 따라 사내하청 등 간접고용 비정규직이 급증하는 방식으로의 타협이 이루어졌다.

일본식 통제를 넘어서서 도요타 생산방식과 유사한 일터혁신 모델을 정립한 것은 LG전자가 대표적인 사례이다. LG전자 역시 창원공장에서 1989년 120여 일에 이르는 파업이 발생하는 등 1980년대 후반까지 격렬한 노사대립을 특징으로 했다. 그러나 경영진의 노사관계 전화에 대한 투철한 신념은 매일 아침 인사하기로부터 시작되어 모든 현안에서 노조와의 사전 협의를 관행화하는 등 작업자들의 빈정거림과 냉소를 넘어서 지속되었으며, 결국 1990년대 중반 LG전자에 고유한 '노경모델'이 성립하게 된다.

LG전자의 노경모델은 단지 노와 사가 평화롭게 지내자는 선언에 그친 것이 아니라, 작업장에서 새로운 일하는 방식을 창출하기 위한 노력으로 이어졌다. 도요타 등에 대한 벤치마킹 작업과 해외의 노사협력 우수기업에 대한 학습 등을 통해 노와 사는 일하는 사람들의 현장 지식과 암묵적 숙련을 제안활동과 소집단활동으로 고양시키고자 했다. 아울러 이를 촉진하기 위해 공고 출신의 기능인력도 부장급까지 승진할 수 있도록 하면서 기능직과 사무직 사이의 직종 간 차별을 없애나갔으며, 임금체계에서도 직능급적 요소를 강화했다. LG전자는 최근 도요타와 대등한 교류회를 가질 정도로 린 생산방식의 발전에서 매우 앞서 있으며, 자신의 생산방식을 중국, 인도 등 해외 사업장에도 적용하여 성공을 거두고 있다.

그러나 현대자동차의 경우 이와는 다른 경로를 걸었다. 현대자동차는 1975년 포니 모델을 개발하여 독자적으로 수출하는 등 고유모델을 중심으로 한 자립적 발전의 길을 고수했다. 또한 생산방식 측면에서도 초기 포드와의 협력, 이와 연계된 호주, 영국 등으로부터의 기술과 장비 도입, 그리고 이후 미쓰비시와의 제휴, 프랑스나 독일로부터의 설비 도입 등을 거치면서 어느 하나의 방식이라고 규정할 수 없는 독특한 모습을 형성하게 된다. 대체로 경영진은 최첨단 기술을 적용한 공장자동화 모델을 선호했던 것으로 보이며, 현장에서는 미쓰비시의 지원 등을 배경으로 일본식 관리방식에 대한 선호가 있었던 것으로 보인다. 그런데 1987년 노조의 등장은 기술 중심의 접근을 크게 강화하는 계기로 작용했다. 즉, LG전자처럼 노조와의 타협과 화해를 통한 생산방식의 혁신을 모색한 것이 아니라 노조를 배제하고 가급적 자동화된 기술과 정보기술에 의존한 연계방식을 채택했던 것이다. 이는 1990년 완공된 울산 3공장이 자동화학교로 명명된 것과도 관련된 것이다. 1990년대 중반 노조와의 진지한 대화와 공동연구를 통해 일본식 직능자격제도를 도입함으로써 현장의 숙련을 촉진하려는 시도가 없었던 것은 아니지만, 1998년 1만여 명에 이르는 대규모 고용조정이 이루어지고, 이를 둘러싼 갈등이 거의 전쟁 수준으로 전개되면서 노사 협력을 통한 일터혁신의 가능성은 점점 더 멀어져 갔다. 결국 2000년대 이후는 작업장에서 현장 권력을 회복한 노조 대의원들에 의한 노동강도 완화 전략, 즉 편하게 일하기 위한 작업장 교섭만이 일상화되었으며, 일하는 방식의 혁신은 먼 이야기가 되어갔다. 사용자는 이에 대해 노동배제적 자동화를 더욱 강화하는 식으로 대응하게 되었으며, 이는 다시 작업자의 역할을 최소화하는 방식이기 때문에 노동의 소외를 경험한 작업자들은 노조를 중심으로 결속하고 분배 위주의 투쟁에 몰입하는 것 이외에 작업장에서 일의 보람을 찾는 등의 노력은 수그러들게 되었다.

이렇듯 LG전자와 현대자동차의 길은 한국의 일터혁신과 관련하여 매우 상징적인 분기점인 것으로 보인다. 이는 앞서 통계 숫자들에서 관리형 린 방식과 기술 중심 테일러주의의 대표 사례가 될 것이다. 그렇다면 자율적 작업팀 방식의 대표 사례에는 어떤 기업이 있는가?

자율적 작업팀 방식의 대표격은 아니지만, 국내 일터혁신의 대표 사례로서는 역시 유한킴벌리를 들 수 있다. 유한킴벌리는 자율적 작업팀 방식의 특성과 린 방식의 특성이 혼재되어 나타나는데, 최근 린 방식에 식스 시그마 품질관리 기법이 결합되면서 톱다운 방식이 강화되는 경향을 보이고 있다. 그러나 린 식스 시그마는 13개의 툴들로 이루어진 기술적 수단들을 의미할 뿐이며, 1990년대 중반 이후 보여준 인간 중심의 일터 구축 철학과 전략은 여전히 견고하게 유지되고 있다고 할 수 있다.

유한킴벌리의 혁신 출발점은 1994년 대전공장의 신설이라고 할 수 있다. 당시 안양과 김천에 이미 공장을 보유하고 있었는데, 공장을 신설하면서 운영위원회 산하에 제도설계팀을 두고 두 공장의 작업자들이 참여할 수 있도록 했다. 여기서 획기적인 4조 3교대제가 채택되었으며, 이를 통해 여유를 확보한 작업자들에게 충실한 교육훈련을 제공할 수 있었다. 결국 1개 조의 여유 인원을 두었으나, 생산성과 품질수준이 높아지고, 공장가동률이 높아지면서 오히려 기업의 성과는 더욱 높아지는 양상을 나타냈다. 작업자들 역시 충분한 휴식과 교육기회로 인해 직무에 대한 만족도가 높아졌으며, 산재율이 획기적으로 낮아지게 되었다. 이후 안양과 김천 공장은 여기서 더 나아가 4조 2교대제를 채택함으로써 여유와 학습·혁신의 선순환을 더욱 철저히 구현할 수 있게 되었다. 결국 나중에 혁신의 고향이었던 대전 공장이 이를 거꾸로 받아들여 4조 2교대제로 운영되게 되었다.

이러한 1990년대 이후의 유한킴벌리의 일터혁신 과정은 노사관계가 대립적이었기 때문에 더욱 극적이다. 유한킴벌리 역시 당시 다른 사업장들과 유사하게 노사관계의 갈등 수준이 높았으며, 한때 사장실 점거농성과 파업이 전개되기도 했다. 그러나 사장을 비롯한 경영진의 일관된 투명경영과 윤리경영, 환경경영 등에 감복하여 회사가 제공하는 정보를 신뢰하게 되었고, 외환위기 시에도 사람을 해고하지 않고 오히려 교대제를 증편함으로써 일자리 나누기work sharing 정신을 실천하는 것에서 완전히 노사협력을 체화하게 되었다. 회사 또한 항상 노조와 정보를 다각적·다층적으로 나누고, 사전에 협의하는 관행을 계속 이어오고 있다.

유한킴벌리는 작업자들에게 연간 300시간 내외의 교육을 시행하는데, 이는 4조 2교대제로 돌아가는 일정표에서 주간조 작업개시 전일 등에 8시간을 전적으로 워크숍 형태로 교육하기 때문에 가능한 수치이다. 유한킴벌리의 강사는 사내에서 육성된 오퍼레이터 출신의 교수들로 구성되며, 이들은 새로운 기계가 도입되거나 갱신될 때 기장 및 작업자들과 분해조립을 함께 해봄으로써 현장에 대한 지식과 감각을 유지하고 있다. 작업팀의 수장인 기장은 엔지니어나 품질, 보전 부서 등과 대등한 입장에서 협의할 수 있으며, 웬만한 간접업무는 팀 내로 통합되어 있기 때문에 일상적 작업에 대한 실질적 책임자라고 볼 수 있다. 이렇게 기장으로 승진하는 것은 현장의 비전이긴 하지만, 그 이외에 본인이 원하면 기장에 상응하는 직능등급에 따라 승진하는 경로를 선택할 수도 있다. 직능등급이 올라가면 그만큼 직능자격수당이 더 많아지는 임금체계를 채택하고 있기도 하다.

유한킴벌리의 모사인 킴벌리클라크는 2008년 전 세계 사업장에 린 방식을 도입할 것을 방침으로 정했다. 그런데 이는 김천공장 등에서 이미 시도되었던 바이기도 했다. 유한킴벌리 내에 린 방식은 무리 없이 수용되었으며, 식스 시그마 기법 역시 효과적으로 도입되고 있다. 앞서도 언급한 바와 같이 린과 식스 시그마 기법들은 유한킴벌리의 인간존중 철학에 성공적으로 접목되고 있는 것으로 보인다. 예를 들어 린 방식에서 가장 중시하는 낭비의 제거에서 도요타는 7대 낭비를 거론하지만, 유한킴벌리는 하나 더 "충분히 활용되지 않는 잠재적 인재"를 8번째 낭비 요소로 지목하고 여전히 워크숍 중심의 교육훈련과 교양교육에 대한 투자를 아끼지 않는데, 이는 현장훈련OJT 중심의 훈련에 중점을 두고 있는 도요타와는 다른 접근법이라고 할 것이다.

요컨대 1987년 자주적이고 민주적인 노동운동의 등장으로 그 이전과 같은 병영적 노동통제가 불가능한 상황에서 유한킴벌리나 LG전자 등이 일터혁신 모델이 등장하기도 했으나, 그 비중은 높지 않다. 대개의 경우 현대중공업이나 현대자동차 등의 노조회피적 노무관리 혹은 노동배제적 자동화 전략이 발전하기도 했으며, 심지어 삼성전자식의 무노조 경영이 유지되고 있기도 하다. 이렇듯 일터혁신과는 다른 경로를 걸은 대기업들의 기술중심적 접근법, 수수 정규직 포섭 위주의 노무관리 전략은 해당 대기업의 경쟁력을 유지하는 데는 성공적이었을 수도 있으나, 기술과 인간의 조화를 통한 노사 윈-윈 게임과는 거리를 두고 있는 것으로 평가된다.[4]

---

4 더욱 중요한 것은 이러한 소수 정규직에 대한 포섭 전략이 결국은 다수 비정규직 및 중소기업 노동자들에 대한 배제 전략과 동전의 양면을 이룬다는 것이다. 대기업에 의한 중소기업에 대한 단가인하Cost Reduction 관행은 결국 하청업체의 지불능력 제약으로 근로조건 개선을 어렵게 할 뿐 아니라 1차 하청에서 2차 하청, 그리고 정규직에서 비정규직으로의 물량 이동과 일자리 이동을 초래했다. 이러한 광범한 중층적 아웃소싱 확산은 대기업 중심의 양질의 일자리가 점점 줄어들고 불안정한 중소기업, 비정규 일자리가 늘어나는 결과를 낳았다. 1987년을 계기로 병영적 통제는 소멸해갔지만, 1998년 외환위기 이후 시장을 통한 합리화 전략은 고용 유동화를 핵심으로 하

4. 결론

한국 경제는 21세기를 지나면서 추격catch-up의 과제 완수가 가까워짐과 동시에 그 유제로서 양극화 등 수많은 부작용을 드러내고 있다. 고도성장 기간 동안 한국 경제는 노동력의 양적 투입 확대에 힘입어 자본 축적을 할 수 있었는데, 그러한 노동력은 군사독재 시기 병영적 통제하에서 싼값으로 대량 동원되었다. 학교 교육과 직업훈련의 급속한 확충과 그를 통한 노동력의 대량 공급은 대규모 이농 현상과 결합되면서 기능에 대한 저평가를 동반했으며, 아울러 장시간 노동과 인격적 통제를 통해 노동력 동원과 활용체제가 완성되었다.

그러나 1987년 노동자대투쟁은 이러한 양적 투입 중심의 성장 전략이 한계에 달했음을 의미한 사건이었다. 강한 노조의 등장에 대응하여 국내 기업들의 대응 방식은 분화했는데, 노조를 순화시키는 데 성공한 현대중공업 방식은 이후 사용자 재량에 의한 생산 전략을 구조화했다. 한편 LG전자는 주로 도요타 생산방식에 기반을 둔 노경협력과 일터혁신 전략을 채택한 반면, 현대자동차는 남성 중심의 강한 노조와 대결하면서 노동배제적 자동화에 주력했으며, 이는 다시 노동의 소외와 노사 갈등을 더욱 촉발했다.

LG전자의 일본식 혁신 모델과는 구분되는 유한킴벌리 모델은 자율적 작업팀 방식이 혼합되어 있다. 유한킴벌리는 작업팀에 간접 직무가 대거 편입되어 있을 뿐 아니라 이러한 복합업무를 수행할 수 있도록 고강도 교

는 양적 유연성 전략의 전면화와 그로 인한 양극화 현상을 초래했다. 양적 유연성 전략을 대체할 수 있는 유력한 방안 중 하나가 질적 유연성이며, 그것이 일터혁신과 연계된 다기능화, 학습과 숙련, 다양한 교대제 및 근로시간 제도에 의해 가능하다면 생산네트워크의 정점에 선 대기업들의 일터혁신 지체가 결국 양극화 현상과도 관련되어 있다고 할 것이다.

육훈련을 전개하며, 직능자격제도와 그에 부합한 임금체계, 그리고 매우 풍부하고 믿을 만한 정보가 유통되는 노사관계를 특징으로 한다. 따라서 4조 2교대제로 작업자의 여유를 충분히 제공하고 있음에도 불구하고 어느 기업보다도 강한 경쟁력을 갖고 있다.

    이러한 사례들은 한국의 작업장이 다양한 유형으로 구분될 수 있다는 것을 의미하는데, 노동연구원 사업체패널 자료를 이용한 통계적 분류법에 의하면 자율팀 방식과 린 방식을 합친 일터혁신 사업장의 비중은 15.7%에 불과하다. 이는 한국의 일터혁신이 지체되어 있다는 것을 의미하며, 여전히 경영자들은 손쉽게 로봇 투입을 통한 생산합리화에 의존하는 경향을 보이거나 아예 일터혁신에 대한 접근에 문외한인 것으로 판단된다. 따라서 기술혁신과 동시에 일터혁신의 중요성을 부각시키고 그 철학과 기법을 널리 보급하려는 노력이 전개될 필요가 있을 것이다. 일터혁신은 기업의 생산성과 품질 수준을 높여 경쟁력을 확보하려는 전략일 뿐만 아니라 인간중심의 철학을 구현하기 위해 작업자의 역량과 창의성, 노동생활의 질도 높이는 노사 윈-윈 게임의 요충이기 때문에 탈추격post catch-up 시대의 대표적인 사회통합적 혁신 접근법이라고 할 것이다.

참고문헌

조성재·이준협. 2010. 『작업장 유형과 혁신 성과』. 한국노동연구원.

조성재·전우석. 2011. 『작업장 혁신과 기술의 관련성』. 한국노동연구원.

조성재 외. 2012. 『서비스산업의 작업장혁신 모델 연구』. 한국노동연구원.

제2부

공공연구부문의 추격형 혁신과 변화

06
이카로스의 역설
출연연의 위기와 성공의 함정

정병걸 _동양대학교 행정경찰학부 교수

1. 초지일관이 만드는 대실패

1980년대 후반 동유럽에 불어닥친 거센 민주화 바람은 몇 년 만에 공산주의 체제를 완전히 무너뜨렸다. 미국과 IMF는 동유럽 국가에 자본주의를 접목시키려고 했고 유력한 경제학자인 제프리 삭스Jeffery Sachs는 충격요법shock therapy을 강력히 주장했다. 공산권 국가를 자본주의화하기 위해서는 급격하게 사유화해야 한다는 것이다. 공산주의 정부가 소유한 국영기업을 민영화하고 국영기업의 노동자가 그 주식을 사면 자유시장 경제로 신속하게 이행할 것이라고 믿었기 때문이다.

하지만 국가 규제와 개입을 일시에 철폐하는 충격요법으로 자본주의적 민주주의를 정착하려던 시도는 큰 혼란만 만들어냈고, 러시아의 경제 사정은 더 나빠졌다. 민영화한 기업 주식을 손에 넣었지만 당장 식량이 필요했던 노동자들은 주식을 부자들에게 푼돈에 팔아버렸다. 러시아의 극소수 부자는 더 엄청난 부자가 되었지만 수백만 명의 가난한 노동자는 더 가난해지고 말았다(Shore, 2008: 149). 푸틴의 권위주의 정부가 집권하면서 충격요법은 대실패였음이 더욱 분명해졌다. 충격요법은 러시아뿐 아니라 동유럽 국가에서 대량학살을 초래했다는 비판을 받고 있다.

20대 후반의 젊은 나이에 하버드대학의 정년 보장 교수로 임용될 만큼 우수한 경제학자였던 제프리 삭스처럼 영민한 사람이 왜 이런 엄청난 오판을 한 것일까? 획일적 개발주의 developmentalism 이데올로기의 강요(Easterly, 2007)나 만병통치주의의 인지 함정(Shore, 2008: 150) 등으로 표현되지만 쉽게 말하면 상황의 차이를 고려하지 않은 일률적 해결책의 고수 때문이었다. 경제학자들은 특수성을 고려하는 특수이론보다 모든 상황에 적용되는 일반이론이 더 가치 있는 이론이라고 여기는 듯하다. 그래서 일반이론을 적용하기 위해 상황의 차이는 외면하기 쉽다. 사실 이런 문제는 경제학자만이 아니라 거의 모든 사람이 가지고 있다.

우리는 어떤 생각이 모든 상황에 적용될 수 있다고 강하게 믿을 때 상황의 차이는 무시하며, 만약 실패해도 무언가 다른 것 때문이라는 변명을 늘어놓곤 한다. 이런 현상이 다른 국가나 다른 사람을 이해하려고 할 때만 나타나는 것은 아니다. 자신의 문제에 대해서도 같은 실수를 반복한다. 오늘이 어제와 같지 않은 것처럼 변하지 않는 것은 거의 없다. 그런데도 과거의 방법으로 현재의 문제를 해결하려 하기도 한다. 이것은 현상 유지 편향 status-quo bias 으로 불리기도 한다. 하지만 미지에 대한 두려움 때문이 아니라 과거에 대한 집착이 원인일 때에는 조금 다른 설명이 필요하다. 어쨌든 과거의 일률적 기준이나 방식에 대한 집착은 현재의 실패를 초래할 수도 있다.

21세기 전후부터 정부 주도의 공공연구는 큰 어려움을 겪고 있다. 공공연구를 주도하는 과학기술계 정부출연연의 연구 환경은 과거에 비해 몰라볼 정도로 좋아졌다. 출연연은 16조에 달하는 국가연구개발 투자의 절반 가까운 자금을 사용하고 있다. 젊은 연구자의 출연연 기피현상과 연구원의 고령화가 문제이긴 하지만 여전히 많은 연구 인력을 보유하고 있다. 평가제도의 도입과 개선, 관리기관의 변경, 경쟁적 연구자금 배분방식의 도입이나 관리체제의 변화 등 문제해결을 위한 노력을 계속하고 있다. 출연연의 연구 성과가 낮다는 비판에 대해서는 반론도 있지만[1] 제 역할을 못하고 있다는 비판과 우려는 더 높아지고 있다. 과거와 다름없는 역할을 수행하고 있음에도 몰락의 위기에 처하게 되었다면 출연연의 역할에 문제가 있음을 의미한다. 그렇다면 왜 이런 문제가 발생했는가?

2. 적극적 정부와 출연연의 몰락

1) 적극적 정부와 성공의 경험

국가 폭력에 대한 혐오로 무정부주의를 지지한 톨스토이Lev N. Tolstoy나 사회계약론을 주장한 존 로크John Locke는 국가와 국가권력을 위험한 것으로 보았다. 그래서 로크는 국가권력은 국민의 안전이나 공공복리 향상에만 써야 한다고 주장했다(Locke, 1988). 애덤 스미스Adam Smith는 더 나아가 치안 유지 등 몇 가지 외에는 아무 일도 하지 말 것을 권고했다. 하지만 국가나 국가를 대표하는 정부의 개입이 나쁜 결과만 만들어내는 것은 아니다.

19세기 산업 후발국이었던 독일과 미국은 선발국인 영국에 비해 꽤 뒤져 있었지만 새로 개척할 수 있는 분야가 많이 남아 있었기 때문에 크게 불

---

[1] 기술이전과 기술료 수입, 특허 건수와 액수는 계속 늘어나고 있으며, 경제적 효과가 손익분기점을 훨씬 넘어선다는 점에서 투입 대비 성과가 낮다는 주장은 반박의 여지가 있다는 것이다(이호성, 2012: 23).

리한 상황은 아니었다. 하지만 기존의 틀이 이미 공고해진 20세기에는 후발국이 비집고 들어갈 틈이 거의 없었다는 점에서 독일이나 미국에 비해 한국은 아주 불리한 상황이었다. 그럼에도 한국이 선도국 따라잡기에 성공한 소수 국가 중 하나가 될 수 있었던 것은 정부의 적극적 개입과 지원이 있었기 때문이다.

암스덴Alice H. Amsden이 '선진 기술의 모방 학습을 통한 산업화'라 불렀던 한국 특유의 산업화(Amsden, 1992) 과정에서 정부는 매우 적극적으로 개입했다. 기업이 겪고 있던 기술 문제의 해결도 그중 하나였다. 수출을 통한 경제성장을 위해서는 수출이 가능한 제품을 만들어야 했다. 하지만 이런 제품을 만들 기술력을 가진 기업은 거의 없었기 때문에 정부는 예산과 인력을 들여 직접 기술을 개발하거나 개량해서 기업에 제공하는 방법을 썼다. 이런 역할은 정부출연연구기관이나 정부연구소 같은 공공연구기관이 주로 담당했다.

공공연구는 정부연구기관이나 대학 등의 연구기관이 공공자금을 사용해서 연구를 수행하는 것이다. 비용은 공공연구가 필요한 중요한 이유 중 하나다. 대규모 기업조차 연구 자금을 충분히 확보하는 것은 어렵기 때문이다. 특히 기초연구는 혁신의 완료 후에도 재정적 이익 실현이 어렵거나 많은 시간이 걸린다. 따라서 기업이 회피하는 분야의 연구개발에 정부가 재정 지원을 하거나 직접 연구개발을 수행하는 것이 필요하다. 정부의 재정 지원을 통한 연구개발이 항상 성공하는 것은 아니지만 혁신의 기회를 찾아내는 중요한 수단인 것은 분명하다. 컴퓨터, 반도체, 소프트웨어와 인터넷의 개발 초기에 중요한 역할을 했던 미국의 국방 관련 프로그램은 좋은 예다(Pavitt, 2006: 98).

한국은 정부의 예산 지원을 받지만 독립된 지위를 갖는 출연연이 연구개발을 주도하는 독특한 공공연구체제를 가지고 있다. 정부의 요구에 따라

출연연이 필요한 기술을 개발하고 이를 기업이 사용하도록 하는 방식은 상당한 성과를 거뒀다. 1960~1970년대의 컬러 TV, 폴리에스터나 1980~1990년대의 TDX-1, 16M DRAM, CDMA 등 기술개발 성공 이야기에 출연연이 자주 등장하는 것도 한국의 이런 독특한 방식 때문이다. 따라서 정부의 적극적 개입이 거둔 성과는 출연연의 성과라고도 할 수 있다.

2) 한국 역설과 출연연 몰락의 위기

정부가 과학기술에 많은 투자를 하는 이유는 과학기술 수준과 기술혁신 능력이 경제성장의 중요한 동인이기 때문이다. 과학기술혁신에 대한 아낌없는 투자와 이를 통해 축적된 과학기술능력은 한국의 고도 경제성장의 원동력이었다. 과학기술능력을 경제성장의 엔진으로 전환시킴으로써 급속하게 성장할 수 있었던 것이다(Watkins and Ehst, 2008: 42~45).

이런 이유로 한국은 기술혁신에 아낌없는 투자를 계속하고 있고 정부의 연구개발 투자 규모도 매년 크게 늘고 있다. 예산과 기금을 포함한 총 국가 연구개발 예산은 2008년에는 10조 원을 넘었고 2012년에는 15조를 넘어 16조 원에 육박했다. 투자 규모뿐 아니라 예산에서 차지하는 비중도 매년 커지고 있다. 전체 정부 예산에서 연구개발 투자가 차지하는 비중은 1960~1970년대의 2% 수준에서 2010년대에는 6%까지 높아졌다(이장재·엄익천, 2011: 15).

하지만 최근 많은 투자에도 연구개발 효율성은 오히려 낮아지는 '한국 역설'이 시작된 것이 아닌가 하는 우려가 제기되었다(이현숙·용태석·정상기, 2010: 1). 한국 역설은 연구개발 투자에 비해 성과는 낮은 스웨덴의 상황을 묘사하는 '스웨덴 역설Swedish paradox'(Bitard et al., 2008)에 빗댄 표현이다. 한국 역설이라는 말이 아직 널리 사용되고 있지는 않지만 역설의 징후와

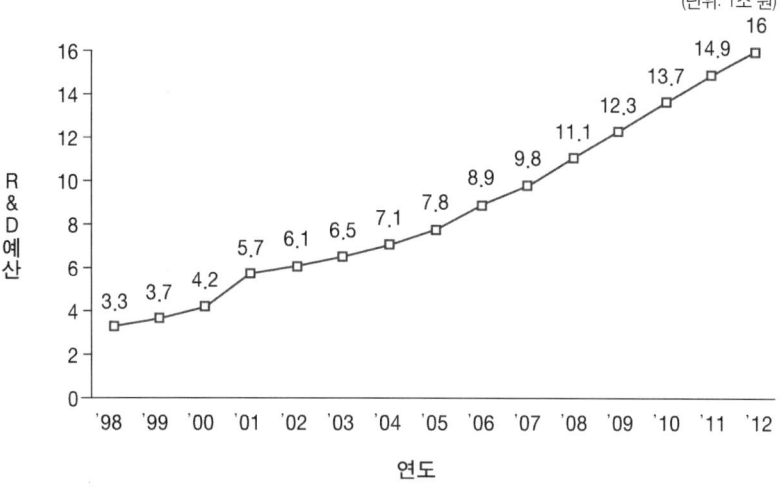

〈그림 6-1〉 정부 R&D 투자 추이

자료: 재정경제부, 「국가재정운용계획」(각 년도).

이에 대한 우려는 곳곳에서 나타나고 있다. 특히 공공연구를 주도하는 출연연에 대한 문제 제기와 비판은 이런 우려가 반영된 대표적인 문제이다.

국가연구개발 투자의 40% 이상을 사용하는 출연연의 연구 성과가 대학이나 기업의 성과에 비해 너무 부실하다는 비판은 이미 오래전부터 있었다. 출연연에 대한 비판과 문제 제기의 주 내용은 투자에 비해 낮은 연구성과와 산업계와의 연구 중복이다. 기업이나 대학에 비해 연구 성과가 낮을 뿐 아니라 민간부문의 연구 영역까지 불필요하게 개입한다는 것이다(정병걸, 2012: 15~16). 2011년 기준으로 연구개발투자총액(5위), GDP 대비 연구개발투자총액 비율(2위), 총 연구원 수(4위) 등 투입은 상위권이다. 하지만 질적 성과를 보여주는 기술수출액(16위), 연구원 1인당 SCI 논문 수 및 인용도(29위), 기업 간 기술협력 정도(19위), 연구원 1인당 국제공동특허 건수(21위), 지식재산권 보호 정도(25위)는 투입에 비해 성과가 낮은 것으로 나타났다(과학기술 출연(연) 발전 민간위원회, 2010: 6; 산업기술연구회, 2010: 4).

제6장 이카로스의 역설 117

해야 할 일을 제대로 하지 못할 뿐 아니라 하지 말아야 할 일까지 하고 있다는 것이다. 이에 따라 출연연을 통한 정부의 직접적인 지식 창출은 불필요하다는 출연연 무용론(김용훈·오영균, 2008: 294)까지 등장했다.

3. 이카로스의 역설과 출연연

1) 공공연구와 출연연

공공연구개발은 정책결과에 직접 영향을 미치기 때문에 정부의 의도를 효과적으로 반영시킬 수 있는 장점이 있다. 반면, 연구개발 대상 선정에 따른 문제, 결과에 대한 평가의 문제, 민간부문의 정부 의존에 따른 타성의 문제 등 부정적인 영향도 있다(염재호, 1991). 따라서 신중한 판단이 필요하지만 과학기술에 대한 정부 개입을 당연하게 여기는 한국에서 공공연구개발은 정부가 선호하는 개입 방식이다.

공공연구를 수행하는 대표적 연구기관으로는 대학과 출연연을 들 수 있다. 대학은 기술혁신을 창출할 수 있는 지식과 과학적 원리를 발견하고 축적하는 기능을 주로 담당한다. 본래 기능은 아니지만 기술혁신과 개발을 수행하기도 한다. 하지만 대학의 혁신역량이 미흡했기 때문에 경제성장 과정에서 역할은 미미한 편이었다. 따라서 정부가 출연연을 설립하고 적극 활용한 것은 어쩔 수 없는 선택이었다.

한국이 출연연이라는 독특한 체제를 선택한 이유는 우수한 인력을 유치하고 이들이 자유롭게 연구할 수 있도록 하려는 데 있었다. 실제 많은 우수한 인재들이 출연연에서 연구를 수행했고 큰 성과를 거두었다. 과학기술계 출연연의 성공에 고무된 정부부처들이 경쟁적으로 산하에 출연연을 설

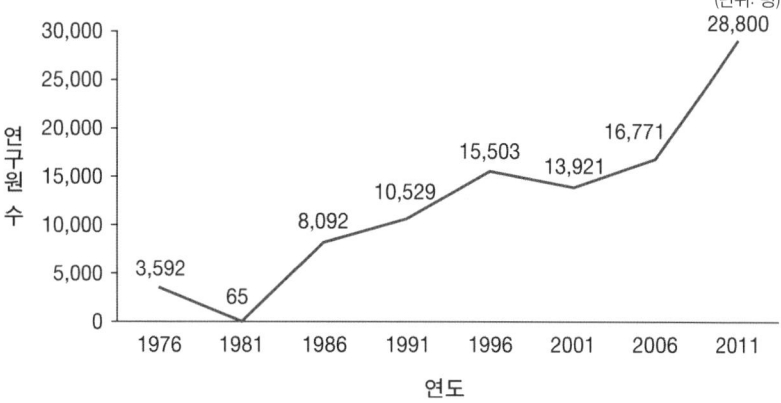

<그림 6-2> 공공연구기관 연구원 수 변화 추이

자료: 전유정·차두원(2011: 7).

립하면서 2000년대 후반에는 27개로 늘어났다.

출연연이 대부분을 차지하는 공공연구기관의 연구원 수는 1976년 3,592명에서 1991년에는 1만 529명, 2001년에는 1만 3,921명, 2011년에는 2만 8,800명으로 계속 증가해서 25년간 8배 이상이 늘었다. 출연연 전체 연구원은 2009년 기준으로 1만 5,517명으로 한국 전체 연구원의 4.8%를 차지했다(전유정·차두원, 2011: 7). 특히 박사급 인력의 비중이 그 어떤 연구기관보다 높다. 한국의 전체 학위별 연구원 수의 비중은 박사학위 소지자가 23.5%이지만 2008년 산업기술연구회 산하 13개 출연연의 연구원 가운데 박사학위 소지자는 60.5%나 되었다(≪전자신문≫, 2009년 11월 23일 자).

2) 역량 함정과 이카로스의 역설

예측이 행동을 바꾸고 그 예측이 실현되는 상황을 묘사하는 자기충족적 예언self-fulfilling prophecy은 굳은 믿음이 기대하기 어려웠던 성공으로 이어질 수 있음을 시사한다. 하지만 굳은 믿음은 성공이 아니라 실패의 원인이

되기도 한다. 과거의 성공을 만들어냈던 방식이 미래의 성공을 보장해주지는 않는다. 그럼에도 많은 사람이 예전의 믿음을 고수한 채 현재의 문제를 해결하려다 실패를 맛본다. 지금까지 잘했으니 앞으로도 잘할 것이라는 공허한 자신감은 성공한 기업이 빠지기 쉬운 함정이다(김창욱 외, 2007). 535개의 특허로 중무장했지만 과거의 성공에 고무되어 디지털 카메라를 과소평가한 탓에 파산하고 만 폴라로이드의 이야기가 그렇다. 과거의 성공이 미래를 가로막는 상황이다.

대니 밀러Danny Miller는 이런 상황을 '이카로스의 역설Icarus' paradox'로 표현한다(Miller, 1992). 아무도 빠져나올 수 없는 크레타 섬의 미궁을 설계한 그리스의 명장 다이달로스는 못 만드는 것이 없었다. 미노스 왕에 의해 아들 이카로스와 함께 미궁에 갇힌 다이달로스는 새의 깃털과 밀랍으로 만든 날개를 날고 탈출을 시도한다. 태양에 너무 가까이 가지 말라는 다이달로스의 충고를 무시한 이카로스는 태양열에 녹아버린 날개와 함께 깊은 바다 속에 빠져 생을 끝내고 만다. 미궁으로부터 탈출할 수 있게 해준 성공 요인이었던 밀랍 날개가 죽음이라는 치명적 실패의 원인이 되었던 것이다. 이를 조직 상황에 적용한 것이 이카로스의 역설이다. 성공한 조직의 세계관, 목표, 전략, 문화, 프로세스는 점점 단순해져서 다양한 관점을 버리고 단일 주제, 활동 혹은 이슈에만 초점을 맞추는 방향으로 바뀌기 쉽다. 초기에 큰 성공을 거두었더라도 다양한 주제, 활동 혹은 이슈를 무시한 채 특정한 하나의 활동이나 이슈에만 집중하는 단순화는 결국 실패를 초래한다는 것이다(Miller, 1992). 소위 말하는 역량 함정competence trap에 빠지는 것이다.

출연연이 과거에 거뒀던 성공이 몰락의 위기로 바뀐 상황도 이카로스의 역설로 설명할 수 있다. 공공연구를 주도하던 출연연이 겪고 있는 위기를 이카로스의 역설로 부를 수 있는 이유는 출연연의 성공을 이끌었던 역할과 행위방식이 전혀 변하지 않았다는 데 있다. 과거에 경험했던 성공 방식만을 고수하는 단순화가 출연연의 실패를 초래하고 있기 때문이다. 성공적인 기술혁신을 이끌었던 핵심 요인이 출연연의 실패와 좌절을 초래하는 경직성의 핵심 원인이 되어버린 것이다.

3) 이카로스 출연연

출연연의 연구 환경은 지속적으로 개선되었다. 통폐합이나 주관부처의 변화, 예산 지원방식의 변화가 있었지만 경제규모가 커지면서 연구개발에 사용할 수 있는 자원에 여유가 생겼다. 과거보다 더 많은 연구 과제를 수행하고 있고 연구개발비도 매년 증가하고 있다. 국가연구개발 자금 중 출연연이 사용하는 자금 비중은 2000년대 이후 40%대를 유지하고 있다. 2011년에는 1조 9,180억 원을 사용했으며 5년간(2006~2011년) 연평균 증가율은 13.7%나 된다. 상황이 좋아진 것처럼 보이는데도 출연연은 위기에 처해 있다.

한때 크게 성공했거나 유망했지만 급격하게 몰락한 조직은 많다. 조직이 몰락하거나 위기에 처하는 이유는 환경의 요구에 제대로 대응하지 못하기 때문이다. 환경 대응 능력의 부족이나 잘못된 대응에 원인이 있는 것이다. 출연연의 변화가 필요하다는 주장은 1980년대 이후 정권교체기마다 있었다. 특히 1980년대와 1990년대를 거치면서 대학과 기업의 연구역량이 높아지고 출연연의 정체성 문제가 크게 부각되었다. 이는 출연연에 대한 정치가나 관료의 요구 혹은 기대와 관련된 문제다. 출연연은 스스로 목표와 역할을 결정할 수 있는 자율성이 상대적으로 낮은 공공기관이기 때문이다.

과학기술계 출연연은 다른 공공기관과 달리「정부출연연구기관 등의 설립·운영 및 육성에 관한 법률」과「과학기술 분야 정부출연연구기관 등의 설립·운영 및 육성에 관한 법률」이라는 출연연에게만 해당되는 법에 의해 설립되었다. 따라서 정부 영역에 속하지만 독립성을 가진 독특한 지위를

〈표 6-1〉 출연연 정부연구개발예산 편성 현황

(단위: 1억 원)

구분	2007년	2008년	2009년	2010년	2011년
기초기술연구회(13개)	5,196	5,901	7,003	8,337	9,323
산업기술연구회(14개)	4,080	4,460	5,135	5,847	6,237
공공기술연구회	113	48	-	-	-
직할출연기관(12개)	1,952	2,307	2,866	3,506	3,619
합계	11,342	12,715	15,503	17,690	19,180

자료: 엄익천(2012: 56).

가지고 있다. 그렇다고 결코 자율성이 높은 것은 아니다. 출연연은 정부 예산으로 운영되며 공익을 추구한다는 점에서 민간연구조직과 구별되며, 예산 집행에서 높은 법적·절차적 합리성이 요구되고 예산 활용과 집행에서 경직성도 상대적으로 높다. 특히 외부에 있는 상위기관의 통제를 받으므로 자율성이 낮고 외부의 평가에 민감할 수밖에 없다(조현대 외, 2007). 특히 '자금원'이자 '상급 관리자'인 정부관료와 이들을 통제하는 정치가의 요구에 순응할 수밖에 없다.

출연연에 대한 사회적 기대와 요구는 정치가와 관료들에 의해 해석되어 전달된다. 출연연이 과거 큰 성과를 거둘 수 있었던 이유는 주어진 임무를 잘 수행했기 때문이다. 정치가가 통제하고 관료가 이끄는 정부가 부여한 임무의 효과적 수행이 성공의 날개였던 것이다. 출연연에 대한 정부의 요구는 초기부터 기업 지원을 위한 기술개발이었다. 하지만 역설적으로 정부가 출연연에 요구하는 역할과 그런 역할의 충실한 수행이 출연연의 몰락을 초래하고 있다.

성공적이었던 과거와 실패를 맞보고 있는 현재 출연연의 임무와 역할에는 큰 차이가 없다. 출연연에 대한 정부의 요구가 변하지 않았기 때문이다. 1970년대 출연연의 주 역할은 개발 중심의 연구였다. 그런데 2010년대 이후 정부가 출연연에 요구하는 역할도 개발 중심의 연구다. 정부는 출연연에게 산업계 수요 충족과 시장매력도가 높은 연구 성과를 요구하고(노환진, 2009: 66) 실용화에 매진할 것을 주문하고 있다(산업기술연구회, 2010: 5). 연구개발 투자도 미래지향적 연구보다는 즉각 성과가 날 수 있는 단기적 연구에 집중되고 있다(성지은, 2012).

출연연의 역할이 원천기술이나 기초기술 개발로 바뀌어야 한다는 주장이 나온 지 꽤 됐지만 단기적 성과에 매몰된 개발 중심의 연구에 대한 요구는 여전히 지속되고 있다. 정치가가 통제하고 관료가 이끄는 정부는 과거의 행위 방식을 따르기만 하면 성공이 지속될 것이라는 신념을 유지하고 있기 때문이다. 물론 이런 주장에는 부인할 수 없는 근거가 있다. 한국의 급속한 성장이 과거 정부의 직극직 개입과 관여의 결과이기 때문이다. 하지만 이제는 이런 믿음이 너무 견고하게 유지되고 있기 때문에 문제가 나타나고 있다. 과거의 성공을 이끌었던 행위 방식의 유지 요구가 현재의 실패를 초래하고 있기 때문이다. 따라서 출연연의 위기는 이카로스의 역설이자 위기라고 할 수 있다.

4. 정치적 동기와 고착화된 관행

1) 과학기술 육성과 정치적 동기

출연연 탄생의 중요한 배경이었던 개발국가의 등장으로 기술추격의 성공은 시작되었다. 1960년대 개발국가 정부는 과학기술을 경제성장의 도구로 인식하고 과학기술 발전을 위해 강력한 정부 개입을 시도했다. 이 과정에서 정치가와 관료는 개발국가의 개입이 거둔 큰 성공을 직간접적으로 경험했고 이때의 성공은 이후의 정부 개입을 정당화하는 강력한 논리로 활용되었다.

과학기술은 중립적이라는 인상에도 불구하고 사회의 지배적 관점과 가치가 잘 반영되는 사회적 대상이다. 과학기술의 개발은 시간과 돈을 필요로 하는 인간 활동이기 때문이다. 따라서 사회 내의 지배적 세력이 연구 내용이나 방법에 큰 영향을 미친다. 과거에는 과학기술적 성과가 과학기술자 개인의 업적으로 치부되었지만 이제는 과학기술자가 아니라 연구를 지원해준 정치가들의 업적으로 인식되기도 한다. 따라서 정치가들은 과학기술을 정치적 경쟁에서 승리하기 위한 수단으로 이용하기도 한다.

투표로 선출되는 정치가들은 대부분 정치적 지위 유지나 상승 욕구를 가지고 있다. 공공선택론과 같이 정치행정현상을 경제학적으로 설명하려는 시도들은 대개 정치가를 공익보다 자신의 이익을 극대화하려는 이기심에 가득 찬 개인으로 묘사한다. 다시 선출되고자 하는 욕구, 즉 재선 욕구를 정치가의 행위를 설명하는 중요한 동기로 본다. 인간을 이기심만 가득한 존재로 보는 것이 완전한 인간 이해는 아니지만 나름 설득력이 있는 것도 사실이다. 이런 정치가들이 열망하는 목표는 대개 재선이나 정치적 영향력 확대를 통한 지위 유지와 상승이다.

이런 욕구를 가진 정치가의 시계vision는 대개 좁고 단기적일 수밖에 없다. 선거가 열리는 4년 혹은 5년의 정치적 주기에 얽매일 수밖에 없기 때문이다. 재선이나 더 높은 지위에 선출되고 싶은 욕구는 먼 장래에나 실현될 장기적 이익보다 가까운 이익에 집착하게 만드는 원인이다. 그래서 다수의 유권자들로부터 지지를 얻을 수 있는 이슈를 찾기 위해 노력한다. 정치적 지지를 이끌어내기 쉽기 때문에 경제성장은 아주 매력적인 주제다. 지속적 경제성장에 대한 신봉은 정치이념의 기초처럼 되어버렸다(Schmookler, 1998: 278). 과학기술은 경제성장의 중요한 동력이므로 정치가들이 과학기술 육성에 적극적 관심과 지지를 보내는 것은 자연스러운 현상이다.

정치가와 달리 평생의 직업으로 공직을 선택한 관료들도 이런 믿음을 가지고 있다. 관료는 정치가의 통제를 받지만 나름대로 상당한 재량권을 가지고 있다. 게다가 관료의 시계는 4년이나 5년에 한정되어 있지 않다. 그럼에도 개발국가적 개입에 동조하거나 나아가서 적극적 자세를 보이는 이유는 그들도 정부 개입의 성공으로 개인 혹은 부처 차원에서 큰 보상을 경험했거나 잘 알고 있기 때문이다. 그런데 이런 믿음을 정치가나 관료만 가지고 있는 것은 아니다. 국민의 85%가 정부의 성장산업지원을 지지한다(박종민, 2008: 275). 이처럼 과거 국가주도의 성공을 경험한 한국은 경제성장이 모든 문제해결의 열쇠이며 그 주체는 정부라는 믿음을 신앙처럼 받들고 있다.

2) 개발국가적 관행과 고착화

출연연이 스스로의 선택과 결정에 따라 행동할 수 있는 범위는 제한되어 있다. 목표 설정이나 변화는 자발적 선택보다 외부적으로 주어지는 것이 대부분이다. 정치가 공공조직의 관리에 미치는 영향은 크게 두 가지다. 첫째, 중간 혹은 상급 관리자의 외부지향성을 강화시키고 경계 연결boundary-spanning의 역할과 책임에 시간과 노력의 대부분을 투입하도록 만든다. 둘째, 의사결정에 정치적 기준을 활용하도록 만든다. 고도로 정치화된 환경에서는 장기적 기획, 비용편익분석과 효율성이나 효과성과 같은 합리적 기준을 활용할 가능성은 낮아진다(Tompkins, 2006: 16~18). 따라서 공공기관인 출연연은 정치적 영향에서 벗어나기 어렵고 정치적 관심에 적극 대응할 수밖에 없다.

정치적 관심은 대개 인기 있는 특정 분야에 집중되고 단기적인 가시적

성과 요구로 이어진다. 과학기술에 대한 정부 개입이 실패하는 원인의 하나는 가시성 높은 과학기술에 대한 정치가의 선호다(Tisdell, 1981: 25). 가시성 높은 과학기술은 기초지식보다는 쉽게 상품화되어 경제적 이익을 창출하는 기술일 가능성이 높다. 따라서 즉시 상품화가 가능한 기술개발에 집중 투자하는 정책 편중과 왜곡이 발생하는 것이다. 정부의 과학기술투자가 정보통신기술IT이나 생명공학BT, 나노기술NT 등의 소위 3T에 집중되는 것도 이런 이유 때문이다. 이런 요구는 단기적인 성과를 만들어낼 수는 있지만 단기적 성과에 매몰됨으로써 장기적으로는 불균형적 발전과 이에 따른 실패를 초래할 가능성이 높다.

현재 상황은 개발국가 시대의 오래된 관행이 탈추격의 시기에 여전히 유지되는 상황으로 볼 수 있다. 출연연에 대한 기대와 요구가 과거의 것에서 거의 달라지지 않은 상태에 머물고 있다. 따라서 출연연의 주락은 고착화에 근원이 있다(정병걸, 2012: 14~15). 과거의 성공이라는 덫에 갇힌entrapment 정책결정자들은 과거의 전제premise와 지향orientation이 새로운 상황에 적합한지에 대한 성찰 없이 출연연에 오랜 관행을 지속하라고 요구하고 있다. 이런 요구의 출발점이 되는 개발국가에 대한 믿음은 끊임없이 재생산되고 있다. 재생산된 개발국가에 대한 신념은 다시 출연연에 성공적이었던 과거의 규범과 행위를 따를 것을 더욱 강하게 요구한다.

문제의 원인을 알아내는 것은 해결책을 찾는 첫걸음이다. 그런데 종종 사람들은 어떤 행동이나 문제의 원인을 찾는 과정에서 편견 때문에 엉뚱한 원인을 답으로 제시하기도 한다. 귀인착오attribution error가 발생한 것이다. 출연연 몰락 위기의 원인은 관리방식이나 제도에 있는 것이 아니라 무엇을 어떻게 해야 하는가에 대한 믿음과 그 믿음을 떠받치고 있는 가치에 있다. 그런 믿음과 가치는 바로 개발국가의 성공 경험에서 출발하고 있다. 성공의 경험은 개발국가의 정책과 정책 수단을 만병통치의 약처럼 보이게 하는 환상을 만들어내고 있다.

5. 추격을 넘어

　적극 개입주의와 자유시장주의의 모순된 요구가 혼재하는 현재 상황은 전환기의 특성일 수밖에 없다. 역사적으로 우리의 과학기술은 개발국가론이라는 강한 국가주의와 결합되어 있었다. 개발국가론과 결별이 요구되는 전환의 시점에서 성공을 가능케 했던 과거 방식의 유지로 대응하는 이유는 '지금까지의 성공'이라는 부인할 수 없는 증거가 존재하기 때문이다.

　밀랍 날개가 녹아버릴 것을 염려한 다이달로스가 이가로스에게 한 충고는 단순했다. 태양에 너무 가까이 가지 말라는 것이었다. 추격의 궤도가 끝에 이르면 거기에서 벗어나는 탈추격이 필요한 것이다. 탈추격은 기존의 가치와 신념을 근본적으로 다시 살펴보는 데서 출발해야 한다. 따라서 과거의 성공이 현재의 행동방식을 선택하는 유일한 기준이 될 수는 없다. 개발국가의 공헌이 없는 것은 아니지만 현재 우리가 안고 있는 모순과 문제의 원인이기도 하다(이병천, 2003). 따라서 개발국가의 논리는 반성과 극복의 대상이지 복구해야 할 가치나 신념은 아니다. 이미 우리는 과거와 너무 다른 상황에 있다. 전환이 필요하다는 주장이 제기되는 이유도 지금의 우리는 과거의 우리와 많이 다르기 때문이다.

　개발국가는 강한 국가와 약한 사회부문이 존재하는 상황에서 등장한 것으로 국가-사회-시장의 관계가 달라진 상황에서는 변화에 대한 부적응을 초래하는 원인이 될 수밖에 없다. 정부의 능력과 역할이 지속적으로 약화되는 '국가의 퇴각retreat of the state'이 나타나고 있으며(Strange, 2001), 한국에서도 정부 역할은 점차 위축되고 있는 것이 사실이다. 그럼에도 정부가해야 하거나 할 수 있는 일은 분명히 남아 있고 공공연구의 필요성도 여전하다. 정부 개입 없이 경제발전을 이룰 수 있다는 주장은 허구이며 추격 과정에서 정부의 개입 없이 경제발전을 이룬 선진국은 없다(Chang, 2004). 하지만 따라잡기에 성공한 이후에도 추격을 고수할 수는 없다. 탈추격이라는 새로운 상황으로 출연연의 필요성이 없어지는 것은 아니지만 전환은 필요하다. 그리고 개발국가의 성공 신화에 대한 믿음으로부터 벗어나는 것이 전환의 첫 출발이다.

여기서 제기되는 중요한 질문은 공공연구와 출연연이 어떤 역할을 해야 하는가이다. 그 답이 정해져 있는 것은 아니며 다양한 선택지가 있다. 하지만 분명한 것은 출연연의 임무와 역할에 변화가 필요하다는 것이다. 출연연 문제가 정체성의 위기로 표현되는 이유는 출연연이 수행하고 있는 역할과 다른 혁신주체들과의 관계가 문제 되기 때문이다(정병걸, 2012). 따라서 공공연구의 수행주체로서 출연연 문제의 해결은 개발국가론에 포획된 추격의 관점에서의 탈피와 탈추격형 혁신체제의 전환이라는 관점에서 논의되어야 한다.

참고문헌

과학기술 출연(연) 발전 민간위원회. 2010. "국민소득 4만 달러 시대를 향한 새로운 국가 과학기술시스템 구축과 출연(연) 발전방안". ≪국가 R&D 거버넌스 및 출연연 발전을 위한 합리적 방안 모색≫, 18~36쪽.

김용훈·오영균. 2008. 「정부출연연구기관의 지배구조에 관한 연구」. ≪한국행정연구≫, 17(3), 179~197쪽.

김창욱 외. 2007.6.27. "기업성패의 동태적 이해". ≪CEO 인포메이션≫.

노환진. 2009.2.11. "정부의 관련정책방향". ≪정부출연(연)의 바람직한 역할방향과 효율화·일류화 추진방안에 관한 종합토론회≫, 47~77쪽.

박종민. 2008. 「한국인의 정부역할에 대한 태도」. ≪한국정치학회보≫, 42(4), 269~288쪽.

산업기술연구회. 2010. 「출연(연) 연구성과 확산시스템 선진화 방안(안)」. 산업기술연구회.

성지은. 2012. 「과학기술조정체계의 변화 분석」. ≪한국정책과학학회보≫, 16(2), 213~238쪽.

엄익천. 2012. 「2011년도 정부연구개발예산 현황분석」. 한국과학기술기획평가원.

염재호. 1991. 「일본의 첨단산업정책」. ≪일본연구논총≫, 185~214쪽.

이병천. 2003. 「개발국가론 딛고 넘어서기: 역사와 평가」. ≪경제와 사회≫, 57, 99~124쪽.

이장재·엄익천. 2011.6. 「2012년 연구개발예산편성(안) 분석과 과제」. ≪KOFST Issue Paper≫. 한국과학기술단체총연합회.

이현숙·용태석·정상기. 2010.12. 「우리나라 R&D 투자의 국제비교 및 시사점: OECD 국가를 중심으로」. ≪Issue Paper≫. KISTEP.

이호성. 2012. 「정부출연연구기관 위상 정립 및 인재 활용 방안」. ≪물리학과 첨단기술≫, March, 2012, 23~28쪽.

재정경제부. 「국가재정운용계획」, 각 년도.

전유정·차두원. 2011.12 「주요국 연구기관의 블록펀딩 지원 동향 및 시사점」. ≪Issue Paper≫. 한국과학기술기획평가원.

≪전자신문≫. 2009.11.23. "출연연 박사학위 소지자 10명 중 6명".

정병걸. 2012. 「고착화와 전환의 실패: 출연연 문제의 기원과 성격」. ≪국가정책연구≫, 26(3), 5~25쪽.

조현대 외. 2007. "국내외 공공연구시스템의 변천과 우리의 발전과제". 과학기술정책연구원.

Amsden, Alice H. 1992. *Asia's Next Giant: South Korea and Late Industrialization*. Oxford, New York: Oxford University Press.

Bitard, Pierre, Charles Edquist, Leif Hommen and Annika Rickne. 2008. "The Paradox of High R&D Input and Low Innovation Output: Sweden." *CIRCLE, Lund University Paper*, No. 2008. 14.

Chang, Ha-Joon. 2004. *Kicking Away the Ladder*. 형성백 역. 『사다리 걷어차기』. 서울: 부키.

Easterly, William. 2007. "The Ideology of Development." *Foreign Policy*, June 11.

Locke, John. 1988. *Second Treatise of Government*. 이극찬 역. 『시민정부론』. 연세대학교출판부.

Miller, Danny. 1992. "The Icarus Paradox: How Exceptional Companies Bring About Their Own Downfall." *Business Horizons*, 35(1), pp. 24~35.

Pavitt, Keith. 2006. "Innovation Processes." in Jan Fagerberg, David D. Mowery and Richard R. Nelson(eds.). *The Oxford Handbook of Innovation*, pp. 87~114. Oxford, NY: Oxford University Press.

Schmookler, Andrew Bard. 1998. *The Illusion of Choice*. State University of New York. 박상철 역. 『시장경제의 환상』. 서울: 매일경제신문사.

Shore, Zachary. 2009. *Blunder: Why Smart People Make Bad Decisions*. 임옥희 역. 『생각의 함정: 무엇이 우리의 판단을 지배하는가』. 에코의서재.

Strange, Susan. 2001. *The Retreat of the State*. 양오석 역. 『국가의 퇴각: 세계 경제 내 권력의 분산』. 서울: 푸른길.

Tisdell. C. A. 1981. *Science and Technology Policy: Priorities of Governments*. New York. NY: Chapman and Hall.

Tompkins, Jonathan R. 2006. *Organization Theory and Public Management*. Wadsworth Cengage Learning.

Watkins, Alrfed and Michael Ehst(eds.). 2008. *Science, Technology, and Innoation: Capacity Building for Sustainable Growth and Poverty Reduction*. Washing D.C.: The World Bank.

07 공공연구부문의 탈추격형 혁신활동과 시스템 전환의 한계[1]

황혜란 _ 대전발전연구원 책임연구위원

1. 서론

지난 산업화 과정에서 '추격형' 패러다임을 통해 성장해온 한국은 민간부문 혁신역량의 급속한 성장으로 더 이상 선진 기업으로부터 '모방'할 기술이나 제품을 찾기가 어렵게 되었다. 이에 따라 선진 기술의 도입·모방을 강조하는 연구개발 전략과 시스템은 지금까지와 같이 효과적으로 작동하기 어렵게 되었다. 이러한 현상인식에서 출발한 논의가 '창조형' 혁신체제로의 전환이나 '탈추격' 논의이다.

'추격형' 혁신 패러다임에서 효과적으로 작동했던 혁신주체들의 행위체계나 혁신의 조직방식, 시스템적 특성은 문제를 스스로 정의하고 그 해결방

---

[1] 이 글은 ≪기술혁신학회지≫, 제14권 제2호에 실린 황혜란, 「공공연구부문의 탈추격형 혁신활동 특성 및 과제: 대덕연구개발특구 사례를 중심으로」(2011)를 기반으로 작성되었음을 밝혀둔다.

법을 찾아나가야 하는 새로운 환경에서는 오히려 시스템 실패를 초래하는 장애요인이 될 수 있다. 선진 기술의 모방과 점진적 개선을 성공적으로 달성함으로써 '빠른 추격자fast follower'의 경쟁우위를 확보해나갔던 한국은 더욱더 과거 '추격형' 경로를 고수하는 경직성rigidity을 경험할 수 있다.

따라서 '탈추격형' 혁신활동에 대한 연구는 새로운 환경하에서 혁신주체들이 어떻게 새로운 행위체계와 일의 조직방식을 만들어나가며, 이런 활동이 기존의 시스템이 규정하는 일의 조직방식이나 규칙, 제도들과 상호작용하는가를 중요한 주제로 다룰 수 있다. '탈추격형' 혁신시스템은 달성해야 할 목표라기보다는 목표를 새롭게 만들어나가는 활동과 조직적 궤적, 제도적 변환 노력들의 집합이기 때문이다.

한편 민간부문의 혁신역량 강화와 다양한 경로의 탈추격형 혁신활동의 전개라는 변화 속에서 공공연구부문은 새로운 도전을 받고 있다. 과거 산업기술의 기반을 제공하고 시스템 기술의 공동개발을 통해 민간기업 공동학습의 장으로 기능했던 공공연구부문은 1990년대 후반 이후 민간부문이 새로운 임무와 기능을 지속적으로 요청함에 따라 변화를 모색하고 있다.

공공연구부문의 새로운 역할이 갖는 중요성에도 불구하고 실제 공공연구부문 내에서 어떠한 형태의 '탈추격형' 연구개발활동과 사업화 노력이 전개되고 있는가 하는 주제에 대한 연구는 매우 미흡하다. 민간부문으로부터 원천기술지식 공급에 대한 수요 압박이 커지고 있어 공공연구부문의 역할은 점차 중요성을 더해갈 것으로 예상할 수 있다. 따라서 현재 공공연구부문 내 탈추격형 혁신활동의 암흑상자black box를 열기 위한 연구는 중요한 의미를 지닌다 하겠다.

이 글에서는 대덕연구개발특구 내에서의 연구 성과 사업화 활동을 중심으로 공공연구부문의 탈추격형 혁신활동을 살펴보고자 한다. 대덕연구개발특구는 2012년 현재 과학기술 관련 정부 및 국공립 공공기관 21개, 정부출연연구기관 29개, 고등교육기관 6개, 민간기업 1,400여 개 등이 밀집해 있으며, 공공연구 성과의 사업화 지원을 위한 시스템 구축을 목적으로 2004년도에 '연구개발특구'로 지정된 지역이다. 현재 대덕연구개발특구 내 정부출연연구기관에서 생산되는 원천기술의 사업화 활동이 전개되고 있어 공공연구부문 내 탈추격형 혁신활동의 향후 전개 방향과 과제 도출을 위한 단초를 제공하고 있다. 앞서 지적한 바와 같이 공공연구부문이 생산하는 원천기술지식에 대한 민간부문의 수요가 높아짐에 따라 공공부문에서의 원천기술 사업화 모델의 정립이 향후 중요한 정책적 이슈가 될 것으로 예상할 수 있다.

또한 이 글에서는 대덕연구개발특구를 중심으로 공공연구부문의 탈추격형 연구개발 및 사업화 활동의 특징을 사례연구를 통해 분석하고 이러한 특징이 현재 '추격형' 혁신시스템이라는 환경적 측면과 어떻게 상호작용하고 있는가를 살펴보고자 한다. 개별 혁신주체들이 추격형 연구개발 패턴을 넘어서는 탈추격형 연구활동을 진행할지라도 기존 추격형 시스템이 지니는 제도와 조직적 관행 속에서 일정한 한계를 경험하게 된다. 따라서 연구개발 행위주체와 시스템 간 상호작용의 양상을 통해 추격형 시스템이 지니는 유산과 한계를 짚어볼 수 있을 것이다.

2. 탈추격형 연구개발활동과 추격형 시스템 간의 충돌

이 글은 공공연구부문, 특히 정부출연연구기관의 탈추격 혁신활동의 사례연구를 통해 그 특징을 분석하고 정책적 함의를 도출하는 데 일차적인 목적이 있다. 정부출연연구기관의 탈추격 혁신활동을 분석할 때에는 크게 연구개발활동 단계와 사업화 단계까지를 포괄하는 전 주기를 고려한다.

전 주기를 고려하는 이유는 2000년대 이후 정부출연연구기관 연구활동의 경제적 효과 산출에 대한 사회적 압력이 높아지고 있으며, 이에 따라 정부 정책의 지향성과 정부출연연구기관 내부 운영도 변화를 겪고 있기 때문이다. 또한 사업화 활동과 시스템의 특성 분석을 통해 정부출연연구기관의 연구개발활동과 민간부문의 상호작용의 특징을 파악함으로써 탈추격형 혁신체제의 특성을 파악할 수 있는 단초를 포착할 수 있기 때문이기도 하다.

연구개발 단계와 사업화 단계에서 고려해야 할 요소는 다음 〈그림 7-1〉에 요약된 바와 같다. 먼저 연구개발 단계에서는 연구기획의 특성(연구 의도, 배경지식 기반), 산출된 지식의 특성, 연구자원의 조직방식 등을 고려할 것이다. 연구의 의도intention는 연구개발활동의 특성 분류에서 중요한 변수로 고려된다. 일반적으로 연구기획 시 의도에 따라 호기심 기반curiosity-driven 연구와 사용에 의해 촉발된use-inspired 연구로 나뉜다. 그러나 호기심에 기반을 둔 연구결과도 경제적으로 의미 있는 결과를 산출하기도 하므로 이러한 구분이 산출되는 연구 성과의 성격에 절대적으로 영향을 미치는 것은 아니다. 또한 연구기획 시 배경이 된 지식 기반에 대해 살펴본다. 산출된 지식의 특성은 원친성originality에 초점을 맞추어 고려할 것이다.

사업화 단계는 광의로는 연구개발 기획단계부터를 포괄하는 개념으로도 이해할 수 있으나, 여기에서는 연구개발활동 이후 후속연구개발, 기술이전 혹은 기업화로 한정한다. 후속연구 단계는 연구개발활동으로 도출된 연구 성과의 사업화를 위한 후속연구개발을 수행하는 단계이다. 대부분의 연구개발활동이 제품화 성과로 연결되기 위해서는 후속연구개발이 필요한데, 이는 크게 중개연구와 시제품 개발활동 등으로 구성된다. 또 기술자산이 이전된 경우 기술제공자와 기술수요자 간의 상호작용에 의해 후속연구개발이나 시제품 개발과정이 진행된다. 지식자산을 이전하는 경우 외에 생산된 기술을 기반으로 창업하는 경우도 사업화의 주요한 수단의 하나이다.

<그림 7-1> 공공연구부문 탈추격형 혁신활동 특성 도출을 위한 개념틀

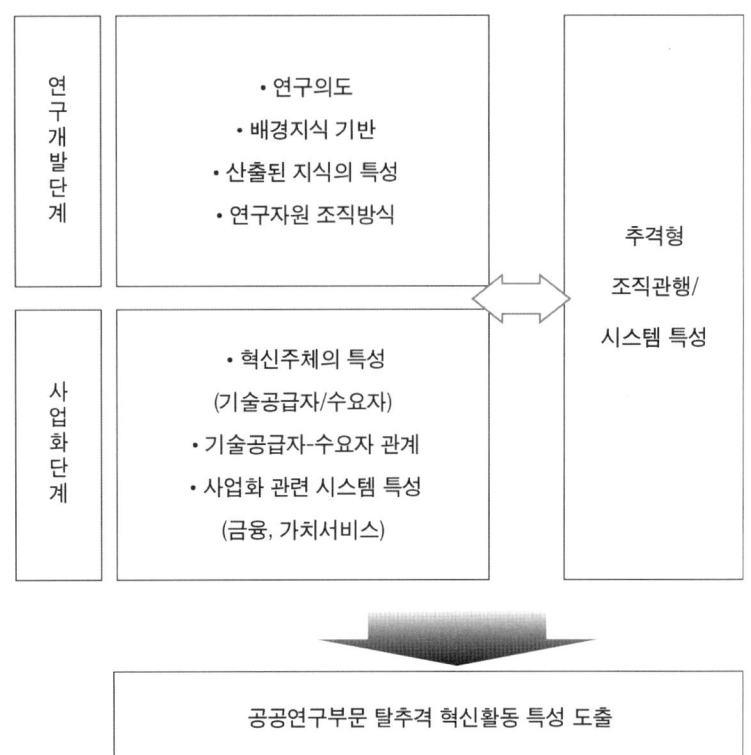

자료: 황혜란(2011).

　기술사업화 단계의 특성 도출을 위해서는 우선, 사업화 단계에서의 기술공급자와 기술수요자 각각의 역량 및 이들 간의 상호관계를 고려하는 것이 필요하다. 기술제공자 특성 측면에서는 연구개발자의 역량, 기술이전전담조직의 기술이전 경험 및 연구기관의 사업체와의 연관성 등이 기술이전 성과에 영향을 미칠 수 있다. 기술도입자 측면에서는 제조, 마케팅, 유통, 자본조달능력 등과 관련된 보완자산complementary asset의 존재여부와 기술흡수능력absorptive capacity 등이 기술이전 성과에 영향을 미치는 중요한 요인이 될 수 있다. 또한 이들 간 관계의 빈도 및 상호작용의 특성 또한 성공적인 기술이전의 주요한 변수 중 하나이다.

　기술사업화 단계의 특성을 결정짓는 두 번째 측면으로는 사업화 관련 시스템의 성격을 들 수 있다. 연구개발 성과 도출 과정이나 이후 단계에서 산출된 기술지식에 가치를 부가하고 그 자체를 지적자산 형태로 거래하거나 기업화할 때 지원할 수 있는 시스템 구축여부 및 역량 등이 사업화 성과에 영향을 미치는 중요한 변수가 될 수 있다. 이러한 사업화 지원서비스 활동에는 상대적으로 높은 기술적 위험을 담보할 수 있는 기술금융시스템, 기술자산의 가치를 부가하는 기술 패키징packaging이나 사업화 연계를 위한 중개연구translation research[2], 비즈니스 모델 부가 등의 활동이 있을 수 있다.

　연구 대상은 대덕연구개발특구 내 입지한 정부출연연구기관으로부터 산출된 연구 성과를 사업화한 사례이다. 사례 대상이 된 기술은 총 10개이며, 모두 정부출연연구기관이나 대학에서 생산된 기술적 지식에 기반을 두어 사업화를 진행한 기술이다. 사업화의 방식으로 구분해보면, 6개 기술은 대기업이나 중소기업으로 기술 이전한 사례이고, 나머지 4개는 벤처창업을 통한 기업화로 사업화를 추진한 사례이다. 기술 이전된 사례들은 2000년대 중반 이후 출연연구기관 연구 성과 사업화 중 대형 기술이전에 성공한 사례들로 선정했으며, 지원제도 활용 측면에서 연구원 창업제도와 연구소기업 지원제도를 활용한 사례를 골고루 선정했다(〈표 7-1〉).

2　중개연구는 기초연구 성과의 기술적·경제적 잠재성feasibility을 탐색하기 위한 다양한 대안options들을 산출·시험하는 데 목적을 갖고 있다는 측면에서, 개발된 기술을 제품화하는 데 필요한 후속 개발과는 차별성을 갖는다고 할 수 있다. 중개연구의 필요성을 가장 잘 나타내주고 있는 것은 첨단의약기술 분야이다. 신약개발 분야 기초연구에서의 성과를 사업화하기 위해서는 개념 정립과 검증을 위한 후보물질 도출과 전임상연구, 임상에 적용하는 임상연구 등의 중개연구가 결정적인 중요성을 지니고 있다.

〈표 7-1〉 사례연구 대상의 개요

사례	주요 분야	조직 형태 (모태조직)	기술이전 방식	기타
1	소형인공위성시스템	KAIST	창업	첨단기술기업 코스닥 상장
2	해양용존리튬추출기술	한국지질자원(연)	대기업 기술이전	통상실시권 40억 원
3	초소형 마우스 및 터치스크린 활용 촉각센서 기술	한국표준(연)	중소기업 기술이전	기술료 최소 325억 원
4	에이즈 치료제 후보물질	한국화학(연)	글로벌 대기업 기술이전	정액기술료 85억 원 러닝로열티 4,500억 원
5	모트-금속절연체 전이기술	ETRI	중소기업 기술이전	다수 기술이전
6	입체음향기술 애플리케이션(application)	ETRI	벤처창업	연구원 창업
7	초음파 탐촉자	한국표준(연)	벤처창업	우량기술기업 연구원 창업
8	매연저감 기술	한국기계(연)	벤처기업 기술이전	연구소기업
9	로봇 제어기술	KAIST	벤처기업 기술이전	연구소기업
10	3D CG 기술	ETRI	벤처창업	연구소기업

3. 혁신주체들의 행위와 시스템 간 상호작용

1) 연구개발활동 단계

(1) 연구기획상의 특징(연구 의도 및 배경지식 기반)

대부분의 사례는 연구 의도가 순수한 학문적 호기심 기반으로 진행되기보다는 연구개발자가 초기 기획 단계에서부터 활용에 관심을 가지고 기획한 것으로 나타났다. 이러한 경향은 대부분의 출연연구기관 연구기획 단계에서 특화된 활용은 아니더라도 미래의 활용과 경제성을 염두에 둔 연구기획이 진행되기 때문으로 해석할 수 있다. 그러나 연구개발 기획이 전적으로 개인 차원에서 진행되고 있고, 연구조직의 미래기술 수요 예측이나 전략적 방향과 연계 없이 진행되고 있으며, 민간기업의 미래 수요 반영을 위한 기획과정이 미흡한 것으로 나타났다.

연구자들의 내적 동기 측면에서 특징적인 것은 배수진을 치고 단일 분야에 집중하는 경향을 보였다는 점이다. 대부분 사례 대상 연구자들이 10여 년 동안 해당 분야에 대한 장기연구를 수행했으며, 이 과정에서 여러 번 연구 중단의 위기를 겪었으나 다양한 형태로 10년 이상의 장기연구 활동을 지속했고 이러한 과정에서 산출된 성과를 사업화했다.

한편 배경지식 기반 측면에서 보면 사례연구의 대상이 된 연구자들에게서 공통적으로 발견되는 특징 중 하나는 다학제·다부문의 지적 경로를 가지고 있다는 점이다. 한국지질자원연구원의 C박사는 박사과정에서 금속자성체를 연구했으나, 연구원 입사 후 기기분석 연구를 담당하면서 물질 특성에 대한 지식과 기기분석 역량을 축적한 것이 고성능 흡착제 성형기술에서의 고유성originality을 창출할 수 있는 기반이 되었다. 한국표준연구원의 K박사도 박사과정에서는 구조물 신뢰성 및 내구성에 대한 연구를 했으나, 입사 이후 소형 센서 제작이라는 새로운 아이템에 도전하면서 두 분야의 결합이 촉각센서 개발로 이어졌다. 한국전자통신연구원의 K박사는 학부와 석사과정에서는 물리학을 전공, 취업 후 전자 분야의 직업적 경력을 쌓고, 박사과정에서는 물리공학을 전공함으로써 물리학을 기반으로 이론과 응용 양 측면을 겸비한 지적 배경을 가지고 있다. 이러한 특성은 사례 대상 연구자들이 새로운 분야의 개척, 새로운 개념의 제출 등 원천기술을 개발할 수 있는 중요한 지적 자원이 되었다.

(2) 산출된 지식의 특성

먼저 원천성의 측면에서 사례 대상이 된 기술들은 이미 과학적 원리는 밝혀진 상태지만 연구개발활동을 통해 최초로 응용·적용한 경우가 많았다. 대부분의 사례 기술들은 선진국에서 이미 밝혀진 과학적 원리에 기반을 두어 개발된 기술들을 새로운 분야에 적용하여 원천성이 있는 응용기술과 제품을 개발한 사례이다. 여기에는 표준(연) 출신 K사장의 초음파 기술을 로봇 탐색인식기술에 적용한 사례(7번 기술)나 기계(연) S박사의 플라즈마 기술을 매연저감 버너 제품에 적용한 사례(8번 기술), 표준(연) K박사의 구조물의 신뢰성과 내구성 관련 연구경험을 촉각센서 분야에 적용한 사례(3번 기술) 등이 해당된다. 즉, 송위진 외(2006)에서 발견한 바와 같이 사례 대상이 된 연구자들은 융합적 지식배경과 기존 과학지식의 타 분야 적용을 통해 니치 영역에서 원천성을 확보할 수 있었다.

또한 기술의 특성 측면에서 보면 대부분의 사례 대상 기술들이 부품으로 구현이 가능한 모듈적 성격을 지니고 있는 경우가 많았다. 촉각센서 기술, 입체음향 애플리케이션, 초음파 탐촉자, 로봇 제어, 3D CG 애플리케이션 기술 등 대부분의 사례 대상 기술들이 요소 기술 성격의 부품으로 구현될 수 있는 특성을 지니고 있다. 이러한 특성은 부품생산을 담당하는 중소 벤처기업으로의 기술이전이나 벤처창업을 통한 기술사업화 등이 주된 기술사업화 수단으로 활용되는 원인의 하나이다. 반면 예외적 사례 기술인 프로세스 위주의 해양용존리튬추출 기술(2번 기술)이나 인공위성시스템(1번 기술), 소형항공기시스템과 같은 경우는 통합도가 큰 기술이다. 그러나 소형인공위성시스템이나 소형항공기시스템은 전문 소형시스템을 배치batch 형식으로 생산하여 특화된 전문적 사용자에 공급하는 사업 활동을 전개하고 있어 소규모 벤처기업에서도 생산이 가능한 분야이다.

(3) 연구자원의 조직방식

사례연구를 통해 탈추격형 연구개발활동에 영향을 미치는 연구자원 조직방식으로 연구팀 운영, 연구비 지원방식 등이 중요한 의미를 갖는 것으로 나타났다. 일반적으로 창의적 연구활동의 경우 소규모 집단, 자율성 보장, 비계획적인 다학제적 접촉의 지원, 자금활용의 유연성, 연구인력의 유동성 등이 중요한 영향을 미친다(김왕동, 2008에서 재인용). 사례 대상 연구자의 연구조직에서 가장 두드러진 특징은 연구자 개인 차원의 지속적 연구활동에 힘입어 연구 성과가 도출된 경우가 대부분이라는 것이다. 연구비 예산 배분에서의 상대적 소외에 의해 개인적 연구 차원에서 연구가 진행된 사례, 소액 과제로 연구책임자와 보조역할만 담당하는 위촉연구원 2~3명으로 진행된 사례, 초기 연구에서는 개인적 차원에서 연구를 진행한 사례 등 대부분의 사례 대상 연구자들이 대형 연구팀에 소속되어 연구활동을 수행하기보다는 연구책임자와 보조인력만으로 구성된 소규모 연구팀으로 10년 이상 연구를 진행하여 이루어낸 성과라는 특징이 있다.

탈추격형 연구개발활동의 조직방식은 추격형 연구개발 조직방식과는 차이를 보일 것으로 예상할 수 있다. 이미 기술발전의 궤적이 드러나 있는 모방형 혁신활동에서는 연구과정 자체를 단위 과정으로 분할하여 개별 연구자들이 담당하는 방식이 연구개발의 속도와 효율성 확보에 효과적일 수 있으나, 답이 제출되어 있지 않은 탈추격기의 창조형 혁신활동에서는 연구과정을 분할하는 것이 어려울 수 있다는 것이다. 경우에 따라서는 소규모 연구집단 내에서 연구 참여인력 개개인이 전체 연구과정에 대한 지식을 공유하는 통합적 접근이 탈추격형 연구개발활동에 적합할 수 있다.

그러나 사례연구에서 나타난 개인 연구자 기반의 연구활동 조직방식은 탈추격형 연구개발활동과의 부합성보다는 추격형 연구조직방식과 탈추격형 연구개발활동 간의 충돌이라는 측면에서 이해할 수 있다. 사례 대상이 된 기술개발의 경우 탈추격형 연구개발활동에 적합한 R&D 지원 프로그램의 지원이 아닌 기관 고유사업에 의한 소액 지원 등 소규모 연구자원으로 지속적인 연구활동을 수행하는 양태를 보였기 때문이다.

2) 사업화 단계

(1) 혁신주체의 특성

사례 대상이 된 기술의 사업화에 연계된 혁신주체들은 정부출연연구기관이나 대학의 연구개발자와 기술을 이전받는 기업이다. 사업화 단계에서 혁신주체의 특성 중 중요하게 고려해야 하는 요인으로 기술공급자 측면에서는 연구개발자의 역량 및 연구조직의 사업화 역량이고, 기술수요자 측면에서는 기술흡수능력과 제품화로 연결시킬 수 있는 보완자산의 존재여부이다.

우선 기술공급자 측면에서는 사례 대상이 된 기술개발자의 경우 기술적 완성도를 구현할 수 있는 역량을 보유하고 있다고 판단할 수 있다. 대부분의 사례 기술이 제품화 전 단계의 사업화 후속연구개발까지 진행하여 응용 원천 성격의 특허를 출원했으며, 전후방 연계 특허도 출원하여 특허 포트폴리오를 구축하려는 노력을 기울이고 있다.

연구조직의 사업화 역량 측면에서는 각 연구기관별로 사업화 경험이 충분히 축적되지 못해 사례가 된 기술을 사업화하는 과정에서 중요한 학습경험을 하는 사례들이 나타나고 있다. 표준(연)에서 개발한 촉각센서 기술의 경우 해당 기술의 사업화가 전반적인 기술사업화 프로토콜을 만드는 계기가 되기도 했으며, 화학(연)의 에이즈 치료 후보물질 사례의 경우 글로벌 대기업과의 기술이전 전全 과정을 처음으로 학습해보는 계기[3]가 되기도 했다. 또한 사례 기술 중 많은 경우에 연구개발자가 수요자와 직접 접촉하여 기술이전이 성사되는 양태를 보여, 조직적인 차원의 기술수요자 연계보다는 개인의 네트워크를 활용한 기술수요자 접촉이 더 빈번하게 일어나고 있음을 보여준다.

　기술수요자 측면에서는 기업규모에 따라 차별성을 보이고 있다. 대부분 모듈적 성격을 갖고 부품으로 제품화되는 기술의 경우 대기업을 기술이전 파트너로 하기보다는 중소기업과의 연계를 통해 부품으로 개발한 후 대기업에 납품하는 가치사슬 구조를 보이고 있다. 촉각센서, 음향 솔루션, 플라즈마 활용 매연저감 버너, 초음파 탐촉자 등 대부분의 경우에서 발견되는 특징이다.

　또한 분야에 따라 수요자의 기술흡수 능력에 격차가 있다. 예를 들어 정보통신이나 기계기술 등 민간부문의 기술역량이 축적된 분야에서는 부분적으로 대기업과 공동기획, 개발(8번 기술) 활동의 패턴이 나타나기도 하고 중소기업으로의 기술이전이나 제품화 성공 가능성(3번, 6번 기술)이 높게 나타나기도 한다. 반면 제시된 사례 중 에이즈 치료제 후보물질 개발 분야(황혜란, 2009: 48) 등은 중개연구나 임상연구 등 원천기술 창출 이후 인큐베이팅 기간이 길고 대규모 투자가 필요하다. 이 경우는 국내 대기업이 보완자산과 흡수능력이 미흡하기 때문에 대부분 글로벌 제약 대기업으로 이전된다.

3　화학(연)은 동 기술이전 경험 이후에 기술사업화 모델을 다각화하는 양상을 보이고 있다. 기술사업화 전문회사 CROs: Contract Research Organization에 기술을 이전하여 후속연구를 한 이후 거대 제약기업에 이전하거나, 후보물질 단계에서 글로벌 파트너와 공동 연구하는 경우 후보물질 전 단계인 타깃target물질 단계나 히트hit 단계부터 글로벌 파트너와 공동 연구하는 등 다양하게 전개되고 있다.

(2) 혁신주체 간 관계

기술사업화 주체의 측면에서 볼 때 대상 사례들은 연구자 개인이 연구원 창업이나 연구소기업의 형식으로 직접 사업화한 경우들이다. 따라서 기술사업화 수여 및 공여 주체가 동일한 경우가 대부분이며, 기술의 내용 및 추가 개발에 가장 적합한 기술이전 형태로 판단할 수 있다. 다만 이런 경우 기술적 수월성에 매몰되어 시장성에 대한 판단이 부족한 경우가 있다는 것을 사례연구를 통해 알 수 있었다. 연구개발자 본인이 개발하여 기업화한 경우에는 여러 사례에서 기업화하기 이전 단계에서 사업화 후속연구를 진행하거나 시제품 개발을 진행한 후 기업화하는 과정을 거치고 있음이 발견되었다. 특히 초음파 탐촉자의 사례처럼 창업 이전 수요처와의 공동연구개발에 의해 제품화 기술을 확보한 경우도 있으며, 3D CG 기술처럼 중앙정부의 신기술상용화 연구개발사업 등 사업화를 위한 후속연구개발에 지원하는 사업을 통해 기술의 완성도를 제고하는 경우도 있다.

기술이전 주체 간 관계에서는 대부분의 사례에서 기술 수여 주체와 제공 주체 간 지속적인 상호작용이 이루어지고 있었다. 특히 출연연구기관으로부터 도출된 기술이 초기 기술이라는 특징 때문에 기술의 완성도 제고를 위해 기술수요자와의 공동연구개발이 매우 중요한 위치를 차지하는 특징을 나타내고 있다. 해양용존리튬추출 기술의 경우 수요자인 포스코와 3년간 300억 원을 공동 투자해 공동연구개발을 진행하고 있으며, 에이즈 치료제 후보물질의 경우에도 이전기업인 길리어드와 공동연구개발을 수행하고 있다.

또한 기초·원천 연구 성과에 기반을 둔 사업화라는 특징 때문에 특수한 사용자 집단이 주된 수요처가 되는 경향성도 발견되었다. PNA 기반 솔루션 개발 및 칩이나 소형인공위성시스템, 소형항공기시스템 제작과 같은 경우 대학이나 연구기관, 공공서비스부문 등이 주된 수요자가 된다. 즉, 기초·원천 연구 성과의 사업화에서는 전문화된 사용자와 지속적인 협력관계 형성이 제품의 혁신 및 시장 확보 측면에서 매우 중요한 변수가 된다는 것이 발견되었다.

(3) 사업화 지원 시스템

대덕연구개발특구에는 공공연구 성과 특성을 반영하여 설계된 사업화 지원 프로그램들이 운영되고 있다. 일반적인 차원의 사업화 지원 프로그램 외에 연구소기업 지원 프로그램, 후속연구개발과 클러스터링을 지원하는 전문 클러스터 사업 등이 공공연구 성과 특성을 고려한 지원 프로그램들이다. 그러나 사례 대상 기술들의 사업화 과정을 통해 드러난 사업화 지원 시스템상의 특징은 전체적으로 고위험 고수익 기술에 대한 이해의 부족과 새로운 시스템으로의 이전 과정상의 지체gap이다. 기술 인큐베이팅을 목적으로 하는 대표적인 특성화 지원 프로그램인 연구소기업 지원 프로그램[4]이나 1990년대부터 운영해온 연구원 창업 지원 프로그램들은 연구원 파견 규정이나 인센티브 부재, 창업 이후 지원 규정의 부재 등으로 인해 창업 이후 모조직의 지원과 협력체제 구축에 한계를 드러내고 있다. 사례 대상 중 연구원 창업 지원, 연구소기업 지원 제도로 창업한 경우 공통적으로 드러나는 문제이다. 연구소기업 지원 제도와 같은 경우 제도 시행 초기이기는 하나 공공연구개발사업의 수행을 주목적으로 하는 정부출연연구기관 일반 운영체제와 충돌이 일어나고 있다.

이 같은 시스템 이전 과정상의 지체현상은 각 연구기관의 기술이전전

---

[4] 연구소기업 지원 프로그램의 경우 제도 시행 초기이기는 하지만 승인절차, 인력확보 및 연구원 겸직, 휴직, 설립 재원확보, 실패 시 공공연구기관 책임문제, 수익금 사용 비율 문제 등이 노정되고 있다.

담조직TLO, 기술지주회사, 특구 기술사업화 전문기업, 기술금융시스템 등 초기 원천기술 사업화를 지원하기 위한 시스템에서 공통적으로 발견된다. 기술사업화 전문 펀드의 업력 3년 이하의 초기 기업 지원 기피경향, 기술이전전담조직의 낮은 조직 내 위상 등의 현상은 연구 성과 사업화라는 새로운 조직 미션을 반영할 조직경로의 미비로 해석될 수 있다. 산업계의 기술역량이 부족하던 추격기에 정부출연연구기관은 특정 목적을 가진 응용연구를 수행하여 전략 분야의 기반기술과 공동학습의 장을 제공하는 조직경로를 축적했다. 그러나 이는 기초원천 연구개발활동과 수요 지향적 기술사업화라는 새로운 탈추격형 미션하에서 새로운 조직경로 창출에 장애로 작용하고 있다.

또한 기술사업화 과정에서 기술공급자와 지원서비스 기구, 기술수요자 간 정보의 불균형성이 존재하고 있음이 발견되었다. 앞서 지적한 바와 같이, 연구자들이 현재 기술수요자 혹은 잠재적 기술수요자의 수요와 연계한 연구기획보다는 기술공급적 측면에서 개인의 연구배경이나 선진국 기술발전 궤적 중 니치 분야에 대한 발굴 차원에서 연구를 기획하고 있으며, 그 결과로 기술개발 이후에 수요자와 연결되는 사후적 기술이전의 형태가 대부분의 경우에서 발견되고 있다. 또한 사업화 지원서비스 차원에서도 개별 연구자들이 보유하고 있는 기술에 대한 발굴이나 공동기획이 이루어지지 않고 있으며, 기술이전의 경우 개인 연구자의 네트워크를 활용하여 기술수요자와 연계되는 형태를 나타내고 있다.

사례연구를 통해 나타난 공공연구부문 탈추격 혁신활동의 특징은 〈표 7-2〉에 요약된 바와 같다.

먼저 연구개발 단계 중 기획상의 특징은 연구자 개인 차원에서 장기적 관점의 단일 주제 집중의 일환으로 기획된다는 것이다. 즉, 연구기관의 전반적 기술예측이나 수요예측, 잠재적 수요에 대한 파악과 이의 반영을 통

〈표 7-2〉 공공연구부문의 탈추격형 혁신활동 특징

단계	고려 요소	탈추격형 혁신활동 특징
연구개발 활동 단계	연구기획상의 특징	미래 활용을 염두에 둔 기획과정 연구자 개인 차원에서 장기적 관점의 단일 주제 집중의 일환으로 기획 다학제·다학문 분야의 지적 경로
	산출된 지식의 특성	최초의 응용·적용 측면의 원천성 보유 니치 분야 집중 모듈적 성격의 요소기술
	연구자원의 조직방식	소규모, 소액의 개인 차원에서의 지속적 연구활동
사업화 단계	사업화 주체의 특성	응용원천 특허와 전후방 연계특허로 기술창출능력 보유 사업화 지원부서의 학습 계기 분야별로 수요자 흡수능력 미흡
	사업화 주체 간 관계	창업 시 공급자와 수요자가 동일한 경우 다수 → 공급 중심의 사업화 진행 초기 기술 완성도 제고를 위해 기술이전 전 과정에서 주체 간 협력관계 지속이 중요 전문적 사용자 집단과의 협력연구가 중요
	사업화 지원 시스템	개인 네트워크를 통한 기술수요자 매칭 고위험 고수익 기술 사업화 지원체제 미성숙 공급자-서비스 지원부서-수요자 간 정보의 불균형성

해 연구기획이 진행되기보다는 개인적 차원에서 직간접적인 미래 활용을 염두에 두고 연구를 기획하는 특성이 발견되었다. 연구자 개인의 지적 배경에서는 다학제·다학문 분야의 지적 경로를 보이는 연구자들이 다수 발견되었다.

산출된 지식의 특성 측면에서는 이미 밝혀진 과학적 원리에 기반을 두어 타 기술 혹은 응용분야의 수요와 연계, 최초 적용을 시도함으로써 원천성을 확보하는 경우가 많다. 이러한 특성은 대부분의 사례 기술들이 제품이나 공정의 양 측면에서 니치 분야의 특성을 지니게 하는 요인으로 작용한 것으로 해석된다. 또한 새로운 부품 혁신으로 구현될 수 있는 모듈적 혁신의 특성을 보이는 것도 주요한 특징이다.

연구자원의 조직방식에서는 추격형 연구개발자원 배분방식하에서 장기간의 원천기술개발 연구활동을 지속하기 위해 개인적 차원의 전략적 궤도수정strategic maneuvering 행위패턴을 보이고 있음을 알 수 있었다. 즉, 성과 평가에 유리한 대규모의 단기 연구개발사업 수주 등의 행위보다는 소규모 기관사업 등에 의존한 생존형태를 보였다. 대표적인 국가연구개발자원 배분 기제였던 특정연구개발사업은 1990년대까지만 해도 추격형 연구개발활동의 지원이 주요한 목표[5]였으며, 2000년대 초반이 되어서야 창의적 연구진흥사업이나 프론티어연구개발사업 등 기초·원천 연구개발을 위한 자원배분이 본격화되었다. 이들 연구자들은 이런 형태의 장기, 원천형 연구사업을 지원하는 탈추격형 연구개발자원 배분방식이 도입되면서 새로운 프로그램의 제도적 지원을 통해 연구활동을 지속한다.

사업화 단계에서는 사업화 주체의 역량과 주체 간 관계, 사업화 시스템의 특성을 도출해보았다. 사업화 주체 중 기술공급자 측면에서는 응용원천특허와 전후방 연계특허 산출을 통해 기술적 완성도를 추구한다는 면에서 우수성을 판단할 수 있다.[6] 이에 반해 수요자 측면에서는 분야별 격차를 보이고 있다. 정보기술이나 기계기술 등 한국 산업기술의 수준이 향상된 분야에서는 수요자의 기술흡수 능력이 높아서 원천기술의 제품화나 기업

---

5 1990년대 특정연구개발사업은 단기적 애로기술 해소 차원에서 벗어나 당시 우리의 당면과제였던 대일 무역역조 개선과 관련된 기존 산업기술의 고도화와 개방화 시책에 부응한 첨단기술을 중점 개발한다는 목표하에 추진되었다. 이에 따라 신소재, 반도체, 컴퓨터 기술개발 등 10대 중점과제를 도출, 집중 개발했고, 기술선진국과 대등한 수준에 도달하기 위한 대형 국책과제 추진에 중점이 두어지게 되었다(과학기술부, 2008: 246).

6 물론 본 시례 대상 기술들이 성공적인 기술사업화를 추진한 경우이기 때문이기도 하며, 이것이 전체적인 출연연 공급기술의 우수성을 대변하는 것은 아니다.

화가 상대적으로 용이했다. 이에 반해 국내 기업의 기술흡수 능력이 낮거나 산업이 미성숙한 경우에는 글로벌 파트너를 찾거나 기술이전에 실패하는 사례를 발견할 수 있다. 사업화 주체 간 관계의 측면에서는 일반적인 사업화 성공요인에서 나타난 것처럼 공급자와 수요자 간 지속적인 협력관계 유지가 매우 중요한 변수임이 발견되었다. 특히 정부출연연구기관 산출 성과가 초기 기술이라는 점에서 기술적 완성도 제고를 위한 기술 인큐베이팅이 중요한 변수로 작용하고 있다. 또한 기초연구, 거대과학 기반 연구 성과에 의존도가 높은 기술일수록 전문적 사용자 집단과의 긴밀한 상호작용이 중요한 것으로 나타났다.

사업화 시스템 측면에서는 기술공급자, 사업화 지원부서, 기술수요자 간 정보의 불균형과 기초·원천 연구 성과의 특성인 고위험 고수익 기술 사업화를 위한 지원체제의 미성숙 등 탈추격형 연구개발 시스템으로의 전환 지체현상이 특징적으로 나타나고 있다.

4. 추격형 혁신시스템의 전환과정과 시스템 지체

이상에서는 정부 주도의 과학연구단지로 출발한 대덕연구단지에서의 추격형 혁신시스템의 제도적 관성이 최근 나타나고 있는 탈추격형 연구활동과 사업화 활동에 어떻게 영향을 미치고 있는가를 살펴보았다. 대덕연구개발특구의 정부출연연구기관들은 국가혁신체제 내에서 선진국에서 이미 개발된 대규모 시스템 기술의 공동학습을 위한 플랫폼의 역할을 했다. 이를 통해 공공 인프라 기술 개발 및 첨단산업 육성, 주로 대기업을 중심으로 한 기업 간 공동학습 촉진 등에 기여해왔다. 이 과정에서 정착된 연구개발 시스템의 관행은 선택과 집중 원칙에 근거한 선별지원주의, 단기 중심, 중복성 배제 원칙에 입각한 자원배분, 전략 분야를 중심으로 한 하향식 연구기획, 글로벌 선두그룹을 참고로 한 추격형 기획 등으로 요약할 수 있다. 한편 사업화 기획 및 수행 관행 등은 2000년대 초반까지도 충분히 발달되지 않았던 것으로 판단할 수 있다.

이런 연구개발 및 사업화 활동의 기반이 되는 추격형 시스템하에서의 제도적 관행은 새로운 탈추격형 혁신활동을 수행하는 혁신주체의 행동양식 및 조직 구성방식과 일정 정도 충돌을 일으키고 있다. 연구기획에서는 연구기관의 전반적 기술예측이나 수요예측, 잠재적 수요에 대한 파악과 이의 반영을 통해 연구기획이 진행되기보다는 다학제적 배경에 기반을 둔 개인적 차원에서 기획활동을 하게 된다. 연구조직이나 사업화 조직 방식에서도 탈추격형 활동들을 지원할 수 있는 루틴routine이 아직은 충분히 성숙하지 못한 시스템 지체현상이 발생하고 있는 것으로 판단된다(〈그림 7-2〉).

이상의 분석을 통해 추격형 혁신시스템에서 성공적으로 작동한 조직적 관행이나 제도적 배열일지라도 혁신주체의 역량이 고도화되고 혁신활동을 둘러싼 거시 환경이 변화함에 따라 제도적 장애로 변화할 수 있다는 것을 알 수 있었다. 향후 한국 혁신체제는 기초연구 역량 강화와 원천기술의 개발을 통해 가치창출형 시스템으로 전환해야 하는 과제를 안고 있다. 이에 따라 기존에 성공적으로 작동했던 추격형 시스템의 유제를 어떻게 극복하고 새로운 경로를 창출할 수 있겠는가 하는 것이 향후 과학기술 관련 종사자 및 정책 담당자들이 고민해야 하는 중요한 문제라 할 수 있다.

특히 공공연구부문의 탈추격형 연구 및 사업화 활동과 관련하여 추격국의 탈추격형 혁신활동은 다양한 연구개발 자원과 역량을 보유하고 있는 선진국의 창의연구 혹은 선도연구와는 성격과 범위가 다를 수 있다. 따라서 이를 염두에 두고 시스템 내에서의 연구개발자 행위와 산출되는 지식을 포함한 다양한 변이들에 주목할 필요가 있을 것이다. 또한 시스템 차원에

〈그림 7-2〉 탈추격형 혁신활동과 추격형 시스템 간 상호작용

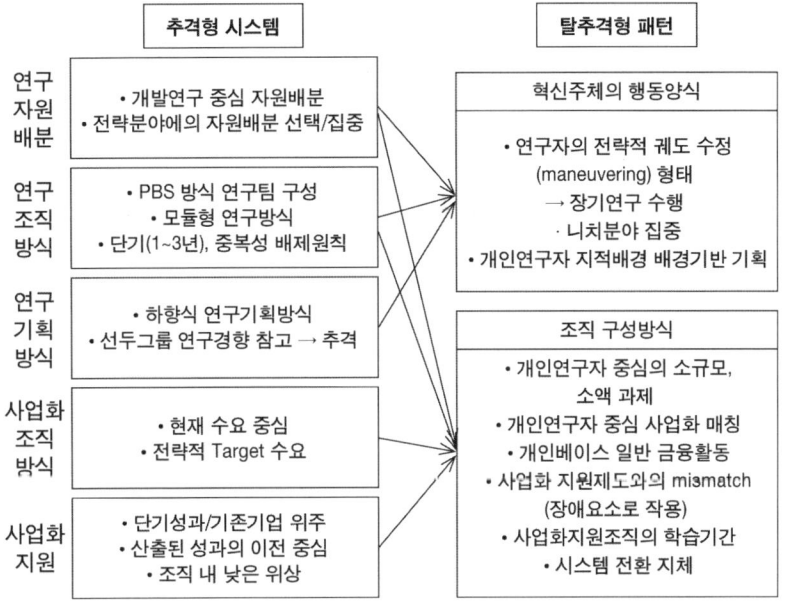

자료: 황혜란(2011).

서는 탈추격형 연구개발활동의 특성에 부합하는 조직 루틴의 생성과 더불어 탈추격형 연구개발활동에 새로운 전기를 마련할 수 있는 연구개발 인프라 구축 등을 고려해야 한다.

참고문헌

과학기술부. 2008. 『과학기술 40년사』. 서울: 과학기술부.
김왕동. 2008. "공공연구기관의 창의성 영향요인 및 시사점". 과학기술정책연구원.
송위진 외. 2006. "탈추격형 기술혁신체제의 모색". 과학기술정책연구원.
황혜란. 2009. "대덕연구개발특구내 탈추격형 혁신활동 및 시스템전환에 관한 연구". 대전발전연구원.
_____. 2011. 「공공연구부문의 탈추격형 혁신활동 특성 및 과제: 대덕연구개발특구 사례를 중심으로」. ≪기술혁신학회지≫, 제14권 제2호.

08 추격기 고부가가치 자본재 제품의 발전과정과 한계[1]

정재용 _KAIST 경영과학과 교수

1. 서론

한국은 지난 40년간 비약적인 성장을 경험했으며, 특히 노동집약적 산업 중심에서 기술집약적 부문으로의 산업고도화를 성공적으로 달성했다. 그 결과 DRAM, 휴대전화, 디스플레이 등의 대량생산제품군에서 글로벌 경쟁우위를 확보하게 되었다. 산업발전의 경로를 시기적으로 추적해보면 한국은 수출주도형 정책 기조를 유지하는 가운데 1960~1970년대는 노동집약적인 부문에서 저임의 양질의 노동력에 기반을 둔 전략을 추구하는 한편, 조선이나 철강 등 중화학공업 부문에 대한 투자도 병행했다. 1980년대 이후 본격적으로 기술집약적인 부문으로의 산업고도화 노력을 추구했으며, 특히 메모리 반도체나 PC와 같은 기술집약적 부문에서 추격 전략을 통해 세계시장 진입에 성공했다. 2000년 이후부터는 정보통신, 자동차, 조선,

---

[1] 이 글은 '2013 기술경영경제학회 동계학술대회'에서 발표한 논문을 재구성했다.

철강 등 글로벌 경쟁력을 확보한 산업 부문이 등장하기 시작했다. 특히 고부가가치 산업인 IT 분야의 경우, 반도체, 디스플레이, 휴대전화 분야에서 추격을 넘어 선두를 유지하거나 추월하는 수준까지 도달하게 되었다. 더욱이 기술혁신능력을 측정하는 지표로 사용되는 미국 특허 건수 및 국제표준화 채택 건수에서도 한국은 일본, 독일 다음으로 3위의 출원국가로 성장했으며, 적극적인 국제표준 분야 활동을 통하여 차세대 시장의 선점을 위한 교두보를 마련할 만큼 특정 분야에서는 기술경쟁력을 확보한 것으로 평가할 수 있다.

다른 한편 2000년대에 진입하면서 한국은 이동통신 시스템, 원자력 플랜트, 고속철도 등 기술적 복잡도가 높은 자본재 산업에서도 성공적인 개발 경험을 축적하고 있다. 한국의 성공적인 자본재 개발 경험이 세계적으로 주목을 받는 이유는 복잡도가 높은 복합시스템은 그간 선진국의 사업영역으로 인식되어온 분야로, 추격국의 개발 성공 사례가 매우 적은 분야이기 때문이다. 자본재 제품은 수만 개의 부품, 부분품, 하부 시스템이 모여 최종 시스템으로 완성되며, 철도, 항공과 같은 사회간접자본, 대규모 공장, 플랜트, 대형 장비 등 광범위한 부문에 걸쳐 있다. 플랜트 엔지니어링 산업의 경우에는 각종 기기나 구조물 등을 만들거나 그 제조과정 자체를 창조하는 응용기술로, 설계에서 시공·자금조달까지 포괄한다. 특히 자본재는 대량생산이 불가능하고 주로 특정지역에 제한되거나 소량의 제품만 생산한다는 것과 이종 종사자들의 기술적 노력이 결합되어야 한다는 점에서 복합시스템complex system 산업으로 지칭되기도 한다.

한국도 과거 1970년대부터 공업화 과정을 통하여 (지하)철도, 원전, 담수화설비, 석유화학, 발전설비, 해양플랜트 등 다양한 제품의 자본재 개발을 추진했다. 초기에는 자본재 산업을 포함하여 한국에서 육성한 대부분 제품의 기술력이 일천한 관계로, 해외에서 기술을 도입·소화·개량하는 과정을 통해 진화했다(Kim, 1997).

　이와 같은 기술학습 과정을 통해 능력을 축적한 자본재 제품군은 다양한 분야로 확대되었다. 한국은 정보통신산업에서 CDMA(이동통신 시스템), WIBRO(무선인터넷), T-DMB(지상파 멀티미디어)의 통신시스템 개발 및 세계 최초 서비스 제공의 대표주자이며, 철도산업 분야에서는 고속철도 차량 및 시스템으로서 KTX-산천을 개발하여 세계에서 4번째로 고속철 개발국가가 되었다. 또한 원자력산업 분야에서도 세계 최초로 330MW급의 일체형 담수화 원자로 SMART를 개발했고, 최근에는 대형 원전에 속하는 4기의 APR1400 원전설비(400억 달러 추정)를 UAE에 수출하는 개가를 올려 명실공히 원자력 강국으로 부상하는 계기를 마련했다. 항공 분야에서도 국내에서 개발한 고등훈련기 T-50을 인도네시아에 16대(4억 달러)를 수출 계약함으로써 미국·러시아·영국·프랑스·스웨덴에 이어 세계에서 6번째로 초음속 항공기 수출국이 되었다.

　이러한 일련의 성과들은 긍정적으로 평가할 수 있지만 제품을 개발하는 방식인 기획, 건설, 상용화 과정에서는 한계가 나타나고 있다. 이 글에서는 자본재를 성공적으로 개발할 때 추격청의 강점은 어떻게 작용했으며 장애요인은 무엇이었는지를 분석하고자 한다. 이러한 분석은 한국이 탈추격 혁신시스템으로 전환이 요청되는 현시점에서 새로운 기술개발 철학과 실행을 설정하는 데 기초자료가 될 것으로 판단된다.

2. 자본재 산업의 추격과정과 자산

□ 가격경쟁력 기반의 하청건설에서 원천기술이 부재한 턴키사업 수주로 변화

　한국 경제성장 과정의 중심축에는 공업화가 있었으며 개별 산업의 발

전은 경제개발 5개년 계획하에서 추진되었다. 6차 계획에 걸친 공업화 과정은 한국이 선진대열에 합류할 수 있는 기반이 된 것으로 평가되는데, 특히 건설, 기계, 전자, 화학, 에너지 산업 분야에서 국가경쟁력을 확보하는 계기가 되었다.

초기의 공업화 과정에서 건설 부문은 시기별로 다른 비교우위를 가지고 진화했다. 1970년대는 하청 위주의 노동집약적 단순시공인 건축 공종이 주를 이루었으며, 1980년대는 건축과 토목 공종이 노동집약적 비교우위를 가지게 되었다. 1990년대에는 플랜트, 건축, 토목 순으로 다변화가 이루어졌으며, 1990년대에는 플랜트 공정이 전체 건설의 67%를 차지하여 기술 및 관리 집약적 고부가가치 산업으로 변화되었다(건설교통부, 2006). 이와 같이 한국의 토건 분야는 경제개발에 기여했으며 공업단지 개발, 고속도로 건설, 중동 진출을 통해 많은 역량을 축적할 수 있었다. 이 과정에서 한국 건설업은 하청건설에서 시작하여 주 계약업체로까지 도약할 수 있는 능력을 축적하게 되었다.

플랜트 산업에서도 초기에는 해외에서 기술을 도입하여 경험을 축적하고, 국내외 업체와 제휴를 통해 시장 확대의 경로를 밟았다. 또한 1990년대에는 턴키turn-key사업 추진업체로 변신하면서 본격적으로 해외로 진출하게 되었다. 특히 플랜트 산업 중 전력 분야와 화공 분야는 하청에서 턴키사업자로서의 진화를 잘 보여주는 사례이다. 1970년대에는 두바이 발전소 건설에 참여(1978), 독일 업체와 컨소시엄의 형태로 알코아 발전 및 담수 플랜트에 참여(1979), 리비아 발전·담수 턴키사업을 수주(1981)하게 된다. 화공 분야도 중동을 중심으로 정유공장 시공 참여(1982)를 시작으로 기술 능력 확보를 통해 턴키사업으로 성장하게 되었다(이임택, 2000). 이와 같이 플랜트 산업은 풍부한 노동력과 건설 및 토목사업의 경험을 기반으로 가격 경쟁력을 확보함으로써 성장의 계기를 마련할 수 있었다.

그러나 플랜트 산업의 성공적 해외진출에도 불구하고 기술능력 측면에서 일정한 한계가 지속되고 있다. 플랜트 분야의 경우 상세설계와 건설시공 분야를 중심으로 경쟁우위를 가지고 있는 반면, 계획, 시스템 엔지니어링, 기본 설계, 유지보수에서는 선진국이 보다 더 경쟁력이 있는 것으로 조사되었다(이은창, 2008). 이는 한국이 원천기술 확보가 미약하고 여전히 고부가가치에 해당되는 전방부문 front-end보다는 후방부문에 경쟁력을 가지고 있다는 의미이기도 하다.

최근 민간기업연구소에서는 한국 조선 산업의 기술역량을 기반으로 해양플랜트 산업에서 새로운 기회를 찾을 수 있다는 의견을 제시하고 있다. 구체적으로는 제작과 엔지니어링에 기반을 둔 새로운 비즈니스모델 창출 전략을 제시하면서 조선의 설계 및 제작 역량, 철강, 소재, 육상엔지니어링, IT를 결합하면 성공 가능성을 높일 수 있다는 것이다(삼성경제연구소, 2012).

그러나 한국이 가지고 있는 기존 역량을 활용하여 새로운 기회를 모색한다는 것에는 동의를 하지만, 한국이 보유하고 있는 조직적 자산이 오히려 경직성으로 작용할 수 있다는 점도 고려할 필요가 있다. 다시 말해서 해양산업 환경이 특화전문업에서 종합기획업으로 변화했다는 것은 새로운 역량이 요구된다는 것을 의미하며, 우리의 경쟁력 확보를 가능하게 했던 기존 조직역량이 오히려 전환의 한계로 작용할 수 있다는 것이다.

또 다른 자본재 산업인 원자력 분야에서 한국은 1970년대 후반에 고리 1호기 준공과 더불어 핵연료의 국산화, 원자력발전 설계기술 개발 등을 포함한 원자력 개발사업을 시작하게 된다. 초기에는 외국의 원전기술에 의존했지만 점차 원자로, 핵연료 등에서 국산화 및 고유모델을 개발하게 되면서 원자력기술 자립국가의 대열에 합류하게 되었다. 역사적인 관점에서 원자력 산업의 기술능력 진화를 살펴보면, 1970~1980년대 한국 기업은 유지/

보수영역에 참여하고, 특히 시공 및 상세설계 하도급, 해외 기술 습득을 위한 인력파견에 집중했다. 1990년대의 영광·울진 3, 4호기부터는 국내 업체의 참여가 개념설계 및 상세설계를 제외한 기획·타당성 검토, 프로젝트 종합관리, 구매·조달, 시공, 감리, 유지보수 등으로 확대되었다. 또한 웨스팅하우스로부터 설계기술을 이전받으면서 외국 업체와 공동으로 설계할 수 있는 능력을 보유하게 되었다. 2000년대에 들어와 국내 업체는 원전의 전 주기에 참여하고 한국표준형 원전을 보유하게 되었다(국가경쟁력강화위원회, 2010). 더 나아가 2009년에는 아랍에미리트UAE가 발주한 원자력발전소 건설사업자로 한전 컨소시엄이 선정되어 한국의 사상 첫 원전플랜트 수출이라는 성과를 이루어냈다. 이번에 수출하는 APR1400 원전은 OPR1000의 안정성과 경제성을 높인 개량형 원전으로 신고리 3·4호기에 건설 중이다. 이미 충분한 안전성을 검증받았으며, 설계를 단순화하여 제작기간과 건설비를 크게 줄인 강점을 가졌다. 〈표 8-1〉에 나타난 바와 같이 한국형 표준원전은 타 국가에 비해 원전건설 단가 측면에서 경쟁력이 있으며, 수출형 APR1400은 kW당 1,550달러인 반면 일본의 유사기종인 ABWR은 kW당 3,000달러가 소요되는 것으로 나타난다.

두 번째로 한국 원전 산업에서 기술자립의 대표적인 사례는 한국형원전 개발로 '1995년 연구용 원자로 하나로HANARO', '1996년 한국 표준형 원전OPR1000', '2001년 한국형 신형 경수로APR1400', '2012년 중소형원자로 SMART' 등이 있다. SMART는 한국 표준형 원전 개발로 대형 원전기술 자립에 성공한 한국원자력연구원이 1997년 소규모 전력망을 가진 개발도상국에 수출하기 위한 '수출전략형 원자로'로 개발하기 시작했다. SMART 원자로는 분리형 원자로와 달리 용기 내에 주요 원자로 기기, 즉 냉각제펌프, 증기발생기, 가압기가 모두 장착되어 있다. 특히 이 중소형 원자로는 단일 압력용기 안에 모든 기기가 들어가기 때문에 정교한 설계기술이 요구된다

<표 8-1> 국가별 원전모형 설비용량 및 건설단가

국가	기술	설비용량 MWe	건설단가 USD/kWe
벨기에	EPR-1600	1,600	5,383
체코	PWR	1,150	5,858
프랑스	EPR	1,630	3,860
독일	PWR	1,600	4,102
헝가리	PWR	1,120	5,198
일본	ABWR	1,330	3,009
한국	OPR-1000	954	1,876
한국	APR-1400	1,343	1,556
네덜란드	PWR	1,650	5,105
슬로바키아	VVER 440/ V213	954	4,261
스위스	PWR	1,600	5,863
스위스	PWR	1,530	3,681
미국	Advanced Gen III+	1,350	3,382
비OECD 국가			
브라질	PWR	1,405	3,798
중국	CPR-1000	1,000	1,763
중국	CPR-1000	1,000	1,748
중국	AP-1000	1,250	2,302
러시아	VVER-1150	1,070	2,933
산업 기여도			
EPRI	APWR, ABWR	1,400	2,970
Eurelectric	EPR-1600	1,600	4,724

자료: OECD/IEA(2010).

는 점, 부품의 중량 및 부피가 작아 설치장소에 제약이 따르지 않아 여러 가지 형태로 제작·조립이 가능하다는 점, 기존 대형 플랜트에 비해 전체 크기는 작아지지만 원자로의 크기는 상대적으로 대형이 된다는 점 등의 특성을 가지고 있다(박근배, 1999). SMART 원자로는 전력 생산에만 활용되는 기존 원자력발전소과 달리, 전력 생산뿐 아니라 바닷물을 민물로 바꾸는 해수담수화 또는 지역난방, 공정열 공급 등에 다양하게 활용 가능한 다목적 용도의 원자로이기도 하다. 최근 SMART 원자로가 세계 최초로 인가를 획득함으로써 한국은 중소형 원전 분야에서 세계 최고의 기술을 보유한 국가가 되었다. 중소형 원전 시장을 선점하기 위해 미국 등을 중심으로 중소형 일체형 원자로 개발 경쟁이 가속화되는 상황에서 경쟁국인 미국보다 앞서 인허가 취득에 성공함으로써 중소형 원전 세계시장을 선점할 수 있는 기반을 마련했다는 점에서 의미가 크다.

이처럼 한국의 원전 산업은 중소형 원전에서 원천기술을 확보했으며 대형 원전에서는 자체 원자로 개발과 더불어 설비용량에서 미국과 프랑스·일본·러시아·독일에 이어 세계 6위 규모를 갖추고 있다. 이처럼 한국이 빠르게 기술추격을 한 요인으로는 21기에 해당하는 지속적인 원자력발전소 건설을 통한 건설단가의 경제적 효율성과 91%의 높은 가동률 유지를 들 수 있다. 반면에 대형 원전에서 원천기술 부족은 추격 과정에서 나타난 결과라고 할 수 있다.

원자력, 플랜트 외에 철도 산업에서도 소기의 성과를 내고 있다. 철도 산업은 크게 일반철도, 지하철, 고속철도의 3개 축으로 발전을 거듭하며 진화했으며, 그 결과 일반철도를 해외에 수출하고, 고속철도를 국산화하는 데 성공하여 프랑스, 독일, 일본에 이어 세계에서 네 번째로 시속 350km 고속전철 기술을 보유하게 되었다.

당시 단군 이래 최대의 국책사업으로 알려진 경부고속철도사업KTX은 1989년 경부고속철도 건설방침 수립 이후 한국고속철도건설공단이 중심이 되어 추진되었다. 경부고속철도는 1992년 기공식을 출발로 하여 12년의 여정 끝에 18조 원의 비용으로 2005년도에 완성되었다. 고속철도사업은 차량, 기계, 부품, 전기, 전자 및 제어, 정보통신, 재료, 토목 등 복합적인 기술이 연계되어 있는 복합시스템이다. 한국은 초기에 고속철도 기술이 부재한 상황이었으므로 건설은 국내 업체가 담당하고 고속철도 시스템 중 핵심기술, 즉 차량, 전차선, 열차제어장치 등은 프랑스 알스톰 및 알스톰 협력사가 국내 업체에 기술이전을 하도록 조직화되었다. 정부는 고속철도 건설을 위해 총비용 중 용지 12%, 궤도 5.8%, 역사 5%, 통신 3.7%, 차량 20%, 노반 39.6%, 전기 8.1%, 신호 3.1%, 부대시설 1.8%을 각각 배정했다(고속철도건설공단, 1992). 전체 예산의 20%를 차지하는 차량은 프랑스 알스톰, 독일 지멘스, 일본 미쯔비시 사이 경합을 벌여 프랑스 TGV 차량모형이 채택되었다.

고속철도 건설을 위해 한국은 첫 번째로 한국이 가지고 있는 강점을 반영하고 부족한 부분은 해외에서 수입한다는 전략을 세웠다. 즉, 사우디아라비아 등 해외 대형 건설공사의 수주, 리비아 대수로 공사, 경부고속도로 등 풍부한 시공 경험이 있었기 때문에 노반이나 토목공사 설계는 국내기술 수준으로 가능하다는 판단에 차량, 자동열차제어장치는 분리하여 설계한다는 결론에 이르게 된다(삼정회계법인, 2003). 또한 핵심기술은 해외에서 도입하여 추진하고 국산화를 달성한다는 것이다. 이러한 주장은 당시 선진국을 100으로 보았을 때 한국의 전체 건설기술 수준을 보면 1995년 기준 설계·엔지니어링이 65~70%, 시공 분야는 80%를 보였고, 2002년도에는 설계·엔지니어링이 77.2%, 시공 분야는 83.0%로 분석(한국건설산업연구원, 2003)되었기 때문에 기술도입 후 국산화가 가능하리라는 판단에 의거한 것이다.

두 번째로 고속철 건설에 과거 철도공사에서 시행하던 공사발주의 특징이 나타난다. 공사발주는 크게 통합발주와 분리발주로 나뉘는데, 설계와 시공 일괄입찰의 경우 노반과 궤도를 통합발주하며, 일괄입찰이 아닌 경우 분리하여 발주를 하는 것이 일반적이다. 고속도로 건설의 경우 한국은 기본적으로 설계와 시공을 분리하여Design-Bid-Build 발주하는 것이 원칙이었고, 철도 건설에서도 관례적으로 노반과 궤도를 분리하여 발주했다. 경부고속철도 1단계 사업의 경우에도 노반과 궤도가 분리되어 설계 및 시공이 이루어졌으며, 이로 인해 시스템적으로 인터페이스의 문제가 발생하게 되었다.

세 번째는 출연연을 중심으로 한 시스템 기술개발을 지적할 수 있다. 정부가 본격적으로 국가연구개발사업을 시작한 것은 1980년대부터이며, 특히 대형 과제를 중심으로 한 추진 방식이 주류를 이루었다. 국가연구개발사업은 많은 제품에서 국산화, 세계 최초 개발 등의 성과를 이루어냈으며, 특히 정보통신 분야에서의 전전자교환기, 이동통신 시스템, 앞서 언급한 원전 등이 대표적인 제품들이다. 1982년 정부는 출연연을 중심으로 대형연구개발사업을 추진하게 되며, 대표적인 사업으로 특정연구개발사업이 출범하게 되었다. 특정연구개발사업은 과거 자체적인 연구 과제를 선정하는 방식에서 기술수요를 선정하고 연구기관을 공모하는 방식으로 전환되었다는 점에서 새로운 시도였다. 1990년대에 국가연구개발사업으로 대형연구개발사업과 복합시스템으로 대표되는 원자력, 항공·우주 기술 분야 등 거대과학기술사업을 추진하기 시작했다. 정보통신 분야에서는 전전자교환기TDX-10 개발, 행정전산망용 주전산기 개발, 다중분할코드방식CDMA 시스템 개발을 꼽을 수 있다. 또한 이 시기에는 선진 7개국 수준의 산업기술을 확보한다는 목표로 선도기술개발사업이 시작되었다. 1992년부터 2001년까지 4조 5,000억 원이 투입되었으며 통신(광대역 ISDN), 차세대 자동차, 반도체(주문형 반도체), 고속전철 등이 개발되었다.

이처럼 1980년대부터 한국의 국가혁신체제에서 연구개발의 주체로서 출연연이 중요한 역할을 담당했으며, 대형 및 장기 과제를 중심으로 연구개발을 추진했다. 또한 세부적인 기술적 특성에서도 기업이 여건상 추진하기 어려운 시스템 기술 개발을 출연연이 담당했다.

3. 추격기의 한계: 전환기에서 나타난 문제점

한국은 지난 산업화 과정에서 기존 대량생산 제품군에서 기술적 심화를 달성함과 동시에, 앞서 살펴본 바와 같이 새로운 지식집약 제품인 복합자본재로의 전환을 시도했다. 대표적으로 원전, 철도, 통신시스템 등의 고부가 복합시스템 제품 분야에서 국산화 성공 및 원천기술 확보 등의 성과를 거두었다. 그러나 이제까지 추격의 주된 대상이 되어왔던 대량생산 제품군이 아닌 고부가 복합시스템 분야로의 전환이라는 관점에서 볼 때 다수의 문제점이 노정되었다.

1) 자본재의 기술혁신 특성 이해 부족

기술혁신을 연구하는 학자들에 의해 지적된 바와 같이 혁신능력을 제고하기 위해서는 산업별·제품별 기술혁신 특성에 대한 이해가 필요하다. 특히 산업별로 기술의 원천, 기업의 규모, 기술의 보호방법 등이 다르기(Pavitt, 1984) 때문에, 이에 부합하는 개발방식과 지원정책이 필요하다. 말레르바(Malerba, 2002)는 정보통신 산업의 경우 기본 부품 및 시스템 제품에 따라 경쟁우위와 정부의 정책이 차별화됨을 밝혀냈다. 또한 단위당 비용이 높고 소량이며 부품의 커스텀화의 특성을 지닌 복합 자본재의 경우, 기술혁신 과정에서 공공부문 및 수요자의 역할, 그리고 각 부분 시스템 및 부품 공급자들과 최종 시스템 제조업자들 간의 조정 문제가 중요한 기술경영 이슈로 등장한다(Hobday, 1997).

한국의 복합 자본재 제품 개발과정에서는 앞서 서술한 자본재의 기술적·산업적 특성을 충분히 반영하지 못한 기술기획이 이루어졌으며, 이의 결과로서 설계·건설 과정에서 공기지연 등 문제점이 발생했다. 한국이 가지고 있던 시공 분야의 자산은 오히려 자본재 개발과정에서 경직성을 초래하는 요인으로 작용했고, 시스템 설계 부분에서도 조정의 한계를 가져왔다고 할 수 있다. 첫 번째로 고속철도와 일반철도는 근본적으로 기술적인 차이가 존재함에도 불구하고, 과거의 경험에 기반을 둔 건설 관행하에 진행되었다. 국회 경부고속철도건설 실태파악 소위원회(1997)에 따르면 차량기종이 선정되지 않은 상태에서 교통 및 노선 배치가 이루어졌다. 당시 차량 후보기종인 독일, 일본, 프랑스의 차량 시스템을 놓고 이들 기종이 가지고 있는 특장점을 비교·검토하고 있는 상황에서 노선 배치를 강행했다. 이는 복합 자본재 제품의 시스템 엔지니어링에 대한 인식이 없는 상황에서 이루어졌다는 것을 의미하기도 한다. 이에 더하여 시스템 엔지니어링 관점에서의 배치와 그렇지 않은 상태에서의 노선 배치의 문제가 대두되었다. 국회 경부고속철도건설 실태파악 소위원회에 의하면 용역팀은 경제적인 관점에서 시스템 엔지니어링 기준으로 설계하려고 했으나 철도청과 고속철도공단은 노선 배치 설계에서 가급적 직선의 사양을 제시했다는 것이다. 직선의 노선 배치를 추진함으로써 산악지역이 많은 한국 지형상 필요 이상의 공사비가 발생하게 되었다.

두 번째로 한국의 고속철도 건설에서 가장 큰 오류는 설계철학에서 기인한다. 앞서 언급한 바와 같이 상당수의 자본재 건설은 시스템적인 접근과 개별 요소 간의 정합성이 필수적이다. 그러나 한국 고속철도 건설의 경우 설계 단계부터 차량과 노반이 분리되어 추진되었고, 이로 인해 시스템을 구성하는 각 서브시스템을 유기적으로 통합하는 데 실패하여 추가 비용이 발생했다. 특히 설계 과정에서 코어 시스템과 토털 시스템이라는 개념이 사용되었는데, 전자의 경우는 고속철도의 기본 요소인 차량과 노반을 분리하는 것이며, 후자는 차량과 노반을 연동하여 추진하는 것을 말한다. 초기 기술조사 분석에서는 차량과 노반을 일치시키는 토털 시스템을 건의했으나 철도청은 코어 시스템을 채택하여 추진하게 되었다. 철도청은 경부고속도로를 우리의 힘으로 건설했고 경부고속철도의 노반이나 토목공사도 크게 다를 바가 없다는 주장을 했다(차동득, 1997).

세 번째 코어 시스템 채택과 불완전한 시스템 엔지니어링의 추진으로 인해 나타난 추가적인 문제점은 다음과 같다. 먼저 코어 시스템 방식은 두 요소를 별도로 설계·건설하여 납품하기 때문에 공정상 절차가 간소하지만, 두 과정에서 상호연계성이 부족하여 시스템의 정합성integrity에 문제가 야기되었다. 특히 차량과 노반을 통합하기 위한 새실게 예산 증가는 불가피했다. 따라서 차량을 제공하는 업체가 노반, 통신, 궤도 등에까지 관여하여 처음부터 동시에 설계되고 납품되는 바람직한 시스템철학을 택하지 못했다. 이는 한국이 시스템 관련 기술개발 및 시공능력이 부족하다는 점에서도 기인하지만, 무엇보다도 과거에 자본재 제품에서 일괄공정을 담당하기보다는 개별공정에 익숙해진 권행의 결과다. 또한 기술경영 관점에서는 통합과 시스템 엔지니어링 추진이 자본재 및 복합시스템 제품 성공요인이라는 점을 간과했고 이에 따른 자본재 기술혁신의 특성을 반영하지 못한 프로젝트로 해석할 수 있다.

2) 세계 최초에 따른 제품의 완결성 문제

한국이 제품, 기술, 서비스 등에서 글로벌 수준으로 경쟁력을 확보했다는 증거로서 '세계 최초'라는 수식어를 많이 사용한다. 기술적으로는 선진국의 것을 모방하고 추격하는 단계에서 벗어나 고유성, 원천성, 자립성을 마련했다는 것을 의미한다고 할 수 있다.

세계 최초 개발의 경우, 더 이상 벤치마킹 대상이 없기 때문에 기획-연구-상용화 과정까지 과거와는 다른 연구개발 과정을 거쳐야 한다는 것을 의미한다. 다시 말해 기존 기술을 빠르게 학습하기 위한 조직구조와 작동 방식과는 다른 특성을 가진 조직방식을 수립해야 하고 지식생산을 위한 협력의 주요 파트너도 변화되어야 한다는 것이다. 시장 측면에서도 후발국이기 때문에 기존 시장 진입과 새로운 시장의 개척에 대한 전략적인 선택을 해야 한다. 전자의 경우에는 기존 시장에서 오랜 기간 동안 기술능력을 축적하고 있고 이익을 향유하고 있는 지배기업과 경쟁해야 하며, 후자의 경우에는 새로운 시장을 창출하기 위한 노력이 필요하다. 또한 전자의 경우는 진입장벽이 높아 시장 진입에 한계가 있는 반면에, 후자는 새로운 기술로 니치 시장을 개척하는 블루오션에 해당되어 후발국이 유리할 수 있다. 문제는 세계 최초 개발 제품이나 차별화된 제품을 개발했을 때에는 높은 기술 및 시장의 불확실성이 존재하게 된다는 것인데, 이를 어떻게 극복하는가가 관건이 된다.

추격체제하에서는 기존 기술의 빠른 모방과 투입요소의 절감을 통해 경쟁력을 확보할 수 있었으나, 새로운 기술을 개발하는 추격 이후 단계에서는 기술 및 시장 차원에서 높은 불확실성에 직면할 수밖에 없다. 또한 후발국이 직면하는 기술적 불확실성은 보다 포괄적인 측면에서 이해할 필요가 있다. 후발국은 관련 기술을 개발하는 데 필요한 지식이나 새로운 기술을 습득하는 데 필요한 흡수능력(absorptive capacity)이 충분히 축적되어 있지 않다는 측면에서도 높은 기술적 불확실성을 안고 있다. 또한 새로운 개념의 제품이기 때문에 기술개발 후에도 후속연구개발을 통해 제품의 안정성을 확보하는 것이 전략적으로 매우 중요하다. 시장 측면에서도 시장이 성숙하지 않은 신제품 개발에 따른 불확실성이 높다.

최근 한국이 세계 최초로 개발한 일체형 원전의 경우에도 기술개발 측면과 시장 개척에서 한계를 노정하고 있다. 원자력연구원, 한국전력 컨소시엄이 2012년에 발표한 자료에 의하면, SMART는 수출을 통한 신성장동력 창출을 목표로 개발되었고, 물 부족 국가를 대상으로 하고 있으며, 1997년부터 개발해온 SMART 기술을 인허가 시현성, 제작 구현성, 유지보수 용이성 관점에서 검토하여 미입증된 기술을 대형 원전 등에서 입증된 기술 proven technologies로 대체함으로써 조기에 개발을 완료했다고 평가하고 있다. 또한 원자력 종주국인 미국에 앞서 세계 최초로 중소형 일체형 원전 인허가를 받아 중소형 발전시장에서 블루오션의 유리한 기반을 마련했다고 평가한다.

조기 SMART 원전 기술개발의 목적은 원사력 기술의 자립과 이를 통한 중소형 원자로 시장으로의 진입이었으며, 이를 위해 신개념의 일체형 원자로와 해수 담수화 기능을 추가하여 개발했다. 그러나 기술개발 및 상용화 그리고 수출전략의 3가지 측면에서 세계 최초의 모습을 완성하기 위해서는 상당한 학습 과정이 필요했다. 먼저 원자력 기술 개발에는 안정성과 더불어 수요사와 규제기관과의 관계가 매우 중요하다. SMART를 개발할 때 초기에는 330MW급을 상용화하는 것을 원칙으로 했으나 진행과정에서 목표를 조정하게 된다. 첫 번째로 동급의 원자력을 상용화, 건설, 운영하는 데 상당한 리스크가 따랐기 때문에 기본 설계에서 소형 규모로의 전환 요청이 있었으며, 두 번째로 65MW급의 기본 설계가 완성된 후에는 다시 수요자(한국전력)의 경제성 제고 요청에 따라 SMART 설비용량을 660MW로 제안하고 설계 최적화를 실시했다. 이후 한국전력공사가 660MW급 SMART의 표준설계인가 획득에 대한 추가 투자를 거부함에 따라, 한국원자력연구원은 SMART 설비용량을 330MW로 환원하게 되었다. 이처럼 세계 최초의 원전을 개발할 때 수요자와의 관계가 순탄하지 못해 기술개발의 일관성을 유지하기 어려웠다.

규제기관과의 관계에서도 2012년 SMART에 대한 표준설계인가가 원자력안전위원회를 통과하게 되었지만 그 과정이 순조롭지는 않았다. 일반적으로 원자력발전사업자의 수요가 있으면 규제기관은 적절한 규제기준을 조기에 설정해야 하는 것으로 인식되어왔다. SMART의 경우에는 새로운 원자로에 대한 규제기준이 없었으므로 초기에는 개발자와 규제기관이 협업하여 진행했다. 그러나 표준설계인가 과정에서 설계사업자는 SMART에 대한 규제 부재로 두 가지 방법 중 한 가지 방법을 택해야 했다. 즉, (1) 불명확한 규제기준을 가정하고 그에 맞춘 설계를 함으로써 추후 인허가 리스크를 감수할 것인가, 아니면 (2) 대형 경수로 중심의 현행 규제기준을 만족하는 설계(또는 설계변경)를 하여 인허가성을 확보할 것인가를 사전에 결정할 수밖에 없었다. 이번 SMART의 표준설계인가는 기존의 검증된proven 기술을 일부 채택하여 획득이 가능했다.

마지막으로 경제성 측면이다. 세계 최초의 일체형 원전 설계라는 야심찬 계획을 달성했으며 원전 분야에서 국제경쟁력이 있다는 것을 보여주었지만, 초기에 65MW로 전환하면서 문제가 발생되기 시작했다. 기본 설계는 성공적으로 마무리되었으나 경제적 타당성이 제기되어 사업이 중단되었다. 사업 중단의 논리는 발전사업자와 원전산업계가 추진한 사전실시 용역연구와 KDI가 추진한 중소형 원자로 기술고도화사업 사전타당성연구 결과에 근거하고 있다. 이들 보고서의 결론은 첫째 수출경쟁력을 얻기 위해서는 열출력이 660MW급으로 10배 이상 되어야 한다는 것, 둘째 기술공급자 입장에서 수립되어 민간부문의 수요를 고려하지 못했다는 것이다. 특히 KDI보고서는 중소형 원전의 경우 중소형 원자로의 건설단가 등 발전비용이 복합화력발전보다 앞서지 못한다는 점, 수출 측면에서는 수명을 다한 대형 원자로를 반드시 중소형 원자로로 바꾼다는 보장이 없다는 점을 지적했

〈표 8-2〉 한국 표준형 원전과 스마트 원전의 비교

	한국 표준형 원전	스마트 원전
용량	100만 KW	10만 KW
목적	발전 전용, 국내용	발전, 담수, 수출용
건설비용	24억 달러(2,400/KW)	5억 달러(5,000/KW), 최초 1호기는 12억 달러(1만 2,500/KW)

자료: 한겨레(2011).

다(≪한겨레≫, 2011). 이와 같이 세계 최초의 타이틀을 걸고 개발된 SMART는 사업 추진 과정에서 사업자의 요구 반영 및 경제성으로 많은 어려움을 겪었다.

마지막으로, 우여곡절 끝에 표준설계인가를 받았으나 수출선략과 이에 수반된 안정성 확보 문제가 대두되었다. 앞서 지적한 바와 같이 자본재 제품, 특히 원전 분야의 경우는 제품의 안정성이 확실히 보장되어야 한다. 안정화 기간을 통해 다양한 안정성 관련 정보를 생성하고 이를 피드백하여 제품개선 과정을 거친 후에야 수출을 추진할 수 있다. 문제는 이러한 시스템의 운영성, 검증성, 최적화 등을 확보하기 위해서는 실증로 건설이 매우 중요한 단계라는 것이다. 그러나 한국의 원전사업자는 경제성을 이유로 실증로 건설을 기피하고 있는 상황이다. 또한 세계 최초로 개발은 되었으나 상용화 부문에서는 구체적인 계획, 즉 어느 시장을 대상으로 할 것이며, 어떻게 건설을 할 것인지에 대한 구체적인 계획이 명확하지 않다.

3) 기술개발 및 상용화 지배구조에 대한 부처 간 갈등

원자력을 중심으로 한 거버넌스 문제도 전환에서 주요한 이슈로 부각되고 있다. 한국의 원자력 관련 정부부처 지배구조는 교육과학기술부(교과부)와 지식경제부(지경부)의 두 축으로 구성되어 있으며, 교육과학기술부는 원자력진흥계획에 제시된 목표와 정책을 수립하고, 지식경제부는 원자력에너지 정책업무를 총괄하고 방사성 폐기물 관련 업무를 담당하고 있다.

원자력 관련 부처 간 갈등은 과거 과학기술처와 동력자원부 시절부터 시작되었으며, 최근 요르단 원자로 수출과 아랍에미리트UAE의 대형 원전 건설을 성공적으로 수출하면서 힘겨루기는 한층 고조되고 있는 실정이다. 2010년 지식경제부 최경환 장관은 국제원자력기구 IAEA가 한국 원자력을 교과부가 규제·진흥을 담당하는 것에 문제를 제기했다며 원자력의 지경부 이관을 주장했고, 교육과학기술부 안병만 장관은 원자력 분야의 지속적인 지원을 피력했는데, 이것이 부처 간 갈등의 한 사례라 할 수 있다(≪충청투데이≫, 2010). 갈등은 보다 구체적으로 중소형 원자로 연구개발정책에서도 나타난다. 애초에 중소형 원자로는 교육과학기술부/한국원자력연구원이 중심이 되어 추진되었다. 그러나 2011년에 지식경제부가 미래의 먹거리를 창출할 R&D 전략기획단을 출범시키면서 제안한 6개 후보과제 중 하나로 다목적 소형모듈원전SMR: Small Modual Reactor을 포함시켰다. 소형모듈원전(캡슐원전)이란 원자로의 크기를 줄여 노심용융 사고 확률을 연간 1억분의 1 이하로 낮추는 혁신적 기술이다. 용량은 300MW 이내로 사고 시 소형화에 따른 대형사고 방지는 물론이고 자연냉각 특성으로 외부 전원이 전혀 필요 없다고 주장한다. 또한 원자로 모듈이 공장에서 완성되고 수송되며 모듈 공법으로 단기간에 건설되고 해안은 물론이고 내륙의 다양한 지역에서 요구 조건에 맞춰 전력, 지역 냉난방, 담수화 등 다목적으로 사용된다는 것이다. 연구개발 기획에 따르면 한국전력기술을 통해 2017년까지 국내 SMR 개발과 설계를 완료하여 2020년과 2030년에 시장점유율을 각각 15%와 20%를 차지해 30억 달러와 45억 달러의 수익을 달성한다는 목표를 설정했다.

그러나 2011(조경태 의원), 2012(유기홍 의원) 국정감사에서는 중소형 원전의 비경제성이 지적되었으며, 특히 유기홍 의원은 중복 연구개발투자를 지적했다. 비록 정부 예비타당성조사에서 다목적 소형모듈원전이 타당성이 없는 것으로 나왔지만, 애초에 교과부에서 추진하고 개발된 소형 원전을 지경부가 다시 추진하고 있다는 것에 주목할 필요가 있다. 또한 교과부 주도로 개발된 중소형 원자로 수출 활성화 방안 이슈토론회에서 상용화를 담당해야 할 지경부의 불참도 또 다른 관점에서의 부처 간 갈등으로 보이고 있는 것이다(≪전기신문≫, 2012).

과거 정부는 연구개발과제 추진에서 영역과 역할을 구분하여 추진했으나, 최근 들어 산업 간, 지식 간 융합이 진행되면서 상호 부처 간 연계와 통합적 주진의 중요성이 높아지고 있다. 하지만 여전히 부서이기주의에 근간하여 개별 부처 주도적으로 중복적으로 사업이 추진되고 있다는 것이다.

4. 분석 및 대안: 개발방식의 변화 요청

이상에서 살펴본 바와 같이 추격기에서 탈추격기로 전환함에 따라 공급자 중심의 개발방식에서 탈피하여 새로운 연구개발 방식이 요청되고 있다. 특히 복합 자본재 제품 특성에 적합한 기술개발, 상용화, 수출에 이르기까지 차별화된 연구개발 과정에 대한 설계가 요청된다고 하겠다. 첫째, 복합시스템 개발은 수만 개의 부품으로 통합적으로 완성할 수 있도록 진행되어야 하므로 시스템적인 관점에서 추진되어야 할 것이다. 특히 복합제품 개발에서 기술적 불확실성은 대량생산 제품에 비해 매우 높기 때문에 위험의 요소를 정의하는 것이 중요하다. 또한 제품개발을 진행하면서 수요자의 요구사항 변화, 규제를 포함하는 정치경제학적인 변화로 인해 프로젝트가

지연될 수 있음을 인식할 필요가 있다. 또한 복합제품의 기술혁신 특성으로 인해 프로젝트 기반 조직화가 많이 사용되고 있으며, 이러한 조직운영 성공의 관건은 한시적으로 조직화된 연합조직의 효율적 관리와 유연한 조직구조 운영에 있다는 것을 인식해야 할 것이다.

둘째, 성공적인 제품개발 이후 상용화 과정에서 가장 중요하게 고려되어야 하는 것이 시스템 안정성의 확보이다. 주어진 제약조건하에서 시스템 기능들이 최적화 상태를 유지하는가의 여부를 확인하는 과정이 필요하고, 특히 대형 시스템의 경우 안정화 및 고도화 절차는 필수적이며 충분한 시간을 가지고 진행되어야 한다. 고속철도의 경우에도 전원공급장치인 보조전원장치 차단, 차륜활주방지장치 고장, 객실충전장치 장애 등의 사고가 발생했으며, 최근 국내 기술로 제작된 'KTX-산천'은 많은 고장이 발생하고 있는데, 2011년 3월 운행 이후 집계된 고장 건수는 41건으로 10일에 한 번 꼴로 사고가 발생하고 있다(≪뉴스토마토≫, 2011). 또한 프로젝트 진행 시 입찰, 설계, 구현, 검수 등의 절차를 거치는 과정이 진행되는데, 국내에서는 설계에 해당되는 기간이 상대적으로 짧아 시스템의 불완전성을 심화시키는 요소가 될 수 있다. 따라서 시스템설계, 시스템안정화, 인도설치 등의 요소를 최적화할 수 있는 전략적 스케줄 관리가 필요하다.

셋째, 원전은 개발 초기부터 대용량의 원자로를 운영할 수 없는 국가 혹은 소규모 인구 밀집지역에 수출하는 것을 목표로 개발되었고, 고속철도의 경우에는 미국, 브라질 등을 중심으로 해외 수출을 추진하고 있는 것으로 알려지고 있다. 그러나 시스템 안정성 확보와 경제성 문제로 수출시장 개척에 어려움을 겪고 있다. 예를 들어 SMART 원전의 경우에는 세계 최초로 설계인가를 받았지만 경제성 부족으로 국내 업체가 건설을 꺼려하고 있다. 따라서 자본재 산업을 성장시키기 위해서는 개별 제품별로 시스템 안정성이 필수적이며, 이를 확보하기 위해서는 국내의 제도적 자산을 적극적으로 활용하여 상승효과를 추구해야 할 시점이라고 생각한다. 특히 제도적 자산으로서 Test-bed 제공, 새로운 제품을 수용할 수 있는 인프라 존재 등이 중요한 성공요인으로 작용할 것으로 보인다. 결론적으로 중소형 원자로를 효과적으로 수출하기 위해서는 실증로 건설이 중요하고, 또한 소관 부처의 역할의 재검토가 필요하다.

이상에서 살펴본 바와 같이 전환기에서는 과거에 우리가 축적해온 자산이 경직성으로 작용될 수 있다는 것을 알 수 있었다.

새로운 제품을 개발할 때 그 산업에 대한 이해가 부족하고 과거에 진행해온 방식에 집착함으로써 비용 면에서 많은 손실을 초래했다. 세계 최초의 고부가가치 자본재 제품을 상용화할 때 제품수요자와의 긴밀한 관계를 유지하지 못해 어려움을 경험하고 있다. 또한 연구개발 기능과 상용화의 분리로 인해 부처이기주의가 목도되기도 한다. 추격을 벗어난 전환기에서는 이상의 요소를 충분히 반영하여 수요 중심적 개발과 시스템 안정화, 새로운 통합적 거버넌스의 창출에 역점을 둔 기술 개발방식을 기대해본다.

참고문헌

건설교통부. 2006. 「세계 플랜트-엔지니어링 시장동향과 선진기업의 기술개발 실태 및 수주전략」. 해외건설협회, 한국건설기술연구원.

고속철도건설공단. 1992. 경부고속철도건설계획.

국가경쟁력강화위원회. 2010. "엔지니어링산업 발전방안". 21차 회의안건.

국회 경부고속철도건설 실태파악 소위원회. 1997. "경부고속철도건설 실태파악에 대한 소위원회 공청회".

≪뉴스토마토≫. 2011.5.2. "KTX산천, 차량안정화까지 2~3년.. 추가 사고 불가피(?)".

박근배. 1999. 「중소형 일체형원자로 SMART의 개발」. ≪기계저널≫, 39(4), pp. 46~49.

삼성경제연구소. 2012. "CEO Information, 해양플랜트 산업의 변화와 기회".

삼정회계법인. 2003. "효율적인 고속철도 운영방안".

유기홍. 2012. "한국원자력연구원에 대한 국정감사". 유기홍의원실.

이은창. 2008. "플랜트산업의 현황과 전망". 하나금융경제연구소.

이임택. 2000. 「플랜트 산업의 현황과 전망」. 공기조화냉동공학회 발표자료.

≪전기신문≫. 2013.8.27. "중소형 원자로 시장, 후발주자에 내줄 판".

조경태. 2011. "스마트원자로 끝이 보인다". 조경태 의원 보도자료, 2011.9.9.

차동득. 1997. "고속철도사업 어떻게 되고 있나". ≪과학과 기술≫, pp.44~47.

≪충청투데이≫. 2010.1.10. "'주가 뜬 원자력' 부처 간 영역다툼".

≪한겨레≫. 2011.10.4. "MB정부 열 달 만에 중소형 원자로 재추진".

한국건설산업연구원. 2003. 건설기술경쟁력 실태조사.

Hobday, M. 1998. "Product complexity, innovation and industrial organization." *Research Policy*, 26, pp. 689~710.

Kim, Linsu. 1997. *Imitation to Innovation*. Harvard Business School Press.

Malerba, F. 2002. "Sectoral systems of innovation and production." *Research Policy*, 31, 2002, pp. 247~264.

OECD/IEA. 2010. *Projected Costs of Generating Electricity*. 2010 Edition.

Pavitt, K. 1984. "Sectoral patterns of technical change: towards a taxanomy and a theory." *Research Policy*, Vol.13, N.6.

제3부

추격형 혁신활동
규율과 지원을 위한 제도

09 추격형 과학기술정책 추진의 한계와 과제

성지은 _ 과학기술정책연구원 연구위원

1. 서론

현재 한국은 그동안 성공적으로 작동되어왔던 추격형 혁신시스템을 탈추격 또는 창조형으로 새롭게 전환해야 할 시점에 있다. 과학기술혁신의 활동뿐만 아니라 이를 둘러싼 기술·산업의 환경이 급격하게 바뀌고 있으며, 정책적 측면에서도 경제적 혁신과 사회적 혁신을 동시에 고려하는 통합적 혁신정책Integrated Innovation Policy 등이 새로운 패러다임으로 등장하고 있다.

한편 전 세계적으로 정책조정과 통합이 인사·예산·조직 등 행정개혁 전반을 관통하는 핵심 과제로 부각되고 있다. 정책의 복잡성과 불확실성이 높아지고 분야별 정책이 부처 영역을 뛰어넘어 확장·결합되면서 다부처 정책 간 연계와 통합 문제가 중요한 과제로 등장한 것이다. 특히 과학기술혁신정책(이하 혁신정책)의 경우 경제성장 중심에서 삶의 질 향상, 지속가능성 확보 등을 포함한 경제·사회 전반의 발전으로 정책 목표와 대상이 확대되면서 기술공급과 수요활용 부처 간의 정책 연계 및 조정 필요성이 지속적으로 커져왔다(성지은 외, 2009; 성지은 외, 2010).

한국은 대표적인 후발국가로서 외국 정책과 제도를 재빠르게 모방·학습하여 괄목할 만한 성공을 거두었으나 일정 정책 영역의 경우 더 이상 모방할 대상이 없어지면서 스스로 문제를 던지고 해결해야 하는 탈추격 상황을 맞고 있다. 따라서 주어진 문제에 빠르게 대응하는 추격형 정책 추진 방식은 그 한계를 드러내고 있다. 이제 우리 혁신체제에 대한 성찰적 반성과 함께 변화하는 상황에 맞는 새로운 정부 역할과 문제해결 방식이 요구된다.

이 글에서는 추격형 혁신정책 추진의 성과와 한계를 살펴보고, 새로운 변화 상황에 대응하기 위한 정책적 과제를 도출하고자 한다.

2. 추격형 혁신정책 추진의 성과와 한계

1) 정부 주도의 하향식(Top down) 정책 추진

한국은 1990년대까지 선진국을 빠르게 모방·학습해야 하는 추격과정에서 민간부문보다 더 많은 지식과 자원을 가지고 있는 정부가 추격의 방향을 제시하고 혁신활동을 주도해왔다. 추격 국가에서 가장 중요한 과제는 선진 기술과 제도를 어떻게 능률적으로 모방·학습할 것인가로, 이때 정부는 정책 형성·집행, 자금지원을 책임지는 선도 기구 pilot agency의 역할을 수행했다. 특히 사회로부터 자율적이면서도 유능하고 효율적인 행정관료 기구를 중심으로 혁신의 제도적 토대를 구축하는 등 전략적 정책의 형성과 집행에서 핵심적 역할을 담당했다.

<그림 9-1> 추격 시기의 전형적인 정책기획 프로세스

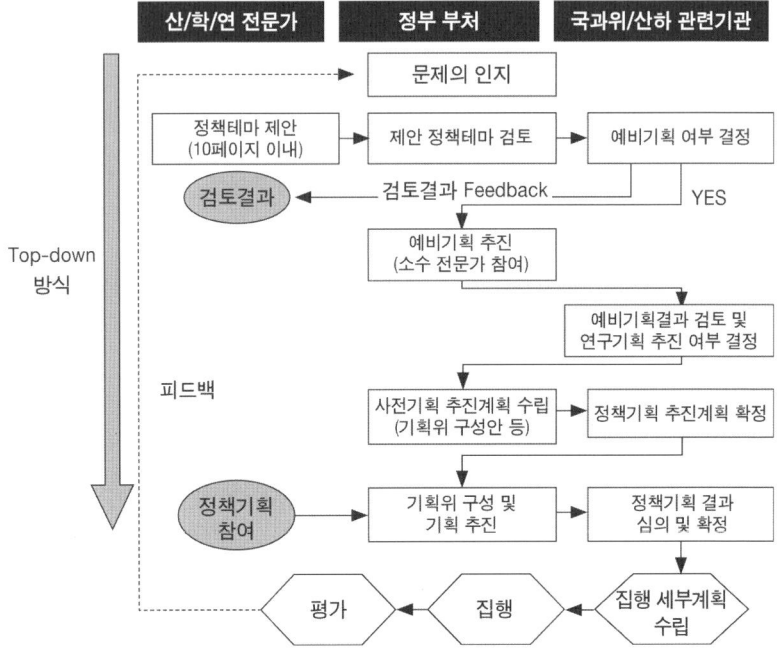

자료: 테크노베이션파트너스(2007). 일부 내용 참조.

　추격 모델하에서 정부 및 행정체제는 주어진 목표를 보다 효율적으로 달성할 수 있도록 강력하게 집권화된 일원 구조로 설계되었으며, 정책의 형성과 집행 또한 소수의 강력한 정책입안자에 의해 폐쇄적으로 결정·추진되었다. 폐쇄적이고 일원적인 정책결정이었지만 달성해야 할 목표가 명확히 제시되었고 그것을 달성하기 위해 각 혁신주체들의 역량을 총동원하고 활동을 결집할 수 있었다. 국가주도의 경제·사회발전 모델이 동일하게 적용되면서 경제성장이 부처를 초월하는 목표로 총력 동원되었으며, 경제부처를 중심으로 효율을 앞세운 관련 부처 간 정책 조정이 이루어졌다. 도입된 제도를 구현하는 과정에서 발생하는 부처 간의 의견 차이는 부처 당사자들의 상호교류나 협력을 통한 수평적 조율이 아니라 대통령, 상위 부처에 의해 수직적으로 조정되었다(송위진 외, 2007; 성지은·송위진, 2010).

이러한 추격형의 정책 추진 방식은 일정한 성과를 거두었지만 2000년대 들어 어디로 나아가야 할 것인가를 명확하게 전망할 수 없는 탈추격 상황이 도래하면서 한계를 드러내고 있다. 정부 주도의 폐쇄적이고 일원적인 접근과 전략 선택은 고도로 불확실하고 복잡한 환경 속에서 민간의 역량이 커지고 민주화가 진전됨에 따라 더 이상 유효하지 않다.

현재 우리 사회는 새로운 혁신시스템으로의 전환을 강조하고 있으나 추격형 정책 추진의 유제로 인해 수직적 통제 중심의 컨트롤 타워에서 벗어나지 못하고 있다. 신속한 하향식 결정과 일사불란한 집행을 강조하는 과거의 패러다임이 반복되고 있으며 시스템적인 대안 설계보다는 '자리'나 '사람' 중심의 논의가 되풀이되고 있다. 여전히 위로부터 주어진 과제를 얼마나 빠르고 효율적으로 달성할 것인가에 역량의 초점이 맞춰지면서 여러 주체가 상호작용하면서 변화된 질서를 창출해나가는 복잡 시스템 기반의 새로운 혁신 거버넌스에 대한 설계 및 고려가 부족하다(성지은 외, 2010).

2) 각개약진식의 추진 방식

그동안 한국은 외국 정책과 제도를 재빠르게 모방·학습하면서 선진국을 따라잡아왔다. 국가혁신체제를 구성하는 요소와 제도가 부재한 상황에서 외국 정책을 통해 관련 제도들을 재빠르게 도입하여 괄목한 만한 성공을 거둘 수 있었다. 이와 달리 이제는 새로운 정책 목록의 개발보다 기존에 형성된 정책이나 현재 추진되고 있는 정책 간의 정합성 확보가 중요한 문제로 등장하고 있다. 최근 들어 특정한 정책 영역에서는 도입된 정책들이 서로 모순되거나 다른 방향을 지향하면서 그 실효성이 떨어지고 있기 때문이다. 과거에는 각 부처가 각개약진식으로 정책 개발을 해왔지만 새로운

〈표 9-1〉 한국의 정책 조정 및 통합의 특징과 한계

- 강한 정부 주도로 인한 수평적 조정이나 협상 경험 부재
- 단선적·선형적 정책 추진과 단기적 경제 성과에 집착
- 주로 조직통폐합으로 인식하며, 잦은 행정개편 단행
- 수직적·권위적·중앙집권적 조정과의 혼동
- 지나친 부처 경쟁과 부처 할거주의·이기주의
- 무분별한 정책 모방으로 인한 정책의 형식화
- 절차적 정당성을 무시하거나 합의의 장 부재
- 각개약진식의 정책 추진으로 인해 관련 정책 간 정합성 부재
- 대통령 단임제로 인한 정책의 지속성·일관성 유지의 어려움
- 정치적 의제나 정권 변화에 민감
- 추격국가의 강한 유산으로 공동의 목표 설정이나 독자적인 경로 창출의 어려움
- 엄격한 부처 칸막이, 회계 칸막이로 인해 탄력적인 정책 운용이 어려움

자료: 성지은 외(2009).

기술과 사회를 구축하기 위해서는 초창기부터 기술과 사회시스템을 구성하는 요소들의 정합성을 추구해야 한다. 특히 기술혁신정책의 영역이 확대되고 수단이 다양해지면서 정책사업 간, 정책수단 간 보완성 내지 정합성 확보가 중요한 정책 과제로 등장하고 있다(성지은·송위진, 2008).

그러나 추격형에서 탈추격형 내지 창조형 혁신모델로의 전환 필요성이 강조되고 있음에도 여전히 어디로 가야 할 것인가에 대한 장기적인 목표 공유가 이루어지지 않아 전략성과 일관성이 확보되지 않는다. 정책 또한 부처 및 각 영역에서 개별 수립·추진되어 국가 차원의 문제를 해결하기 위한 공동의 정책 설계가 이루어지지 못하고 있다. 일부 정책 영역에서는 부처 간 경쟁이 과열되면서 개념 선점 경쟁이 이루어져 '획기적인' 단기 의제에 집착하거나 구색 갖추기 식의 정책이 나타나고 있기도 하다. 혁신정책

또한 패션화되어 개념은 앞서 있으나, 애초 기대한 효과를 얻기 위한 구체성을 띠지 못한다. 이처럼 많은 정책이 장기적 비전이나 종합적 시야에 근거해서 개발되기보다 단기적 차원이나 부처 관할권 확보 차원에서 형성되면서 그 한계를 드러내고 있다(성지은 외, 2009; 성지은 외, 2010).

3) 혁신정책 및 주체 간 정합성 부족

한국의 과학기술 역량은 2010년 현재 세계 12위로, 〈표 9-2〉에서 볼 수 있듯이 산-학-연 R&D 주체의 급속한 양적 증가가 두드러지게 나타나고 있다.

1990년대 이후 R&D 투자 및 혁신주체의 수가 급격히 늘어났으나, 정부-민간, 부처 간뿐만 아니라 대학, 출연(연) 등 연구주체 간 R&D 활동의 중복현상이 눈에 띈다. 또한 2012년 현재, 20여 개의 부처에서 소관 분야 정책과 R&D 사업을 제각각 수행하고 있으며, 서울시, 경기도 등 지방자치단체도 경쟁적으로 R&D 활동을 수행하고 있다. 이 결과 R&D 투자 및 과학기술활동 부문은 강점을 가지고 있는 반면, 산학연 협력, 기업 간 협력, 국제 협력을 나타내는 과학기술 주체 간 네트워크 부문은 세계 19위로 낮게 나타나고 있다(국가과학기술위원회, 2012).

기술개발 부처의 경우 기초·원천연구를 담당하는 교과부와 실용·산업

〈표 9-2〉 산-학-연 R&D 주체의 양적 증가 추세

	1980년	1990년	2000년	2005년	2010년
기업부설연구소	46	1,690	7,110	11,810	21,786
공공연구소	135	213	225	325	752
대학 (괄호 안은 전문대학 수)	85 (128)	107 (117)	161 (158)	173 (158)	179 (145)

<표 9-3> 연구 분야 차원의 중복의 예(태양광 + 로봇)

[사례 1] 태양광: 23개 연구소(2011년 450억 원)			[사례 2] 로봇: 17개 연구소(2011년 600억 원)		
연구소	연구비 (1억 원)	세부 분야	연구소	연구비 (1억 원)	세부 분야
에너지기술연구원	118	각종 고효율 태양전지 기술	ETRI	193	로봇IT기술 전반
생산기술연구원	70	태양광 공정 및 양산 기술	생산기술연구원	109	실용로봇
ETRI	45	각종 고효율 태양전지 기술	KIST	80	로봇기술 전반
GIST	41	각종 고효율 태양전지 기초 기술	국방과학연구소	69	견마로봇, 자율복귀기술
화학연구원	36	각종 고효율 태양전지 기술	기계연구원	43	산업용 생산로봇 전반
KIST	31	각종 고효율 태양전지 기술	KAIST	47	로봇기술 전반
전기연구원	29	나노섬유태양전지, 출력측정장치	전자부품연구원	17	로봇주행, 인간-로봇 협업 기술
재료연구원	20	실리콘태양전지핵심소재 공정	원자력연구원	11	원자로 살수배관 검사로봇

자료: 국가과학기술위원회(2011: 08)

화 연구를 담당하는 지경부로 이원화되어 있으나 부처 간 경쟁과 영역 침범으로 구분이 거의 불가능할 정도이다.[1] 또한 환경부 등 기술수요·활용 부처의 경우에도 부처 내 R&D 부서와 정책기획·집행부서 간의 연계·협력이 제대로 이루어지지 못하고 있으며, 교과부 등 기술개발 부처와의 연계 정도도 낮게 나타나고 있다. 지방자치단체도 지역별 특성을 반영하기보다 첨단성장 유망기술에 집중하여 중앙 R&D와 유사한 형태를 띠고 있는데, 이는 부처별·지역별로 산하 정책 및 연구기관을 경쟁적으로 설치한 데다, 출연(연) 등도 기관 성격이나 목적에 관계없이 '돈 되는' 연구 과제 수주에 매달리면서 나타난 결과이다. 이처럼 기술개발의 양적 성장을 이루었으나

---

[1] R&D 정책 및 연구 활동 연계를 위한 부처 간의 정보, 인력 교류나 상호협력이 이뤄지지 않아 효율성 제고를 위한 중복제거, 융합연구 등을 시도하기가 사실상 어려운 상황이다(≪연합뉴스≫, 2011년 8월 1일 자).

국가 차원의 정합성 고려보다는 새롭거나 세련된 연구이슈를 선점하기 위한 주도권 싸움이 진행되면서 부처 간 연계·협력 미흡 및 사업 간 유사중복 문제가 상존하고 있다.

4) 기술공급 중심의 정책 수단

우리 정부는 과학기술의 발전에 본격적으로 도전하기 시작한 1960년대 이래 산·학·연·관이 중심이 된 R&D 자금지원, 인력육성 위주의 기술공급 정책을 추진해왔다. 이는 과학기술 불모지였던 한국의 과학기술을 최단 기간에 발전시키고 선진국을 조기에 따라잡기 위한 것이었다. 이러한 공급 중심의 정책수단들을 지속적으로 추진한 결과, 한국은 혁신체제의 주요 요소들을 어느 정도 갖출 수 있었으며, 일부 부문의 경우 선진국 수준에 접근하는 과학기술혁신 역량을 갖추게 되었다(〈표 9-4〉 참조).

이에 반해 수요 기반의 정책수단들은 큰 관심을 받지 못했다. 부족한 한국의 과학기술혁신 자원들이 공급에 집중 투자됐기 때문이다. 그 중요성

〈표 9-4〉 한국 과학기술 역량의 발전 추이

	1963년	1970년	1980년	1990년	2000년	2010년
총연구개발비 (100만 달러)	4	32	321	4,676	12,249	37,935
정부 대 민간	97:3	71:29	64:36	19:81	28:72	28:72
총연구개발비/GDP	0.24[1]	0.39[1]	0.56[1]	1.72	2.39	3.74
연구원(명)	1,750	5,628	18,434	70,503	108,370[2]	264,118[2]
국제학술논문(SCI, 건)		27(72)	159	1,587	12,316	39,843
미국특허(등록, 건)		3	9	290	3,352	12,508

주: 1) 연구개발투자/GNP.
   2) 상근 기준(FTE: full time equivalent).

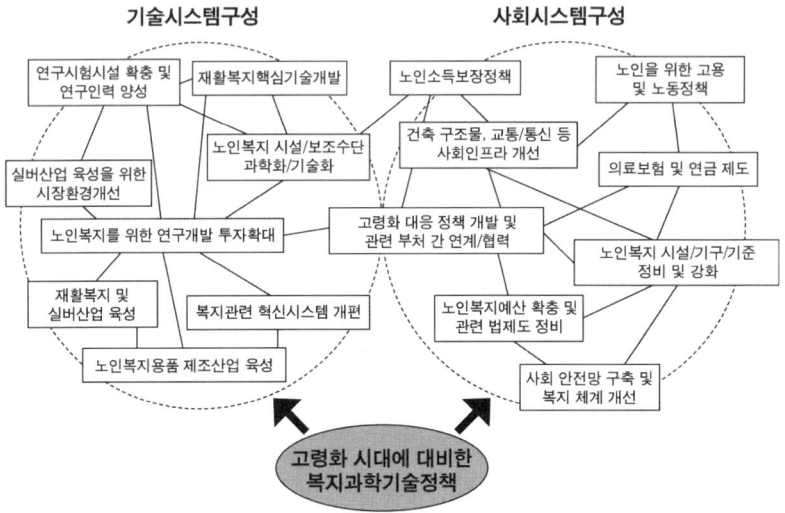

〈그림 9-2〉 고령화에 대비한 기술·사회시스템의 동시 구성(예시)

자료: 성지은·송위진(2010).

을 인식하여 중소기업제품 공공구매제도와 같은 수요 기반의 정책수단들이 시도되기도 했으나 현재 혁신시스템은 민간 수요와 연계성이 낮은 기술 공급 중심의 정책으로 구성되어 있다. 이로 인해 현장 수요를 정책에 반영하기 어려우며, 기술 공급과 수요가 불일치하다. 외견상으로는 기술혁신정책이 수요 지향적으로 변모하고 있으나 이러한 흐름은 기술발전의 가속화를 경험하고 있는 기업과 여전히 유리되어 있다. 게다가 과거와 달리 기업이 체감할 수 있는 정부정책의 유인 및 효과가 별로 크지 않으며, 대기업의 경우 이러한 현상이 더욱 심해지고 있다. 최근 세계적 차원에서 기술개발을 선도하는 기업들이 등장하고 있으며 민간기업들의 혁신역량이 정부를 뛰어넘고 있기 때문에 과거와는 다른 정책 접근이 필요한 상황이다.

탈추격 상황에서는 〈그림 9-2〉에서 볼 수 있듯이 공급 측면의 정책뿐만 아니라 수요 측면에 대한 새로운 접근이 필요하며 더 나아가 두 혁신정책을 연계시키는 전략이 주요 이슈로 부상하게 된다. 기존의 혁신정책이 산학·연관 중심의 기술 공급식이었다면, 이제는 그 기술이 사회적으로 안착될 수 있도록 공공구매, 표준화, 안전규제 등의 정책을 함께 고려해야 하는 상황인 것이다. 이를 위해서는 사회적 경제의 여러 제도, 관행, 의식들이 효율과 생산성을 중시하는 방향으로 동시에 변화해야 한다. 기술혁신의 성과를 충분히 활용하여 각 분야의 효율성 향상으로 연결시키는 한편, 기술혁신능력 제고를 원활히 지원하는 사회적 기반 확보가 필요한 상황인 것이다(성지은·송위진, 2010).

5) 압축 불균형 성장에 따른 구조적인 한계 노정

지금까지 한국의 성장 경제는 빈곤 탈피를 갈망하는 국민, 수출 중심의 급속 성장을 추구하는 대기업, 하청관계 속에서 생존 기반을 마련하고자 했던 중소기업이라는 역학 관계 위에서 작동되어왔다. 정부 주도, 수출, 압축 성장 등을 바탕으로 하는 대기업의 선도적인 경제 활성화와 부품 공급자로서의 중소기업 역할은 한국 경제의 중추였다고 할 수 있다(이장우, 2011). 그러나 '한강의 기적'이라 불리는 놀라운 압축 성장 이면에는 사회 구성원 간의 갈등과 모순된 경제구조, 불공정한 거래 시스템이 존재한다.

대기업에게 부품을 안정적으로 공급하는 역할로 산업화에 기여해온 중소기업은 전체 산업체의 98~99%를 차지할 정도로 엄청난 규모이며 전체 고용인의 87%를 구성하고 있다. 그럼에도 제조 중소기업의 약 48%가 대기업의 하도급 관계에 머물러 있고 이들 전체 매출액 중 80% 이상이 대기업과의 거래에서 발생하는 등(이장우, 2011) 생산 경제 대부분을 대기업에 의존하고 있는 상황이다. 이러한 구조적 취약성은 중소기업의 수익성과 경쟁력을 약화시켜왔으며, 대기업이 이익을 독식하는 시스템을 양산했다. 국가의

<그림 9-3> 추격형 혁신체제의 한계와 구조적 어려움

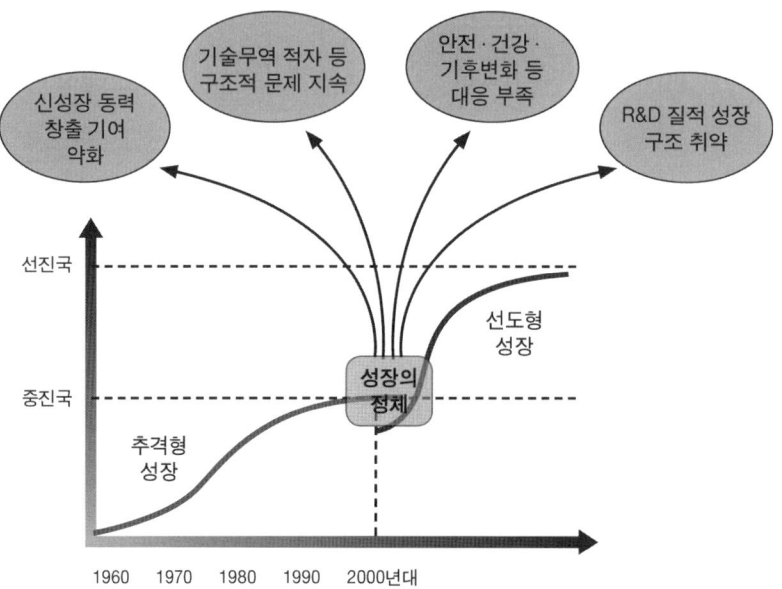

자료: 국가과학기술위원회(2009.1.13).

균형 있는 발전을 위해 대기업과 중소기업의 동반 발전이 절실한 상황이다.

지금 우리 경제의 지속 가능한 성장을 위해서는 성장 전략 및 모형이 과거의 기술 모방이나 양적 확대에서 자체 기술개발을 중시하는 혁신주도형으로 변화해야 한다. 기술 수준의 향상, 기술개발활동의 고도화, 노동·자본·기술에서 상상력과 창의성으로 변화한 가치창출의 원천 등 급변하는 기술 환경 속에서 현 체제는 한계를 드러내고 있다. 그 외에도 (1) 경제성숙기 진입에 따른 투자수익률 하락, (2) 전반적 리스크 증대에 따른 투자부진의 장기화, (3) 가계신용 급팽창에 따른 가계부채 누적, (4) 주택가격 버블 조정과 이에 따른 소비부진, (5) 높은 임금 등에 기인한 고비용 구조와 노사관계 불안정, (6) 출산율 저하와 인구고령화, (7) 고비용·저효율의 교육제도, (8) 경제적·사회적 양극화 심화 등 구조적인 문제점이 두드러진다(함정호, 2004).

현재 한국은 고용안정성의 저하와 신빈곤층의 대두, 저출산·고령화 등과 같은 사회복지 환경의 변화에 대응하여 새로운 패러다임의 복지 모색이 필요한 시점에 있다. 압축적 경제성장과 선성장 후분배 원칙에 따라 사회적 지출은 물론, 공공인력이 다른 선진 국가에 비해 부족했던 한국 산업화의 구조적 모순이 경제적·사회적 양극화를 심화시켰으며, 양극화 문제와 저출산·고령화가 맞물리면서 복지에 대한 수요는 크게 팽창한 상황이다. 앞선 선진국의 시행착오를 보완하면서도 우리 현재 상황과 제도적 맥락에 맞는 한국형 복지국가 전략을 구현할 필요가 있으며, 이를 위한 기술혁신 역할의 중요성이 커지고 있다.

6) 타깃팅 형태의 정책 추진

그동안 한국의 기술혁신정책은 중요한 기술이나 산업을 선정하여 자원을 집중 투입, 단기적 성과를 만들어내는 승자 뽑기picking winners 방식으로 진행되었다. 전략 기술·산업에 대한 타깃팅Targeting이 형태로 정책이 개발·집행되었으며, 신기술 창출보다는 선진국의 기술을 재빠르게 흡수하고 활용함으로써 산업발전을 촉진시키고자 했다. 이 과정에서 산업 인허가 및 전략산업 지정 등과 같은 다양한 정책 수단이 활용되었다(성지은·송위진, 2007; 송위진 외, 2007; 장효성·성지은, 2009).

혁신의 주체인 기업 또한 추격 대상을 두고 위로부터의 빠른 의사결정과 일사불란한 강한 추진력을 활용하면서 눈부신 성장을 이룰 수 있었다. 우리 기업은 기술개발 부문에서는 약세를 보였으나 해외 기술을 학습하는 동시에 생산물량, 가격관리, 품질관리 등에서 앞섰기 때문에 경쟁우위에 설 수 있었다.

〈표 9-5〉 혁신정책에서의 정부 역할 및 준거 기준 변화

	추격형 산업기술정책	탈추격형 산업기술정책
혁신 모델	- 선진 기술 모방·학습 전략 - 재빠른 모방자 전략 - 개선 중심의 역엔지니어링과 기술의 상업화에 중점	- 새로운 기술·시장 창출 전략 - 창조적 혁신가 전략 - 독창적·창의적 연구개발과 기술 아키텍처 능력 중시
정책의 주요 준거기준	- 단기적 효율성 강조 → 단기적 응용·전략기술 강조	- 장기적 사회 파급효과 강조 → 공공기술 및 기초·원천기술 강조
정부의 역할	- 직접 혁신체제 구축 및 기술자원 공급의 통치자 역할 - 기술공급자 중심의 정부 주도적 정책 수립·집행	- 혁신환경 기반 조성의 혁신의 촉진자·조정자 역할 강조 - 현장 및 수요자 중심의 정책 수립·집행 강조
주요 정책수단	- 기업에 대한 보조금과 조세 감면 - 전략 산업 및 기술에 대한 지원 - 기술도입 규제 및 정부 구매 - 기술개발활동 예산 지원 및 설비 투자 지원	- 기술인프라 설비 지원 및 인센티브 제공 - 제도 및 규제 정비 - 공통의 지식 플랫폼 구축 - 기술표준화 및 지적재산권 정책

자료: 송위진 외(2007: 298), 재수정. 장효성·성지은(2009).

그러나 이제 한국은 휴대전화, 디스플레이, 반도체 등 일부 품목에서 세계적 선도자로 진입하고 있으며 모방자에서 혁신자로 그 위치를 바꿔야 하는 전환의 상황을 맞고 있다. 그동안 한국은 모방을 근간으로 기술개발을 해왔기 때문에 실패하지 않는 빠른 학습이 중요했고 실패 용인의 이유가 부족했으나, 이제는 문화적인 자유분방함과 폭넓은 상상력, 실패를 두려워하지 않는 창의성 분출 등이 필요한 시점이다(손동원, 2007).

기존 타깃팅 중심의 정부정책은 이러한 변화를 반영하여 공공성을 띠면서 파급효과가 큰 혁신 기반과 공공 인프라 구축 위주로 바뀌고 있다. 기술혁신의 많은 부분이 혁신주체인 기업으로 넘어가고, 정부는 지식 기반의 연계 강화와 주체 간의 협력을 지원하는 방향으로 변화하게 되는 것이다. 이는 WTO 규제강화 등 기술시장 환경변화로 인해 보조금 지급이나 승자

뽑기 등과 같은 직접적인 정부 개입이 어려워졌기 때문이기도 하다. 더구나 직접적인 정부 지원으로 인해 정경유착 같은 정부 실패 현상이 나타나면서 과거의 통치자적인 정부 역할에 대한 반성이 이루어지고 있다.

단기적인 효율성 중심의 특정 유망 기술·산업 지원에서 장기적인 사회적 파급효과를 강조하는 공공 혁신 인프라 구축으로의 정부 역할 변화는 혁신 촉진을 위한 환경 및 인프라 조성의 간접적인 지원정책을 강조하고 있다. 이 과정에서 혁신시스템 전환을 위한 비전 창출 및 광범위한 정책 조정을 이끌어내는 정부의 전환가적 리더십이 강하게 요구되고 있다(성지은, 2006; 송위진 외, 2007).

3. 새로운 방향성과 대안

최근 한국은 사회 및 정책 전반에 걸쳐 새롭게 환경을 설정하고 독자적인 경로를 창출해야 하는 시스템 전환의 상황을 맞이하고 있다. 그러나 시스템 전환을 위한 정책 의제의 형성 및 수용, 총체적인 정책 설계, 유기적인 행정체제 구축, 전환을 위한 합의 도출과 지지 확보 등이 부족하다. 과거 추격 시기를 거치면서 형성되어온 정부 주도의 하향적 정책 네트워크가 여전히 강하게 자리 잡고 있으며, 기존 시스템의 틀을 유지 또는 재생산하는 고정관념에서 크게 벗어나지 못하고 있기 때문이다. 정치적 구호에 머물고 있는 전환 의제와 실제 일하는 방식이 서로 연계되지 못하고 있는데, 전환에 대한 사회적 합의가 미흡할 경우 다양한 정책 실험이나 체제 개편 노력은 목표의 지연이나 실패로 나타날 가능성이 높다.

〈그림 9-4〉에서 볼 수 있듯이 탈추격으로의 혁신시스템 전환이 성공하기 위해서는 기술·사회(시장·제도) 시스템에 대한 발전 비전을 도출하고 그

<그림 9-4> 탈추격 혁신시스템 전환을 위한 정책 조정 및 통합의 필요성

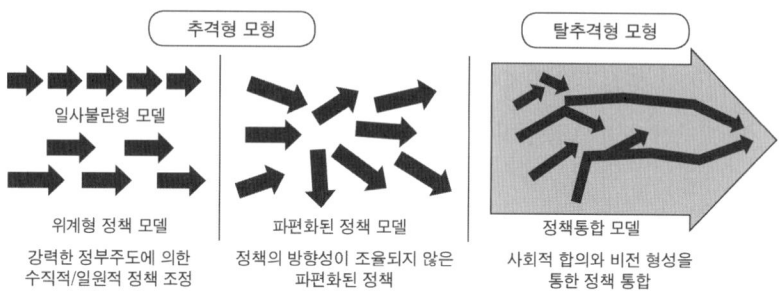

자료: 성지은(2008). 일부 내용 수정.

동안 각개약진식으로 발전해온 다양한 기술적·제도적 요소를 이에 맞춰 새롭게 배열할 필요가 있다. 이때 공동으로 지향할 가치와 원칙을 담은 발전 비전은 새로운 기술과 사회를 구성해가는 활동 방향을 제시해주고 다양한 이해당사자들을 동일한 방향으로 정렬하는 역할을 하게 된다.

또한 새롭게 시작한 전환 정책이 실효성을 가지기 위해서는 위로부터의 정치적 리더십뿐만 아니라 아래로부터의 꾸준한 지지와 변화 의지를 이끌어낼 수 있어야 한다. 단기적 문제해결에 치중하기보다 문제를 종합적으로 보고 근본적인 해결을 강구해야 하며 정치 변동과는 무관한 정책의 일관성과 신뢰를 확보해야 한다. 이를 위해서는 정책 필요성과 파급효과에 대해 사회 전반에 걸친 공감대를 형성할 필요가 있다. 국가와 범부처 수준에서 공동으로 기획하고 미션과 문제해결을 중심으로 부처 간 연계 및 협력을 이끌어낼 때 사회적 합의에 다가갈 수 있으며 정책 성공의 가능성이 높아진다. 이를 기반으로 관련 제도가 정비되어야 할 뿐만 아니라 관련 업무를 뒷받침할 수 있는 지속적인 보완 조치가 이루어져야 한다. 새로운 전

〈그림 9-5〉 탈추격 혁신시스템 전환을 위한 정부의 역할

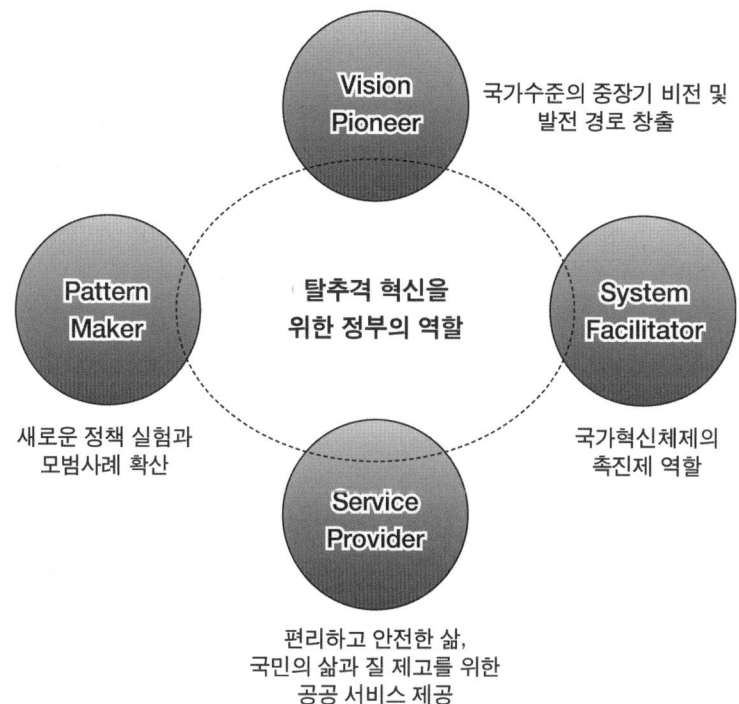

환을 위한 시스템 설계에는 쉽게 변화하지 않는 문화 형성까지 포함되어 있다. 하드웨어적 개편에 그치는 것이 아니라 일하는 방식과 조직문화 등 소프트웨어적 측면이 함께 변화할 때 전환은 제대로 성공할 수 있다(성지은·송위진, 2010).

이 과정에서 추격 시기와 마찬가지로 정부 역할은 필수적이다. 다만 대상이 명확하게 주어지는 추격 단계에서는 정부가 직접적으로 연구를 지원하거나 구체적인 정책 방향을 제시하는 등 보다 우월한 입장에서 적극적인 개입을 전개했으나, 탈추격 단계에서는 경로의 탐지와 해결책 모색을 위한 정부-민간 간 파트너십이 강조된다. 혁신주체 간의 상호작용과 집합적 혁

신이 요구되기 때문에 정부는 변화를 주도하되, 전환 과정에서 제기되는 불확실성과 정치적 갈등을 조정하는 조정자 또는 협상가의 역할을 담당한다(성지은·송위진, 2010; 성지은 외, 2010). 구체적으로 시스템 전환을 위한 비전 창출과 광범위한 정책 조정을 이끌어내는 비전 창출자 Vision Pioneer, 전환 과정을 지속하거나 갈등을 조정하는 시스템 촉진자 System Facilitator, 정책 실험을 통해 성공의 경험을 확대·발전시켜 나가는 정책의 패턴 형성자 pattern maker, 국민의 편리하고 안전한 삶을 보장할 수 있는 서비스 제공자 Service Provider로서의 역할이 강화될 필요가 있다.

참고문헌

국가과학기술위원회. 2009.1.13. "국가R&D 성과분석 및 시사점(안)".

_____. 2011.8.1. "국책 연구, 유사·중복 심각".

_____. 2012.8. "2013년도 국가연구개발사업 예산배분·조정 개요".

성지은. 2006. 「탈추격단계에서의 정책과 행정체제 변화」. ≪과학기술학연구≫. 제6권 제2호.

_____. 2008. 「탈추격형 혁신과 정부의 역할」. ≪과학기술정책≫, 11·12월호.

성지은·송위진. 2007. 「총체적 혁신정책의 이론과 적용: 핀란드와 한국의 사례」. ≪기술혁신학회지≫. 제10권 3호.

_____. 2008. 「정책조정의 새로운 접근으로서 정책통합: 과학기술혁신정책을 중심으로」. ≪기술혁신학회지≫. 제11권 3호.

_____. 2010. 「탈추격형 혁신과 통합적 혁신정책」. ≪과학기술학연구≫, 제10권 제2호.

성지은 외. 2009. "통합적 혁신정책 구현을 위한 정책조정방식 설계". 과학기술정책연구원.

_____. 2010. "미래지향형 과학기술혁신 거버넌스 설계 및 개선방안". 과학기술정책연구원 정책연구.

손동원. 2007. "기업 생로병사의 비밀". 삼성경제연구소.

송위진 외. 2007. "脫추격형 기술혁신체제의 모색". 과학기술정책연구원.

≪연합뉴스≫. 2011.8.1. "국과위 '국책 연구, 유사·중복 심각하다'".

이장우. 2011. 『패자없는 게임의 룰 동반성장』. 미래인.

장효성·성지은. 2009. 「산업기술정책의 정부개입 정당성과 정부의 역할 변화」. ≪과학기술학연구≫, 제9권 제1호.

테크노베이션파트너스. 2007. "산업자원부 신산업기술혁신시스템 구축방안 연구". 한국산업기술평가원.

함정호. 2004. 『선진국 진입을 위한 한국경제의 새로운 성장전략』, 지식산업사.

10

추격형 지역정책 진단과 전망
참여정부·이명박정부 지역정책을 중심으로

이용숙 _고려대학교 행정학과 교수
황은정 _고려대학교 행정학과 박사수료
민지혜 _고려대학교 행정학과 석사과정

1. 문제제기

산업화 이후 정부는 지속적인 지역정책을 시행했지만, 수도권과 비수도권의 지역 간 격차는 줄어들지 않고 오히려 자생성과 경쟁력 있는 비수도권 지역도 등장하지 않는 것이 우리의 현실이다. 이는 추격형 경제성장 정책의 우위에 가려 수도권의 성장을 관리하는 수동적인 지역정책이 추진되는 반면, 각 지역의 독자적인 발전을 가능하게 하는 적극적인 지역정책이 부재했기 때문이다. 이에 참여정부와 이명박정부는 신지역주의New regionalism에 기반을 둔 상향식 지역개발 전략을 표방하면서 지방분권·자율을 통한 지역 주도적 혁신체제로의 전환을 추구하고자 했다. 참여정부는 '지역 간 불균형 해소와 자립형 지방화 촉진'이라는 국가균형발전 전략을 추진하면서 행정중심복합도시, 혁신도시, 기업도시 등의 건설을 통한 수도권에 집중된 기능들의 지방 분산이라는 강력한 물리적 수단을 동원했다. 반면 이명박정부는 광역경제권을 설정하여 세계화, 지식 기반 경제사회에 부응하는 경쟁력 있는 광역권 지역의 창조를 정책적으로 기획했다. 그러나 이러한 정책적 노력에도 지역 격차 해소와 세계 경쟁력을 갖춘 비수도권 광역경제권 혹은 지역의 출현은 요원하다.

이에 이 글에서는 신지역주의를 표방하면서 새로운 지역정책을 추진했다고 자평하는 참여정부의 국가균형발전정책과 이명박정부의 광역경제권 정책을 비판적으로 분석·평가하고, 한국형 지역발전 모델의 가능성과 한계를 검토하고자 한다. 이에 앞서 본 연구는 참여정부의 국가균형발전정책과 이명박정부의 광역경제권 정책을 모두 추격형 지역정책이라고 규정하고자 한다. 이는 두 정부의 지역정책 모두 그 정책이 입안될 당시 서구에서 유행하던 유럽연합의 지역혁신체제론과 영국의 광역화(RDA: Regional Development Area)모델을 무늬만 모방했을 뿐 내용적으로는 여전히 성장 위주의 공간개발 정책을 추진했기 때문이다. 또한 비록 두 정책 모두 수사적으로는 신지역주의에 기반을 둔 상향식 지역개발 방식임을 표방하나, 실질적으로는 중앙정부 주도의 신중앙집권화를 초래하고 결과적으로 상향식 대 하향식이라는 이분법적 사고체계에 갇혀 있기 때문이다. 또한 기존의 정책 추진 기관이 정리 및 조정 없이, 새로이 정책 추진 기관들을 설립하여 지역 거버넌스 구조를 한층 더 복잡하게 만들어 문제해결의 과정을 더 어렵게 만들었다. 이렇듯 두 정부의 지역정책이 추격형에서 벗어나지 못하고 여전히 경제성장정책이나 산업정책에 우위를 밀려 지역 간 불균형 해소와 경쟁력 있는 자립형 지방화 촉진에 긍정적으로 기여하지 못했다는 비판을 피하기 어렵다.

따라서 이 글에서는 이 두 정부의 지역정책의 핵심적 내용을 분석하고, 두 정책의 가능성과 한계를 비판적으로 고찰하고자 한다. 또한 이러한 비판적 분석을 통해 탈추격형 지역정책의 조건들을 밝히고, 탈추격형 지역정책의 가능성을 모색해보고자 한다.

2. 추격형 대 탈추격 지역정책의 성격 및 내용

한국의 기존 지역정책들은 추격형 정책의 전형적인 모습을 보인다. 추격형 지역정책의 특징은 다음과 같다. 첫째, 성장 혹은 경쟁력 담론에 압도되어 본래의 목표 대신 중앙정부의 경제정책이나 산업정책의 도구화가 되기 쉽다. 둘째, 상부기관의 주도성에 밀려 지자체가 정책기획 기능 없이 집행만을 담당함으로써 정책의 기획과 집행의 명확한 분리를 보인다. 셋째, 지역정책 예산을 전적으로 중앙정부에 의존하여 자체 자금조달 능력이 거의 전무하다. 넷째, 추격형 지역정책은 추진 주체가 중앙정부, 지방정부와 지역 내 제한된 행위자들로 국한되며, 그들의 관계가 수직적이고 위계적이다. 다섯째, 추격형 지역정책의 결과로서 지역 내 혁신이 미미하며 지역 내에서 인재를 양성하는 기제가 거의 작동되지 않고 인재유출을 결과한다. 마지막으로 추격형 지역정책은 기존의 선진국에서 추진되는 전략이나 프로그램들을 한국적 맥락에 대한 고려 없이 그대로 복제·실행하는 특징을 지닌다.

이에 비해 탈추격형 지역정책은 우선 자립형 지역발전이나 지역균형이라는 지역정책의 고유의 목표를 추구한다. 둘째, 정책 기획과 집행의 이분법에서 벗어나 상부기관이나 지자체 측 모두 사안에 따라 정책의 기획 및 집행 기능을 수행할 수 있다. 셋째, 지역정책을 추진하는 데 중앙정부의 교부금에만 전적으로 의존하지 않으며, 지역 내 자체 사업을 발굴하거나 다른 공간적 층위에서 활동하는 행위자들의 사업과 연계함으로써 자체 예산 능력을 지닌다. 넷째, 지역정책 기획 및 집행 과정에 중앙정부나 지방정부뿐만 아니라 다양한 공간에서 활동하는 행위자들(세계기구, 다국적 기업, NGOs, 사회적 기업 및 협동조합 등)을 적극적으로 끌어들여 다자간 전략적 제휴 및 결합을 추구한다. 다섯째, 지역정책의 결과로서 지역 내 혁신이 가능하고 지역 내 인재양성이 가능하다. 마지막으로 기존의 선진국 지역정책을 그대로 모사하는 것이 아니라, 한국적 맥락에 맞는 독자적인 프로그램과 전략의 탐색과 추진이 가능하다.

참여정부와 이명박정부의 지역정책은 상향식 지역개발과 자립형 지방화를 표방하기 때문에 그 이전의 의존형 지방화 지역정책과는 일정 정도 거리를 둔다고 볼 수 있다.[1] 따라서 이 글에서는 보다 면밀한 분석을 통해 두 정책의 성격을 규명하고자 하며, 이에 앞서 두 정책의 핵심적 내용을 소개하고자 한다.

1) 참여정부의 균형발전 정책

참여정부는 국가균형발전정책을 통해 수도권 일극 집중 가속화의 문제점을 지적하면서 각 지역에 특화된 내생적 발전 전략에 기반을 둔 다핵분산형 발전 모델의 구축을 추진했다. 과거의 중앙정부 위주의 투입주도형, 정부주도형 성장 모델과는 달리 참여정부의 지역정책은 지역의 특성화 발전 모델로 전환하는 것을 정책의 핵심 내용으로 삼는다. 즉, 지역 내 혁신주체 간의 협력을 구축하고 이들의 협력을 주체로 하는 거버넌스적인 지역개발의 필요성을 강조했다. 참여정부의 지역정책의 핵심 목표는 지역 간 균형발전이며, 이를 위해 지방분권 3대 특별법(「지방분권특별법」, 「지역균형발전특별법」, 「신행정수도건설특별법」)을 제정하면서 법적 기반을 마련했다. 또한 지역혁신체제를 구축하고 국가균형발전위원회 및 지역혁신협의회를

---

[1] 두 정부의 지역정책이 기대했던 바를 결과했는지 그 성과를 평가하는 것은 아직 시기상조일 수 있는데, 이는 참여정부의 행정복합도시, 혁신도시, 기업도시는 이제 조성을 끝냈거나 조성 중에 있고 광역경제권 정책 역시 이제 집행이 시작되고 있기 때문이다. 두 정책의 효과 및 성과에 대한 평가는 차후에 엄밀히 진행되어야 한다.

설치하여 자립형 지방화의 제도적 기반을 구축했다(Lee, 2009; 김영정, 2003; 권오혁, 2004; 이양수, 2007).

참여정부의 국가균형발전정책은 혁신정책, 균형정책, 산업정책, 공간정책, 질적 발전정책의 5대 정책으로 요약된다(국가균형발전위원회, 2006). 우선 내생적 발전의 혁신적 주체를 형성하기 위해 혁신정책을 추진했으며, 그 시책으로 지역혁신협의회 구성을 통한 지역혁신체계 구축과 지방대학 육성을 통한 지역인재 양성을 도모했다. 둘째, 낙후지역의 지역발전을 위해 균형정책을 추진했는데, 구체적인 시책으로 신활력사업과 지역특화발전특구 육성을 시도했다. 셋째, 지역에 특화된 산업을 육성하기 위해 지역전략산업을 16개 광역시도에 각 4개씩 지정 및 지원했으며 12대 혁신클러스터 육성을 추진했다. 넷째, 수도권 과밀을 해소하고 다른 지역의 활력을 증진시키기 위해 중앙 공공기관의 이전을 통한 행정중심복합도시, 혁신도시 및 기업도시의 건설을 추진했다. 마지막으로 수도권 및 비수도권의 질적 발전을 위해 '2005 수도권발전 종합대책'과 비수도권의 '살기 좋은 지역 만들기' 프로젝트를 시행했다(성경륭·이수훈·박양호 외, 2005; 권영섭 외, 2006).

2) 이명박정부의 광역경제권 정책

이명박정부는 지역정책의 비전으로 '일자리와 삶의 질이 보장되는 경쟁력 있는 지역창조'를 내세우고 이를 위해 광역경제권 지역발전정책을 추진했다(지역발전위원회, 2008). 광역권개발전략은 시·도 단위의 분절적 지역정책 관행을 극복하고 지역 차원에서 자발적인 프로젝트의 발굴과 수행을 할 수 있는 역량을 제고하며, 광역권 간의 경계를 넘어선 연계·협력으로 지역산업 발전과 성장의 기반을 마련하는 것을 핵심 내용으로 삼았다. 또한 세계화 시대에 발맞추어 지역의 경쟁력을 강화시키고 불필요한 중복적 투자를 제거할 수 있도록 지역정책 수행의 단위를 기초생활권, 광역경제권, 초광역개발권의 3축으로 나누어 접근했다. 그러나 그중 광역경제권 지역발전정책만이 구체화되어 추진되었다. 이명박정부는 광역경제권 지역정책을 통해 (1) 광역 선도산업을 육성하려 했고, (2) 광역경제권 연계·협력사업을 추진했으며, (3) 인력 양성사업을 진행했으며, (4) 30대 선도 SOC 사업을 추진했다.[2]

첫째, 광역 선도 프로젝트의 추진은 지식경제부에 의해 주도되었으며, 글로벌 경쟁력 강화와 부가가치 창출을 위해 지역별로 광역경제권 발전기반을 확충하는 것이었다. 이를 위해 국가재정과 민간자본 등 재원을 충분히 활용하여 향후 5년간 50조 원을 집중 투자한다는 계획이었다(지역발전위원회, 2008). 특히 30개 신도 프로젝트의 추진을 통해 지역별로 차별화된 발전 비전을 발굴하도록 했으며, 중앙정부에서는 지역의 우선순위, 국가 상위계획과의 부합성, 광역권의 특화발전 비전과 연계성 등을 감안하여 프로젝트를 선정했다. 광역경제권은 수도권, 충청권, 호남권, 대경권, 동남권으로 지정되었으며 강원권과 제주권은 2대 특별광역경제권으로 설정되었다. 이들 광역경제권마다 1~2개의 선도산업을 지정했는데, 경쟁을 통해 경쟁력이 있는 선도산업을 지원하는 방식을 취했다. 또한 지방 법정기구로서 광역경제권발전위원회를 각 광역권역에 설치하여 지역 차원에서 발전 전략과 정책을 발굴·수행하도록 했다.

둘째, 광역경제권 연계·협력사업이 지식경제부에 의해 추진되었는데, 이 사업은 시·도 간 분절된 지역사업 추진을 지양하고 연계와 협력을 강화하기 위한 목적으로 추진되었다. 기업과 대학, 지자체, 지역발전 지원기관,

---

2 30대 SOC 사업은 인프라 구축 사업으로 이명박정부에서만 추진된 것이 아니기 때문에 광역경제권의 핵심 내용으로 다루지 않는다.

비영리 연구기관 등 광역시도 소재 기관에서 2개 이상의 기관이 참여한 컨소시엄이 대상이 되어 광역경제권 발전 비전을 구체화하는 장비구축, 기술개발, 기업 지원서비스, 기획 및 네트워킹 등 모든 지원유형의 세부사업이 포함되었다(지역발전위원회, 2008). 연계·협력사업의 특징은 선도산업 육성사업과 달리 전액 국비를 투입하지 않고 해당 시·도의 지방비 대응투자를 의무화했다는 것이다. 또한 지원 분야나 주관기관도 폭넓게 설정하여 공간적인 연계·협력의 여지를 넓히고자 했다.

셋째, 광역경제권 인재양성사업은 정부의 선도산업 육성사업과 연계하여 지방대학에서 산업발전에 필요한 우수한 인재를 양성하는 것을 목적으로 추진되었다. 인재 육성과 공급을 통해 지역의 내재적 성장잠재력을 제고하고 지방대학, 산업체, 광역협의체, 지역연구소가 광역경제권 선도산업을 매개로 연계하여 지역발전을 위한 인프라를 구축하고 지방대학의 경쟁력을 높이고자 했다(교육과학기술부, 2010b). 구체적으로는 광역권역별로 거점대학을 지정하고 해당 분야의 핵심기술을 공동개발하며 연계교육과정과 프로그램을 개발하도록 했다. 거점대학들을 통해 인력 양성과 교육연구사업을 추진하기 위해 한국과학기술원(충청권), 울산과학기술대(동남권), 포항공과대학(대경권) 등 (수도권 제외) 선도산업별로 1~2개 우수 이공계 대학을 선도산업과 연계시켰다.

3. 추격형 지역정책 평가

앞에서 살펴보았듯이 참여정부의 지역정책은 자립형 내생적 발전전략의 실현을 위한 법적·제도적 기반을 마련했으며, 이명박정부의 지역정책은 중복투자의 가능성을 줄이고 다핵공간구조의 광역경제권을 제시했으나, 두 정부의 지역정책 모두 추격형 틀에 갇혀 여러 가지 문제점들을 노정했다.

1) 물리적 분산책에 기반을 둔 추격형 지역혁신정책

우선 참여정부의 지역정책은 수도권 억제를 통해 지역불균형을 교정하는 데 주력하고 내생적·자립적 지역발전을 달성하겠다는 전략적 목표를 세웠다는 점에서는 기존의 추격형 지역정책의 목표 설정과는 구별된다. 그러나 이러한 탈추격형 정책목표와 달리, 정책이 추진되는 과정에서 지역경쟁력의 담론이 중요하게 부각되면서 지역 간 기계적인 경쟁이 유도되었고(우윤석, 2007; 차성녁·최호진, 2003; 이양수, 2009) 민사유치사업에 의존하는 기업도시라는 신자유주의적인 정책수단이 선택되었다. 이로 인해 균형발전이라는 정책목표와 정책수단 간의 부조화가 발생해 기대만큼 큰 실효성을 거두지 못했다.

둘째, 참여정부는 균형발전정책을 통해 지역 중심의 정책기획의 중요성을 강조하면서 지역정책의 패러다임 전환을 시도했다. 예를 들어 지역에 특화된 산업을 육성하기 위해 지역전략산업을 16개 광역시도 스스로가 선정하도록 추진했던 것은 지역의 정책기획의 중요성을 강조한 것이라 볼 수 있다. 그러나 이러한 상향적·내생적 정책기획의 중요성에 대한 강조에도 불구하고, 지방정부에게 산업정책의 기획 및 수립 권한을 이양하지 않는 대신 중앙정부 소속의 지역 조직들(테크노파크, 클러스터산업단, 지역혁신협의회 등)을 설립했다. 이는 참여정부가 지역개발사업을 중앙정부 주도로 운영했으며, 중앙과 지방정부 간의 역할 분담 및 조정에 실패했음을 보여준다. 따라서 참여정부의 지역정책은 여전히 정책의 기획과 집행이 분리된 추격형 지역정책에서 벗어나지 못했다고 평가할 수 있다.

셋째, 참여정부가 상향적·내생적 발전 전략을 유도했으나, 지역정책 예산에서는 여전히 지역적 안배에 의한 나눠주기식 예산 배분의 관행을 벗어나지 못했다(이양수, 2009). 또한 심지어 중앙정부 내에서도 부처별 연계의 미흡으로 추진된 개발사업들이 부처별로 중복적·경쟁적으로 추진되었고, 중앙정부의 정책 결정과 지방자치단체의 정책 집행 사이의 가교 역할을 할 수 있는 연계 시스템이 부재했다(안영진, 2011). 이는 지방정부의 예산 및 자금 출처가 여전히 중앙정부에만 의존하고 있고 자체 예산 능력이 거의 부재했음을 보여준다.

넷째, 참여정부의 지역정책은 지역 내 혁신주체들 간의 상호작용, 학습 네트워크의 질과 시너지 효과의 창출 등 혁신의 효율적 운영에만 초점을 두면서 내생적indigenous·상향적bottom-up 지역발전론의 중요성을 지나치게 강조했다. 그러나 이러한 접근법은 '외생적 발전 대 내생적 발전', '상향적 모델 대 하향적 모델'이라는 이분법적 사고를 초래하여 다양한 행위자들의 독특한 역할의 중요성을 간과하고 그들 간의 협력 가능성을 축소시켰다.[3] 그 결과 해외직접투자 유치는 수도권에 집중되었으며, 지방에서 성공적으로 다국적 기업이나 세계적 행위자들을 유인한 경우는 드물었다. 이렇듯 참여정부의 지역정책은 내생성에 대한 지나친 강조로 인해 세계화되는 경제에서 성공적으로 글로벌한 생산네트워크에 통합되는 지역들의 전략과 세계화되는 지역개발의 이슈들을 간과했다(Lee, 2009). 다시 말해, 글로벌

---

3 상향적 모델의 지나친 미화로 인해 빚어진 중앙정부와의 불신 및 갈등 심화가 한국적 맥락에 맞는 지역개발 모형을 구축하는 것을 방해할 수 있다. 한국적 맥락에서 중앙정부의 지역사업 혹은 혁신사업은 아직 지역 성장에 근원이 되는 출처이기 때문에 전략적으로 중앙정부의 자원을 지역적 자산과 연계시켜 발전시키는 전략이 현실적으로는 더 적극적으로 고려되고 있고 고려되어야 함에도 불구하고, 이념적으로는 중앙정부와의 긴장·대립·갈등을 조장하여 협력적 모델의 정착을 방해할 수 있다.

생산네트워크와 지역적 자산이 적극적으로 결합되는 현상을 도외시했으며 다양한 행위자들의 전략적 결합이 거의 부재했다.

다섯째, 참여정부는 지역 내부의 역량을 자발적으로 기획하고 추진하는 동력으로서 지역혁신체계를 구축하고 그에 기초한 내생적·자립적 지역발전을 달성해내겠다는 전략을 추구했는데, 이는 기존의 '외생적·타율적 지역발전 전략'에서의 탈피를 주장하는 것이다(김영정, 2003). 그러나 정책이 추진되는 과정에서 행정복합도시, 혁신도시, 기업도시 건설과 같은 외향적인 개발사업들이 정치적으로 부각되면서 지역혁신체제 구축을 통한 혁신의 구체적인 내실을 추구하는 데 미흡했다. 더욱이 이러한 물리적 공간개발 정책들이 수도권 인구분산 효과를 낳을 수는 있어도 혁신을 기대하기는 어렵다는 평가를 받는다(이양수, 2009). 지역혁신정책 역시 지역 내부에서 혁신을 담당할 조직들(테크노파크, 지역혁신협의회, R&D클러스터사업단 등)을 설립하고 누리사업 등을 통해 지방대학을 지원하고 혁신 인력을 양성하는 사업에 주력했다. 그러나 지방에서는 여전히 혁신을 이끌 인재는 부재하고 지방대학은 낙후되고 있으며[4] 수도권으로 지역인재 유출은 지속되고 있다(〈표 10-1〉).[5]

마지막으로 참여정부에 의해 추진된 지역정책들은 '지도적·하향적·의

---

[4] 2011년 현재 191개의 일반 대학 중 정원 미달인 학교는 64개의 학교로, 비수도권 4년제 대학 119개 중 55곳(46.2%)이 재학생 충원률 100% 미달로 나타났다(대학알리미, http://www.academyinfo.go.kr). 지방 사립대의 경우 등록금에 대한 의존률이 높기 때문에 낮은 충원률은 곧 비수도권 대학의 재정 악화와 교육의 질 저하 등의 비수도권 대학 낙후화의 악순환을 낳을 수 있다.

[5] 민주통합당 이용섭 의원은 "학벌주의 만연, 교육 연구 취업 격차로 지방대학 진학을 기피함에 따라 지역 영재 유출과 수도권 인구 집중이 심화하고 지역 균형발전이 저해되고 있다"고 주장하며 지방대학 육성 특별법 제정안을 정기 국회에 제출할 예정이다(미래사회, 2012.10.14, http://mobacle.blog.me/70149069901).

존적 발전 모델'을 극복하고 새로운 지역개발 모델을 창조하려는 참신한 의도에서 도입되었다. 그러나 이러한 의도와는 달리, 참여정부 지역정책의 철학적 기반이 된 지역혁신체제론이 제시한 정책들과 전략들은 한국적 맥락의 특수성에 대한 깊은 고려 없이 모든 지역에 천편일률적으로 모방·적용되었다. 지역혁신체제론이 제시했던 정책이나 전략은 유럽의 학습지역 learning region의 경험들에서 비롯된 것들로, 이를 무비판적으로 소개·적용하는 행위는 전형적인 정책모방이다. 그 결과 한국 맥락에 맞는 탈추격형 지역정책을 추진하는 것과는 거리가 있다. 또한 지역혁신체제에 대한 대부분의 국내 정책보고서들이나 연구들은 유럽에서 이루어져 온 지역혁신체제에 대한 긍정적 부분에만 초점을 두고 한계점들을 외면하면서 지역혁신체제론의 개념적·정책적 의미를 지나치게 확대 해석하는 경향을 보이며 내생적 발전론을 지나치게 미화하는 오류를 범했다(이용숙, 2003).

2) 형식적 광역화: 대기업 특혜지원과 제도의 과잉

광역경제권 지역정책의 성과를 평가하는 것은 아직 시기상조일 수 있으나, 현시점에서 이 정책의 방향성과 성격이 과연 탈추격적이었는지를 점검하는 것은 유의미하다.

첫째, 광역경제권 정책은 수사적으로 균형적 지역발전을 표방하나 실질적으로는 '성장'과 '경쟁'에 더 초점을 두었다(김영수, 2010). 2008년 9월 「국가균형발전특별법」을 「지역발전특별법」으로, 대통령 직속 '국가균형발전위원회'를 '지역발전위원회'로 명칭을 변경할 정도로 균형에 대한 강조를 약화시켰다. 또한 지역혁신발전계획, 계획의 내용, 국가균형발전특별회계의 구분 등에서도 '지역혁신체계'의 개념을 삭제하고 지역발전 역량, 지역경제 활성화 등의 개념을 사용하여 내부 혁신보다 성장 지향적 이념과 경쟁을 강조했다(정원식, 2009). 따라서 지역정책의 목표가 성장 혹은 경쟁력 담론에 압도되어 중앙정부의 경제정책의 도구로 전락되었다고 볼 수 있다.

둘째, 광역경제권 정책은 상향식 지역개발을 표방하고 지역의 자율성을 강조하나 실제로는 신중앙집권화를 결과했다. 정책기획 과정에서 중앙정부의 획일적 운영수단이 적용되었고, 그 결과 권역별 지역발전 계획과 전략에 큰 차이가 없었다. 지역 여건에 맞는 맞춤식 산업 육성전략이 아닌, 획일화된 틀 위에 지역 특수산업과 프로젝트가 첨가된 하향식 지역정책이었다(김용철, 2010). 광역경제권의 구획 설정도 단순한 행정구역에 따른 분류에 지나지 않으며 지역 내부의 역량과 경제력의 차이, 기반산업과 산업 여건, 문화와 정서적 측면이 고려되지 않았다는 비판이 제기되고 있다(정원식, 2009; 김용철, 2010).

셋째, 광역경제권 정책 추진의 예산이 중앙정부 혹은 지방정부의 대응 자금에 국한되어 다양한 예산 출처들을 확보하지 못했다. 이로 인해 광역경제권 정책이 표면적으로 지역산업 지원의 공정성과 지역 간 대등한 수평적 관계를 추구했다고 밝혔으나, 사업 초기에 산업기반 등 잠재적 여건이 갖춰지지 않은 권역은 정부 지원에서 밀려났다. 그 결과 지자체들은 스스로의 예산 능력을 키우기보다는 지역별 예산 배분에서 기존 방식대로 행정구역별 일괄배분을 주장하는 경우가 많았다(안영진, 2011).[6]

넷째, 광역경제권이 단기적 성과 창출에 집착하여 특정 기업들만 혜택을 받는 편파적 결과를 낳았다. 특히 광역경제권 선도사업 선정 및 지원방식은 3년 내의 수출·고용·매출과 유망 상품·기술 개발이라는 정량적 성과를 토대로 차등 지원하는 방침이기 때문에 단기적 성과 창출을 위해 주로

---

6 기존의 광역시도 단위의 행정구역에 익숙한 지자체들은 행정구역을 넘어서는 광역적 연계와 협력사업의 발굴과 전개에 소극적이었다(안영진, 2011).

중견기업 이상을 대상으로 사업화 단계의 기술개발 자금이 집중적으로 지원되었다(김영수, 2010). 그러나 지원을 받은 기업들이 어떻게 지역경제에 기여하고 있는지 검증된 바가 없다. 이러한 결과는 광역경제권 정책의 내재된 한계에서 비롯되었다고 볼 수 있는데, 이 정책이 지나치게 성장과 경쟁에 초점을 두었기 때문이다. 그 결과 광역경제권 정책의 기획 및 집행 과정에서 다양한 경제 행위자들을 유인하지 못했고 대기업 특혜지원이라는 논란만을 낳았다.

다섯째, 광역경제권 정책의 결과로 지역 내 혁신이 증진되었고, 지역 내 인재가 양성되었다는 증후는 아직 거의 없다. 오히려 새로 도입된 각종 프로그램인 선도산업 육성사업, 인재양성사업, 그리고 연계·협력사업 등이 모두 광역경제권 차원에서 유기적으로 통합되지 못하고 있어 지역산업의 진흥과 관련 사업의 추진에 효율적이지 못했다는 비판만 있을 뿐이다(교육과학기술부, 2010a). 즉, 각 프로그램의 연계·협력사업과 인재양성사업이 광역경제권 선도산업과의 긴밀한 연결관계 속에서 시행되지 않아 정책 간 부합도가 떨어졌다고 평가받는다(교육과학기술부, 2010b). 일례로 인재양성사업에서는 선도산업과의 연관성이 낮은 프로그램과 학과들이 다수 포함되어 있고 대학 내 단독사업의 성격으로 광역경제권 정책의 파급효과에 한계가 있는 것으로 보고되고 있다(교육과학기술부, 2010a).

마지막으로 광역경제권 정책은 제도의 과잉이라는 결과를 초래했는데, 이는 기존의 광역 행정구역에 대한 구조조정 없이 영국에서 추진된 광역화 RDA 모델을 한국적 맥락에 표면적으로만 들여와 적용했기 때문이다. 광역경제권 사업을 효과적으로 감독하기 위해 광역발전위원회[7]라는 별도의 기

---

7 광역발전위원회는 광역계획의 수립, 협력사업의 발굴, 광역사업의 평가와 조정 역할을 담당하는 것으로 명시되어 있다(김두환·김류희, 2010).

구를 설립한 것은 제도적 성과라고 볼 수도 있다. 그러나 기존의 광역기구 및 지역 거버넌스 조직들이 상존하는 상황에서 새로운 조직의 설립은 오히려 제도의 과잉을 가져왔다. 기존의 지역기구들과 광역경제권발전위원회 사무국, 선도산업지원단, 테크노파크 등 지역발전 유관기관들의 업무와의 중복과 혼선이 초래되어 오히려 더욱 복잡한 거버넌스 체계를 형성시켰다고 볼 수 있다. 또한 광역위원회의 법적 위상이 의결기구, 협의기구의 역할에 지나지 않고 집행 기능과 이를 관리할 재정수단이 결여되어, 계획 수립, 연계·협력사업의 발굴 및 재원 분담, 사업의 관리와 평가 등 외연적 관리업무만을 담당하고 있는 상황이다. 계획은 광역위원회가 수립한다 해도 그 집행은 중앙정부가 지방의 산하기관과 시·도를 통해 이루어지는 이원적 체계로 정책집행의 조율이 약화되었다. 이로 인해 이해관계가 다른 광역권 간을 조정할 수 있는 기제나 네트워크가 취약하게 되었다(김선기, 2011). 그 결과 현재 권역 내 이해관계 조정, 사업의 통합 기능을 수행해야 하는 광역경제권발전위원회가 제대로 역할을 하지 못하고 있으며 기존의 지역기구들과 차별화되는 기능과 업무를 실제적으로 수행하지 못하고 있어 행정체계의 중복과 비효율성이 발생되고 있다.

이상에서 두 정부의 지역정책의 핵심 내용을 살펴보았는데, 두 정책 모두 추격형의 틀에서 벗어나지 못했다. 참여정부의 지역정책은 물리적 분산에 기반을 둔 균형에 초점을 두었고, 이명박정부의 지역정책은 국가 및 국토의 경쟁력 강화를 위한 경쟁을 강조했으나, 수사학적으로는 둘 모두 균형과 경쟁을 추구한다고 밝히고 있다. 그런데 이 두 목표의 상충점을 완화시키는 작동 기재에 대한 준비 없이 필요에 따라 임시방편적으로 균형과 경쟁을 강화시키는 정책 도구들을 이용하는 것은 지역정책의 철학 부재를 의미한다. 이는 두 정책 모두 그 당시 서구에서 유행하던 이론적 논의들과

<표 10-1> 고급인재 이동 현황 비교

(단위: %)

		수도권	충청권	호남권	대경권	동남권	강원권	제주권
2005	지역잔존율	89.2	75.1	87.4	80.1	91.7	66.2	91.2
	수도권유출률		15.9	9.5	8.0	4.6	27.0	5.7
2009	지역잔존율	91.5	42.3	65.6	59.2	77.5	39.2	74.3
	수도권유출률		51.0	25.0	22.4	15.1	56.4	19.9

자료: 산업연구원(2012: 2).

정책들을 무비판적으로 한국적 맥락에 적용시켰던 사실과 무관하지 않다. 또한 두 정책 모두 원론적으로 분권과 자율의 중요성을 강조했지만 정책기획에서는 지역의 수용 능력의 한계를 주장하면서 정책기획의 기능을 지방에 위임하지 않았다. 그 결과 신중앙집권화라는 비판을 받고 있으며, 중앙과 지방정부 간의 역할 분담에 대한 협의는 실패했고, 중앙과 지방 간 불신의 골은 깊어지고 있다. 그리고 두 정책 모두 제도의 과잉 속에 역설적이게도 정책을 이끌 지역인재를 양성하는 데 성공하지 못했다(<표 10-1>). 수도권을 제외한 모든 광역권에서 대학졸업 인력의 수도권으로의 유출·집중 현상이 심화되었다. 특히 수도권과 인접한 충청권과 강원권에서 심화되고 있다. 충청권의 경우 대학졸업생의 수도권 유출률은 2005년 15.9%에서 2009년 51.0%로 상승했고, 강원권은 27.0%에서 56.4%로 상승했다. 마지막으로 기존의 제도 및 기관들에 대한 정리 및 조정 없이 새로운 제도와 조직들을 설립함으로써 지역 내 조정의 가능성을 한층 어렵게 만들었다.

4. 자립형 지방화 가능성 모색: 대덕과 통영

두 정부의 추격형 지역정책의 한계에 기인해 탈추격형 지역발전의 모델은 아직 등장하고 있지 않지만, 상향식 발전 모델에 대한 강조와 투자의 결과 몇몇 지역에서 지역 주도적 발전의 가능성이 싹트고 있다. 지속적인 중앙정부의 막대한 지원과 투자에 힘입어 대덕연구개발특구에서 가시적인 성과들이 나오고 있으며, 중앙정부의 지원과 무관하게 통영에서 시작된 음악제가 세계적인 음악제로 자리매김하고 있다.

1973년 중앙정부의 집중적 투자로 시작되었던 대덕연구개발특구는 중앙정부의 출연연구기관을 중심으로 국가연구사업의 중심 주체로서의 역할을 해왔다. 그러나 대덕연구단지는 공공부문에서 개발된 기술을 지역 내에 상용화 및 사업화시키는 데에는 한계가 있었으며 지역과의 연계는 매우 미약했다. 1990년대 말 대덕밸리 선포 이후 상용화의 중요성이 강조되면서 대덕연구단지와 그 주변으로 기술집약적인 중소기업들이 창업하기 시작했으며 민간 대기업의 연구소들이 집적하기 시작했다. 창업과 민간연구소들의 집적은 정부출연연구기관 중심의 대덕연구단지의 성격을 다소 변화시키긴 했지만, 여전히 이 시기 창업한 벤처기업들은 사업화에 성공하면 수도권으로 이전하는 경향이 지속되었다(Lee et al., 2011; Lee, 2007; 이진형, 2006).

그러나 2004년 대덕연구단지가 대덕연구개발특구로 지정된 이래 공공연구부문의 연구 성과들이 더욱 적극적으로 사업화되었으며, 그 결과 기술집약적인 중소기업들이 등장, 이 지역에 착근하면서 자립형 지방화의 가능성을 보여주고 있다. 이 책에 포함된 황혜란의 연구에 따르면 1,200여 개의 기업체들은 지역 내 공공연구기관, 대학, 대기업 연구기관 혹은 초기 창업 벤처기업으로부터 재 스핀오프되어 나온 기술집약형 중소기업으로, 대기업에 의존하는 한국의 전형적인 중소기업과는 대조적이며, 이들 중 첨단업종에 종사하는 20여 개의 고기술군 기업들은 기술사업화 가능성이 한층 높다고 한다(이 책 제7장 참고). 바로 이러한 이유로 대기업에의 납품이나 기술력에 의존하지 않는 기술집약형 중소기업들이 집적한 대덕연구개발특구는 새로운 형태의 자립형 지역발전의 가능성을 보여준다고 할 수 있다.

대덕연구개발특구 사례는 자립형 지역발전 모델 구축방식에 중요한 시사점을 제시한다. 이동통신의 글로벌 표준이 된 CDMA, 날아다니는 배로 불리는 위그선 등을 개발한 최첨단 고기술군 기업들의 출현은 자립형 지방화의 가능성을 보여주는데, 이러한 성과는 지난 40년간 중앙정부로부터의 막대한 지원 없이는 불가능했다. 대덕의 사례는 지방의 역량뿐 아니라 중앙으로부터의 지원이 자립형 지방화에 매우 중요하다는 사실을 역설적으로 보여준다. 대덕의 더 큰 성공을 위해 중앙정부는 더 적극적으로 지방에 기획과 집행의 권한을 이양하는 것이 바람직하며, 지방 역시 중앙집권의 폐해만을 지적하면서 중앙정부와 대립하기보다는 협력적 분업 속에서 중앙정부의 자원들을 더 적극적으로 활용하는 방안을 찾는 것이 현명한 선택이다.

통영 역시 자립형 지방화의 가능성을 보여주는 사례이다. 인구 14만의 작은 항구도시인 통영은 수산업을 경제활동의 기반으로 하고 있기 때문에 다른 중소도시들과 유사하게 인구 유출과 경제발전의 정체 등을 겪고 있다. 또한 수도권과도 멀고 접근성도 매우 낮은 편이다. 이러한 악조건 속에서 서울에서도 하기 힘든 국제음악제를 2013년 현재 12회째 성공적으로 개최하고 있다. 이러한 성공은 통영시 정부의 선도적인 노력과 통영의 지역적 자산들(예향으로서의 문화예술 전통과 통영의 유수한 자연경관)을 세계의 유명한 음악가들과 전략적으로 결합시켜 가능했다. 미국의 저명한 작곡가인 스트라빈스키Igor Stravinsky가 참가했을 뿐만 아니라 지금까지 정명훈과 라디오 프랑스 필하모니, 주빈 메타Zubin Mehta와 빈 필하모니 오케스트라, 발레리 폴란스키Valeri Polyansky와 러시아 국립 카펠라 오케스트라 등이 매해 통영을 찾았다. 또한 거의 매해 통영국제음악제의 개막식과 폐막식은 매진되었고, 전체 공연의 객석 점유율이 80%, 그중 유료 관객이 60~70%에 이르렀으며(≪한국일보≫, 2002; ≪오마이뉴스≫, 2007), 2011년 개막식은 티켓 판매 한 달 만에 매진이 되는 등 평일에도 계속되는 소도시의 국제음악제로서는 극히 드문 성공을 거두었다(≪예술이 흐르는 강≫, 2011).

대덕이 중앙정부로부터 막대한 지원을 통해 창업 벤처 중심의 지역경제 생태계 형성의 토대를 갖출 수 있었던 반면에, 통영은 중앙정부의 지원이 아닌 지역이 자발적으로 해외에서 활동하는 저명한 음악가들을 지역자산들과 결합시켜 발전을 꾀하는 자립형 지방화의 새로운 가능성을 보여주고 있다. 또한 통영은 제조업 중심의 지역개발방식(대기업이나 초국적기업으로부터의 투자 유치를 통한 개발방식)이 아닌 문화예술을 활용하는 새로운 지역발전의 방식을 시도하고 있기 때문에 탈추격 지역개발 사례로 그 의미가 크다 하겠다.

5. 결론: 탈추격형 지역정책을 위한 제안

대덕과 통영의 사례는 탈추격형 지역발전을 추구하는 데 많은 시사점을 준다. 두 사례 모두에서 탈추격의 가능성을 찾을 수 있지만 두 사례들을 탈추격형 지역발전의 완료형으로 볼 수는 없다. 대덕의 경우 여전히 중앙정부 지원에의 의존도가 높으며, 통영의 경우 지방정부의 막대한 지원에 기인한 국제음악제의 성공이 지역발전에 어느 정도 기여했으며 지역주민들이 어느 정도로 수혜를 얻었는지가 불분명하기 때문이다. 이러한 미완의 사례들을 탈추격형 지역발전으로 완성시키기 위해서는 중앙정부 차원에서 탈추격형 지역정책으로의 이행이 필요하다. 탈추격형 지역정책을 추진하기 위해서는 중앙과 지방의 대립을 유발할 가능성이 큰 상향식 대 하향식이라는 이분법적 접근법에서 벗어나야 한다.

탈추격형 지역정책이 구체화되기 위해서는 먼저 국가의 새로운 역할에 대한 규명이 필요하다. 다양한 행위자들의 상호작용과 이해관계를 조정하기 위해서 범지구적인 행위자인 다국적 기업들 및 국제기구들과 지역경제 행위자들을 연계시키는 중재자로서의 국가의 역할(이용숙·허인혜, 2009, 2010)과 부처이기주의를 극복할 수 있는 통합예산에 기반을 둔 조정자로서의 국가의 역할에 대한 재조명이 필요하다(성지은·송위진, 2010). 탈추격형 지역정책에서는 다양한 공간에서 활동하는 행위자들 간의 상호작용 및 전략적 조정이 보장되어야 한다. 전지구적-국가적global-national 차원, 전지구적-국지적global-local 차원, 국가적-지구적national-local 차원에서 행위자들 간의 전략적 조정이 가능할 때 탈추격형 지역정책이 성공할 수 있다(〈그림 10-1〉). 다시 말해 탈추격형 지역정책의 중요한 조건은 다양한 공간에서 활동하는 행위자들 간의 전략적 조정이 가능한 다규모적 거버넌스가 갖춰져야 한다.

탈추격형 지역정책은 지방의 자립화를 추진해야 하는데, 이를 위해서는 우선 중앙정부와 지방정부 간의 역할 재조정이 필요하다. 중앙집권의 폐해를 시정하고 지방의 자립화를 이루기 위해 중앙과 지방정부 간의 협력적 역할 분담이 필요하다. 그 역할 분담의 기본 골자는 계획수립과 집행은 지자체가 담당하고 사후평가, 조정 및 관리는 중앙정부가 책임지는 지방과 중앙 간의 협력적 분권이어야 한다(이용숙, 2003; 정준호, 2003). 또한 지방의 자립화를 위해서는 지역개발 수단의 지방화가 시급하다. 지역개발 수단의 지역화를 위해 인력의 활용, 세원 확충, 중앙정부 지원금의 사용에 대해서는 지방자치단체의 판단과 권한이 최대한 존중되어야 하며, 현재 지역에서 요구되는 포괄보조금제에 대한 적극적인 고려가 필요하다. 이를 위해서는 중앙정부 부처들이 추진하는 지역과 관련된 사업들에 대해 재조정해야 한다. 포괄보조금제를 도입 및 정착시키기 위해서는 재정분권의 범위 조정에

<그림 10-1> 다규모적 거버넌스: 삼각 규모 간 조정
(Multi-scalar governance: Triangular inter-scalar coordination)

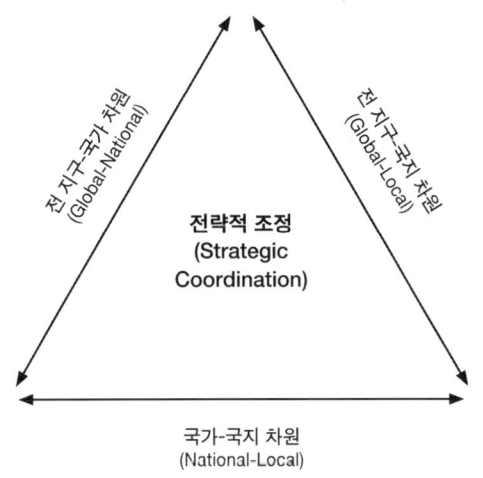

자료: Lee(2009).

대한 엄밀한 연구가 필요하다. 지자체들이 자립화를 추진할 수 있는 역량이 모두 다르기 때문에 재정분권을 전면적으로 실시하는 것은 오히려 여건이 미성숙된 지방정부의 파산을 결과할 수도 있다. 재정분권의 범위를 조정하기 위해서는 지역 역량과 이해관계에 대한 파악이 선행되어야 하며, 지방정부의 여건 미성숙이 결과할 폐해들에 대한 정책적 대안도 함께 마련되어야 한다. 또한 탈추격 지역정책의 추진을 위해서 선결되어야 할 점은 두 정부를 거치면서 경쟁적으로 설립된 지역 내 지역혁신이나 광역화와 관련된 기관들이나 조직들을 재조정하는 것이다. 중복된 기관들과 기능들을 정리해야 제도의 과잉과 복잡한 지역 거버넌스에서 탈피할 수 있고, 지역정책을 일관적으로 추진할 수 있다.

마지막으로 물리적 공간 정책이 아닌, 참여정부에 의해 제기되었던 지역의 혁신시스템 형성의 중요성을 재인식하고, 그 내용 채우기에 대한 실험이 보다 적극적으로 모색되어야 한다. 이를 위해 물리적 분산에 초점을 두었던 참여정부의 외향적인 개발사업들인 행정복합도시, 혁신도시, 기업도시 등의 실태에 대한 엄밀한 파악과 분석이 필요하며, 이들 도시들에서 혁신을 창출할 방안에 대한 모색이 필요하다. 혁신을 이끌 인재들이 이 도시들 내에 착근할 때 비로소 지속 가능한 혁신이 창출될 수 있기 때문에 혁신을 이끌 인재들을 유인하고 착근시키는 전략에 대한 연구가 시급하다. 특히 혁신을 이끌 인재들을 양성하기 위해서는 지역 내 대학들과의 적극적인 연계가 필요하다. 다학제·다부문 지적 경로를 가지고 있는 인재들이 서로 자유롭게 교류할 수 있는 연구공동체의 형성이 혁신을 가능하게 하는 가장 중요한 조건 중의 하나이며, 이에 대학이 핵심적인 역할을 수행할 수 있기 때문이다. 대학들이 추진하는 연구공동체는 유연하고 열린 시스템으로 작동되어 지역 내의 인재뿐만 아니라 다른 지역의 인재들에게도 열려 있어야 한다. 또한 지역 내 대학들이 다학제적인 지적 궤적을 보유한 인재들을 키워낼 수 있는 교육체계와 그들을 (재)훈련시킬 수 있는 프로그램들을 생산·운영할 수 있어야 한다. 또한 적극적으로 다른 학습 지역들에 있는 대학들과 활발한 연구 및 인력 교류를 할 수 있어야 한다. 이와 더불어 탈추격형 혁신활동의 경험 및 정책들을 배우려는 후발국 지역들의 대학과의 교류를 통해 인력 확보에 힘써야 한다. 또한 다양한 인재들이 융합적 지식을 상호 교류할 수 있도록 포럼이나 세미나의 개최가 자유롭게 이루어져야 하며, 이를 위해 이들 인재들의 네트워크 구축이 필요하며 이들 간의 사교를 위한 비공식적 모임도 활성화되어야 한다.

참고문헌

교육과학기술부. 2010a. "광역경제권 선도산업 인재양성 사업정책방향". 지역발전주간컨
   퍼런스자료집. 10월 18일. 대구.

_____. 2010b. "광역경제권 선도산업 인재양성 사업정책개선·발전방안 정책보고서".

국가균형발전위원회. 2006. "참여정부 국가균형발전정책으로 대한민국이 강해집니다".

권영섭 외. 2006. 『한국 사회의 질적 발전을 위한 구상: 살기좋은 지역만들기』. 제이플러
   스애드.

권오혁. 2004. 「지역혁신체계론의 이론적 전개와 정책적 함의에 관한 비판적 검토」. ≪응
   용경제≫, 6(2), pp. 5~26.

김두환·김륜희. 2010. 「광역경제권 거버넌스 발전을 위한 제언 : 수도권 광역 경제발전 위
   원회를중심으로」. ≪공간과 사회≫, 33, pp. 183~213.

김선기. 2011. "광역경제권과 거버넌스 개편". 『지역과 발전』, 4권.

김영수. 2010. "광역경제권 선도산업 육성정책". 『지역과 발전』, 7권.

김영정. 2003. "자립적 지방화와 지역혁신체계의 구축". 국가균형발전위원회.

김용철. 2010. "지역균형발전으로서 광역경제권정책의 쟁점". ≪한국정책연구≫, 10(3),
   pp. 105~117.

대학알리미. http://www.academyinfo.go.kr.

미래사회. 2012. "민주 이용섭, 지방대학 육성 4대 방안 제시". http://mobacle.blog.me/
   70149069901.

산업연구원. 2012. "대졸인력의 지역간 이동특성과 정책적 시사점". ≪e-kiet 산업경제정보≫,
   536, pp. 1~12.

성경륭·이수훈·박양호 외. 2005. 『동북아시대의 한반도 공간구상과 균형발전전략』. 제이
   플러스애드.

성지은·송위진. 2010. 「脫추격형 혁신과 통합적 혁신정책」. 과학기술정책연구원.

안영진. 2011. 「우리나라 광역경제권 정책의 추진 현황과 발전 과제」. ≪한국지역지리학
   회지≫, 17(5), pp. 638~647.

≪예술이 흐르는 강≫. 2011. "2011 통영국제음악제". http://www.artsriver.co.kr/bbs/bbs_read.asp?boardCode=01_04_02_00_00&searchBoardField=&searchBoardText=&boardNumber=66&page=2&delMain=&cpSection=&onMain_menu1=&onMain_submenu=.

≪오마이뉴스≫. 2007. "여섯 번째 통영국제음악제 '매진행진'". www.ohmynews.com/NWS_Web/View/at_pg.aspx?CNTN_CD=A0000399395.

우윤석. 2007. 「지역개발사업의 통합적 추진방안-신공공관리적 접근방법으로」. ≪국토연구≫, 52, pp. 17~37.

이양수. 2007. 「참여정부 지역발전정책 패러다임의 평가: 지역혁신체제 이론을 중심으로」. ≪한국지방자치행정≫, 9(1), pp. 1~17.

_____. 2009. 「참여정부와 신정부의 지역 개발정책 평가와 전망」. ≪한국지방자치연구≫, 10(4), pp. 25~46.

이용숙. 2003. 「지역혁신체제론의 비판적 재검토: 무엇을, 누구를 위한 지역혁신체제인가?」. ≪동향과 전망≫, 겨울, 통권 59, pp. 141~182.

이용숙·허인혜. 2009. 「파주LCD산업집적지 형성에 관한 연구: 행위자 사이의 관계 및 역할분담을 중심으로」. ≪공간과 사회≫, 32, pp. 168~208.

_____. 2010. 「산업클러스터 형성과 운영에 있어서 국가의 역할에 대한 연구: 아산·탕정 LCD 산업집적지 사례를 중심으로」. ≪한국정책학회보≫, 19(1), pp. 245~278.

이진형. 2005. 「대전 지역에서 창업한 기업의 입지 요인과 공간적 한계」. 서울대학교 석사논문.

정원식. 2009. 「신지역주의관점에서 참여정부와 이명박정부의 지역 개발정책의 비교분석」. ≪한국정책과학학회보≫, 13(3), pp. 23~53.

정준호. 2003. "지역정책 추진체계의 개편방향". 산업연구원 지역산업실 내부문건.

지역발전위원회. 2008. "이명박 정부 지역발전정책". 연차보고서. 서울.

차성덕·최호진. 2003. 「한국에 있어서 기업가적 정부혁신모형 도입의 적실성에 관한 연구」. ≪한국정책과학학회보≫, 7(2), pp. 159~187.

≪한국일보≫. 2002. "통영국제음악제 매진사태". http://www4.hankooki.com/culture/200203/h2002031017590216030.htm.

Lee, Taek-Ku. 2007. "The Reproduction of 'Government Dependency' and High-Tech Start-Ups In Daedeok, South Korea." The University of Sheffield.

Lee, Yong-sook. 2009. "Balanced Development in Globalizing Regional Development?: Unpacking the New Regional Policy in South Korea." *Regional Studies*, 43(3), pp. 353~367.

Lee, Yong-sook et al. 2011. "Happy Coupling between Science Parks and Cities?: The Case of Deadeok Science Park in Daejeon Citiy, South Korea." *STEPI*. Science and the City Comparative Perspectives on Science and Technology Parks.

11 추격형 과학기술인재 양성 체제의 진단

김왕동 _ 과학기술정책연구원 연구위원

1. 들어가며

한국은 지난 50여 년간 괄목할 만한 성장을 보여왔다. 1960년 당시 80달러에 불과했던 1인당 국민소득은 2010년 2만 165달러로 250배 증가했고, 총국민소득은 동기간 20억 달러에서 9,860억 달러로 약 500배 증가했다. 이에 국가순위는 동기간 29위에서 12위로 껑충 뛰는 한강의 기적을 일궈냈다(김왕동 외, 2012a).

이 같은 경제성장의 동인에는 여러 가지가 있을 수 있겠으나, 주요 동인으로 시의적절한 과학기술인재의 공급을 들 수 있다(이은경, 2007). 1960년대부터 1970년대 중반까지 공업화를 통해 경제성장을 이룰 수 있었던 것도 양질의 단순기능인력이 있었기 때문이며, 1970년대 중반부터 1980년대 후반까지 첨단산업의 기술 집약화가 가능했던 것도 선진 기술을 창조적으로 모방할 수 있는 현장기술자와 고급 과학기술자가 있었기 때문이다. 또한 1990년대 이후 프론티어 산업의 육성을 통해 글로벌 선진국 대열에 합류할

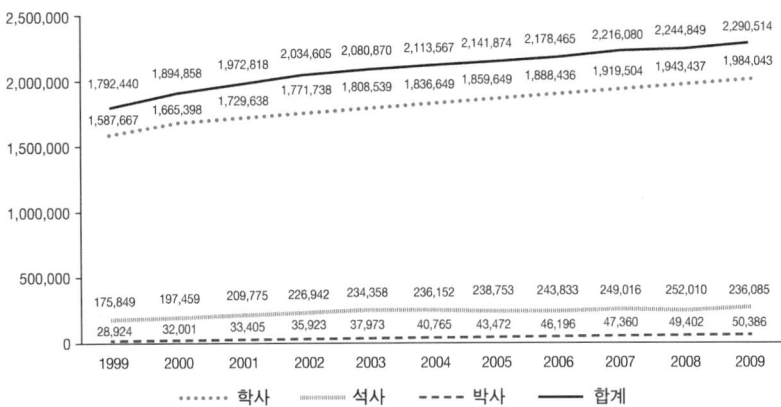

〈그림 11-1〉 과학기술인력의 변천 추이(1999~2009년)

자료: 교육과학기술부(2010).

수 있었던 것도 혁신을 추구할 수 있는 고급 과학기술자가 있었기 때문이다(김왕동 외, 2012a).

이토록 경제발전에 필요한 과학기술인재를 양성하는 시스템은 선진 기술을 추격하던 1980년대 후반까지 적절하게 작동되었다. 인력수요의 예측과 정원 규제 등을 통한 정부의 계획적 인력공급 정책은 선진 기술의 신속한 모방과 추격에 효과적이었던 것이다. 그러나 1990년대 이후 산업 환경의 불확실성이 커지고 탈추격형 기술혁신이 요구되면서 시스템은 한계를 노정하기 시작했다. 환경은 탈추격형 인재를 요구하기 시작했으나 이를 지원하는 시스템은 여전히 추격형에 머물러 있었기 때문이다.

이에 이 글에서는 1980년대까지 추격형 과학기술인재 양성 체제가 갖는 자산은 무엇이었고, 1990년대 이후 탈추격형 체제로의 전환에서 한계는 무엇인지에 대해 살펴보고자 한다.

2. 추격형 과학기술인재 양성 체제: 자산은 무엇인가?

1) 과학기술인재 양성 정책의 발자취

한국의 과학기술인재 양성 정책은 1960년대부터 체계화되었다고 볼 수 있다(조황희 외, 2002). 당시 한국은 과거 35년간의 일제강점기와 끔찍한 한국전쟁을 치루면서 국가기반이 처참히 파괴되어 있었다. 의·식·주·잡화류 등은 턱없이 부족했고 경공업의 육성이 절대적으로 필요했다. 이에 정부는 경공업 육성을 위한 단순기능인력 확보에 주안점을 두어 공업계 고등학교의 양적 확대와 질적 향상을 도모했다(과학기술부, 2008). 반면 1960년대의 대졸 이상 고급 과학기술인력 양성 정책은 상대적으로 미약했다. 오히려 1961년 '대학 정비안'과 1966년 '대학생 정원령'의 시행을 통해 이공계 대학 졸업생 수를 엄격히 통제했다(이은경, 2007). 이같이 정부는 1960년대 초반부터 법적·제도적 규제와 재정 지원이란 두 가지 수단을 통해 인력 공급을 조절하기 시작했다. 정부의 이 같은 톱다운식 인력공급 정책은 경공업 육성에 필요한 단순기능인력을 신속히 확보하는 데 효과적이었다.

반면 1970년대 들어서면서부터 철강, 조선, 자동차, 전자, 석유화학과 같은 중화학공업의 육성이 점차 중요하게 되었다. 당시 중화학공업 분야의 모든 제품은 전적으로 수입에 의존하고 있었기 때문이다. 이에 박정희 대통령은 1973년에 '중화학공업화 선언'을 발표하고, 수출촉진 정책을 적극 추진하기 시작했다. 그러므로 1970년대 과학기술인력 정책의 목표는 자연스레 중화학공업 육성을 위한 현장기술자 양성에 있었다. 이를 위해 정부는 과학기술인력을 단순기능자, 현장기술자, 과학기술자 3가지로 구분하고 산업수요에 기반을 두어 교육기관, 지역, 분야를 특성화하는 정책을 펼쳤다(조황희 외, 2002; 이은경, 2007).[1] 또한 석·박사 이상의 고급 과학기술인력을 확보하기 위해 한국과학원KAIS과 같은 이공계 특수대학원의 설립과 해외 과학기술자 유치사업을 대대적으로 추진했다. 특히 1960년대 후반부터는 과학기술계 정부출연연구소를 설립함으로써 당시 연구개발 역량이 미흡했던 기업과 대학을 대신해 산업기술을 지원하는 역할을 수행했다.

1980년대 접어들면서 한국은 선진국의 까다로운 무역장벽과 높은 기술료에 직면하게 된다. 따라서 우리 기업들은 단순 모방을 넘어 창조적 모방을 수행할 수 있는 연구개발 역량이 절대적으로 필요하게 되었다. 이에 정부는 기술집약 산업의 육성을 최우선 과제로 선정하고 자체 연구개발 역량 강화에 중점을 두었다. 그러므로 1980년대 과학기술인력 정책의 목표는 기술집약 산업 육성을 위한 고급 과학기술자 양성에 있었다. 이를 위한 구체적인 방안으로 정부는 대학과 대학원의 양적 확대를 꾀했다. 그 대표적인 예가 KAIST와 같은 이공계 연구중심대학의 설립이었다.[2] 또한 우수한 학생들의 해외유학 지원과 국가연구개발사업 등의 추진을 통해 자체 연구개발 역량을 확보하고자 노력했다. 이 같은 정부의 계획적 인력공급 정책은 다소의 시행착오가 있었음에도 불구하고 여전히 효력을 발휘했다.

그러나 1990년대 접어들면서 과학기술인재 양성 체제를 둘러싼 환경은 급변하기 시작했다. 자동차, 조선, 전자 등 주력산업 분야에서 더욱 격심한 경쟁에 직면하게 되었고, 경제성장 둔화, 신속한 산업구조 개편 등 경제·산

---

1 단순기능자를 양성하기 위해 공업계 고등학교의 특성화 정책을 추진했고, 현장기술자를 양성하기 위해 2년제 전문대학의 활용을 극대화했다. 또한 과학기술자를 양성하기 위해 공업계 고등학교와 마찬가지로 4년제 이공계 대학의 확충 및 대학별 특성화 정책을 추진했다.
2 정부의 적극적인 이공계 대학원 양적 확대 노력의 결과 공학석사는 692명(1980년)에서 3,872명(1990년)으로, 공학박사는 41명(1980년)에서 456명(1990년)으로 가파르게 증가했다(이은경, 2007).

업 분야에서 역동적인 변화가 일어나기 시작했다. 정부와 민간기업은 비로소 모방이나 창조적 모방이 아닌 혁신만이 살길임을 깨닫게 되었다. 이에 정부는 정보기술을 포함한 프론티어 산업 육성을 모토로 이를 위한 세계적 수준의 과학자 양성에 중점을 두기 시작했다. 또한 기업과 대학의 R&D 역량이 점차 증가함에 따라 정부출연연구소보다 민간기업과 대학의 R&D를 더욱 지원하기 시작했다. 구체적인 방안으로 G7 프로젝트와 같은 대형국가연구개발사업과 세계적 수준의 이공계 교수 지원을 위한 우수연구집단 육성사업SRC/ERC 등을 추진했다. 또한 석·박사 과정의 우수 이공계 학생들을 지원하기 위해 두뇌한국21BK21 사업 등을 추진했다(이은경, 2007).

하지만 1990년대 들어 정부의 계획적인 공급위주 정책은 불협화음을 내기 시작했다. 산업 환경의 불확실성이 커지면서 인력수요 예측의 정확도가 떨어졌고, 이를 기반으로 한 인력수급 통제는 분야별·수준별 수급 불일치 문제를 초래했다. 또한 1990년대 후반부터는 이공계 기피현상까지 겹쳐 과학기술인재 양성 체제의 대대적인 보완이 요구되기 시작했다.

2000년대 들어서도 청소년들의 이공계 기피와 이공계 대학(원)생들의 이·약학 계열로의 전환현상은 지속되었다(조황희 외, 2002). 또한 지식기반 사회가 본격화되면서 창의적이고 경쟁력 있는 과학기술인재 양성의 중요성은 더욱 증가했다. 이에 정부는 2004년 「국가과학기술 경쟁력강화를 위한 이공계지원특별법」을 제정하여 이공계 인력의 전 주기 지원을 위해 노력했다. 또한 기초과학 육성과 과학기술 영재교육기관의 체계화 등을 통해 창의적 인재를 양성하고자 노력했다. 그러나 추격기 시대의 교육방식과 연구개발 추진방식은 더 이상 효력을 발휘하지 못했다. 과기에 경험하지 못한 새로운 문제를 정의하고 이를 해결할 방법까지 스스로 찾아내야 하는 창의적 인재를 양성하는 데 한계가 있었기 때문이다.

〈표 11-1〉 과학기술인재 정책의 변천과정

	1960년대	1970년대	1980년대	1990년대	2000년대
정책 패러다임	단순모방		창조적 모방	혁신	
과학기술인재 정책목표	경공업 육성을 위한 단순기능인력 양성	중화학공업 육성을 위한 현장기술자 양성	기술집약 산업 육성을 위한 고급 과학기술자 양성	프론티어 산업 육성을 위한 세계적 과학기술자 양성	프론티어 산업 육성을 위한 창의적 과학자 양성
과학기술인재 정책수단	- 중장기 계획 및 법률 정비 - 과학기술처 발족	- 정부출연연구소 설립 - 재외 한국인 과학자 유치	- 이공계 연구중심 대학 설립 - 우수한 학생들의 해외유학 지원	- 산학연 협력 강화 - 세계적 수준의 이공계 교수 지원 강화 - 석·박사과정의 우수 이공계 학생 장학금 지원	- 과학기술영재교육기관 체계화 - 여성과학기술인의 활용과 지원 강화 - 전주기 과학기술인력양성 체계 구축
과학기술인재 주요 공급주체	실업고(공고)	- 실업고(공고) - 전문대학 - 출연(연)	- 4년제 대학 (이공계 학사) - 출연(연)	- 대학원(석·박사) - 이공계 특수대학(원)	- 대학원(석·박사) - 이공계 특수대학(원)

2) 추격형 과학기술인재 양성 체제의 자산

1960년대 이후 1980년대에 이르기까지 한국의 과학기술인재 양성 체제는 효력을 발휘했다. 선진 기술의 모방·학습을 통한 신속한 추격에 필요한 인력을 효과적으로 공급할 수 있었기 때문이다. 그렇다면 추격기 과학기술인재 양성 체제가 갖는 특징과 강점은 무엇이었을까?

먼저 계획적 인력공급 정책의 추진을 통해 산업분야별 필요 인력의 신속한 공급이 가능했다는 점이다. 정부는 경제발전 초기부터 인력 수요 예측에 기반을 둔 인력수급 조절 정책을 펼침으로써 산업분야별 적정 규모를 공급할 수 있었다. 또한 공업계 고등학교와 이공계 대학의 특성화 정책을 추진함으로써 단기간에 산업별 소요인력을 신속하게 공급할 수 있었다.[3]

---

[3] 정부는 1961년의 '취업 과학기술계 인적 자원조사'와 1966년 '과학기술교육진흥 5개

둘째로 정부 주도의 톱다운식 인력공급 정책을 추진함으로써 의사결정과 예산집행의 효율성을 극대화할 수 있었다. 추격 단계에서는 선진 경험을 토대로 전략산업 분야와 필요 인력 규모의 사전예측이 가능했기 때문에 인력 양성의 방향과 규모 등에 관한 신속한 의사결정이 가능했다. 또한 교육기관의 특성화 정책을 통한 선택과 집중이 가능했기 때문에 예산활용의 효율성을 극대화할 수 있었다.

셋째로 과학기술계 정부출연연구소 또는 대학(원) 등 공공혁신주체를 중심으로 한 인력 양성 정책을 추진함으로써 경제발전 초기 민간부문의 한계를 보완할 수 있었다. 정부는 민간부문의 기술능력이 미흡했던 1970~1980년대 정부의 통제가 가능한 공공부문의 혁신주체를 효과적으로 활용함으로써 산업기술 지원을 효과적으로 수행할 수 있었다.[4] 또한 경제발전 초기 정부출연연구소는 민간기업의 필요기술을 지원하는 역할뿐만 아니라 기업과 대학으로의 인력공급을 위한 인력 저수조의 역할을 효과적으로 감당했다.

넷째로 경제성장 초기에 현장 중심 응용·개발연구 인력의 양성에 중점을 둠으로써 단기간에 선진 기술의 습득과 신속한 추격이 가능했다. 정부는 1990년대 초반까지 다양한 정책의 추진을 통해 산업현장에서 필요한 단순기능인력과 현장기술자 등을 양성할 수 있었다.[5] 또한 기초연구보다 응

년 계획' 등을 통해 당시 필요한 산업분야별·수준별 인력 수요를 예측하고 이를 효과적으로 양성하기 위한 방안을 제시했다. 또한 정원 조정과 특성화 정책 등의 추진을 통해 정부 통제하에 필요 인력을 적기에 공급할 수 있었다.

4 예를 들어, 한국전자통신연구원은 IT 분야의 전문 인력을 양성하기 위해 1970년 '소프트웨어 기술인력 양성지원사업'을, 한국과학기술연구원은 전문 분석기술 인력을 양성하기 위해 1992년부터 1997년까지 '특성분석 기술과정' 등을 운영했다(조황희 외, 2002).

5 대표적 예로, 단순기능인력 양성이 중요했던 1960~1970년대 정부는 공업계 고등학

용 및 개발연구에 중점을 둠으로써 산업계에서 필요한 실용기술 지원은 물론 향후 기초연구 수행을 위한 기반을 다져나갈 수 있었다.[6]

다섯째로 주입식·암기식 교육방법을 활용함으로써 선진 지식의 신속한 모방과 학습을 통한 선진국 추격이 가능했다. 산업화 초기에는 새로운 지식의 창출보다 선진 지식의 모방 및 흡수를 통한 신속한 추격이 중요하다. 또한 추격 단계에서는 습득해야 할 지식과 방법론이 이미 알려져 있기 때문에 단기간에 다량의 지식을 학습할 수 있는 주입식·암기식 교육방법이 효과적일 수 있다. 한국은 전통적인 유교주의 문화와 군대문화, 그리고 정부의 강력한 톱다운식 정책 추진방식이 상승작용을 일으키면서 선진 지식의 신속한 흡수가 가능했다.

마지막으로 표준화된 교과복, 교육 공급자 중심의 교육훈련을 추신함으로써 대규모 인력 양성이 가능했다. 1990년대 이전까지만 하더라도 교육의 방향과 내용이 어느 정도 규정되어 있었기 때문에 대학은 기업과 사회의 니즈와 무관하게 인력을 양성할 수 있었다. 또한 추격 단계에서는 필요한 지식과 이를 효과적으로 교육할 수 있는 교재들이 이미 존재했기 때문에 표준화된 인력 양성이 가능했다. 이로 인해 다수의 교육기관들은 표준화된 커리큘럼하에서 유사한 역량을 소유한 다수의 인재를 대량 배출할 수 있었다.

교와 직업훈련 제도 강화정책을 펴면서 현장실습교육을 강화했다. 또한 중화학공업 육성을 위한 현장기술자 양성이 필요했던 1980년대에는 산업대학 제도를, 1990년대에는 기업대학 제도를 도입함으로써 현장 중심의 교육훈련을 강화하고자 노력했다(조황희 외, 2002; 이은경, 2007).

6 1970~1980년대 주된 역할을 수행해왔던 정부출연연구소들은 한결같이 산업계에서 필요한 응용·개발 연구에 중점을 둬왔으며, 국내 4년제 이공계 대학뿐만 아니라 카이스트, 포스텍과 같은 이공계 연구중심대학들도 실용적인 연구에 초점을 두어왔다.

3. 추격형 과학기술인재 양성 체제: 한계는 무엇인가?

위에서 살펴본 바와 같이 1980년대 이전까지의 추격형 과학기술인재 양성 체제는 선진 기술의 신속한 모방·학습을 통한 재빠른 추격에 매우 효과적이었다. 그리고 각 산업별로 요구되는 인력들의 신속한 확보와 정책집행의 효율성을 제고하는 방향으로 구축되었다. 그러나 1990년대 이후 맞게 된 국내외 환경변화들로 점차 한계를 노정하게 된다. 추격형 과학기술인재 양성 체제가 직면한 도전과 한계들을 살펴보면 다음과 같다.

먼저 1990년대 이후 기술의 불확실성과 민간부문의 역량이 점차 증가함에 따라 정부 주도의 계획적 공급중심 정책의 효율성은 점차 감소하기 시작했다. 과거 추격시대에는 선진국을 추격하는 것이 목표여서 산업분야별 필요 기술과 도입 방법, 소요인력의 규모 등을 미리 예측할 수 있었다. 따라서 정부는 산업분야별로 중장기 인력수급계획을 수립하고 이에 기반을 두어 신속하게 민간부문의 기술과 인력을 지원할 수 있었다. 하지만 1990년대 이후 전례 없는 프론티어 기술개발이 목표가 되면서 더 이상 예측이 불가능하게 되었고, 민간부문의 역량이 공공부문을 능가하면서 정부 주도의 공급중심 정책은 한계를 드러내기 시작했다.

다음으로 탈추격형 혁신의 필요성이 증가함에 따라 창의적 인재 양성의 한계에 직면하고 있다. 추격시대에는 해결해야 할 문제와 방법론이 이미 존재했기 때문에 창의적인 사고보다 선진 기술의 신속한 모방과 학습능력이 중요했다. 그러나 1990년대 이후 세계 1위 기업이 등장하고 벤치마킹할 국가나 모델이 없어지면서 주어진 문제가 아닌 스스로 문제를 규명하고 해결책을 고안해낼 창의적 인재가 중요하게 대두되고 있다(김왕동 외, 2009). 하지만 한국의 초중등 교육의 수학·과학 경쟁력은 세계 최상위 수준임에도 불구하고, 능동적·창의적 학습 능력은 최하위에 머물고 있다.[7] 특히 고등교

육 단계의 글로벌 경쟁력은 세계적 수준과 격차가 있는 것으로 나타나 많은 도전에 직면하고 있다.[8]

또한 기초·원천 기술의 중요성이 증가하면서 기초과학 분야의 세계적 과학자 배출에 어려움을 겪고 있다. 추격 단계에서는 우리 기업들이 선진국의 기초·원천 기술을 도입하여 상업화하는 응용·개발 연구가 주를 이루었다. 그러나 세계 선도기업이 등장하면서 선진국의 기술보호주의는 더욱 강화되었고 그 결과 기초·원천 연구 역량의 증진 필요성은 더욱 증가하고 있다. 하지만 한국의 과학기술인재 양성 체제는 기초·원천 연구의 핵심인 기초과학 연구 역량에서 좋은 성과를 내지 못하고 있다. 예를 들어 한국은 기초과학 역량의 척도라 불리는 노벨 과학상 분야에서 수상자가 전무한 실정이나. 반면 가까운 일본은 1949년부터 총 15명의 수상자를 배출하고 있고, 심지어 우리보다 소득수준이 낮은 중국(5명), 인도(1명), 파키스탄(1명)에서도 수상자를 배출하고 있다.[9]

---

7 초중등 교육 면에서 2007년 '수학·과학 성취도 비교연구' 결과를 보면 수학, 과학 성취도는 각각 세계 2위, 4위로 최상위권을 유지했으며(TIMSS, 2007), 2008년 현재 초중등 학생들의 학업성취도PISA 역시 전 세계 5~9위 수준으로 최상위권을 유지했다. 반면 능동적·창의적 학습수준을 의미하는 '자신감', '흥미도' 지수에서 수학은 전 세계 49개국 중 두 항목 모두 43위를, 과학은 각각 29개국 중 27위와 29위로 최하위권을 유지했다.

8 고등교육 단계의 경우 미 명문대학생 중퇴율(1985~1997년)이 한국인의 경우 전체 대상자의 44%로 유대인(12.5%), 인도인(21.5%), 중국인(25%)에 비해 월등히 높게 나타남으로써 한국인 학생들의 글로벌 경쟁력이 다소 미흡함을 시사하고 있다(≪연합뉴스≫, 2008년 10월 3일 자).

9 한국은 노벨 과학상뿐만 아니라 이와 대등한 권위를 인정받는 필즈상(수학), 아벨상(수학), 래스커상(의학), 발잔상(자연과학) 등에서도 수상자가 전무한 실정이다. 이에 반해 일본은 '수학의 노벨상'이라 불리는 필즈상에서도 3명의 수상자를 배출하고 있다(김왕동, 2009).

〈표 11-2〉 주요국의 노벨과학상 역대 수상자 수(1901~2012년)

국가	총인원	물리학	화학	생리학 및 의학
미국	236	81	62	93
영국	78	21	26	31
스웨덴	15	4	3	8
노르웨이	1	0	1	0
핀란드	1	0	1	0
일본	15	7	6	2
중국	5	3	2	0
인도	1	1	0	0
파키스탄	1	1	0	0

자료: 1901~2007년은 교육과학기술부(2008: 11), 2008~2012년은 매년 수상자 명단 참조.

그리고 기업·사회가 바라는 인재상이 변화함에 따라 공교육 시스템의 변화 요구가 증가하고 있다. 과거 산업시대에는 새로운 기술의 창출보다 이미 주어져 있는 기술을 이해하고 현장에 적용할 수 있는 능력이 중요했다. 따라서 기업과 사회에서는 '성실성', '정직', '근면성', '책임감' 등을 중요한 덕목으로 간주했다. 그러나 한국이 지식창조사회로 전환해감에 따라 스스로 문제를 정의하고 해법까지 찾아낼 수 있는 '창의적 역량'과 '도전정신', '글로벌 역량' 등이 중요한 덕목으로 부상하고 있다(삼성전자, 2009). 하지만 이와 같은 인재상의 변화에도 불구하고 대학의 인력배출 시스템이나 교육내용은 시장수요를 적절히 반영하지 못하고 있다. 예를 들어 2009년 IMD 분석 결과에 따르면 한국의 고등교육 이수율은 세계 4위로 높은 수준이지만, '대학교육의 경쟁사회 요구에의 부합도'는 58개국 중 51위로 최하위 수준에 미물고 있다.

마지막으로 과학기술을 통한 사회문제 해결의 필요성이 증가하면서 새로운 분야의 인력 양성 필요성이 증가하고 있다. 과거의 혁신정책은 경제성장 중심의 정책으로서 전략기술을 개발하고 민간부문의 혁신능력을 향

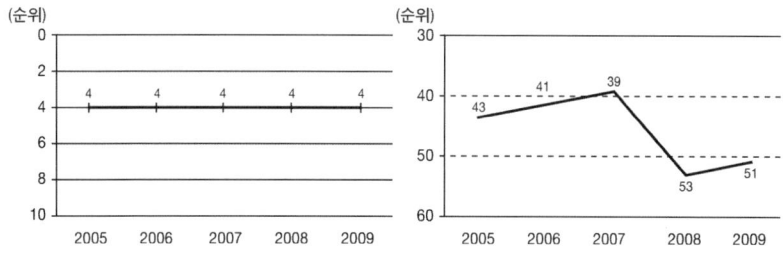

자료: IMD World Competitiveness Yearbook, 각 연도 종합.

상시키는 데 중점을 둬왔다. 기업의 혁신활동에 필요한 하부구조와 인력, 자금 등이 부족하여 정부의 지원이 필요했기 때문이다(송위진, 2010). 그러나 최근 경제성장과 삶의 질 향상, 지속가능발전 등의 가치가 강조되면서 과학기술을 통한 사회문제 해결의 필요성이 증가하고 있다. 이 같은 추세는 2000년대 이후 경제적 목표와 사회적 목표의 동시 달성을 강조하는 '제3세대 혁신정책' 패러다임이 등장하면서 더욱 가속화되고 있다(성지은·송위진, 2007a, 2007b). 하지만 한국의 과학기술인재 양성 체제는 사회문제 해결에 필요한 사회적 기업가 양성이나 공공연구 개발주체의 공공성 강화 등의 측면에서 많은 어려움을 겪고 있다.

4. 탈추격형 체제로의 전환을 위한 과제

위에서 우리는 추격형 과학기술인재 양성 체제의 자산과 한계에 대해서 논의했다. 정부 주도의 계획적 인력공급 정책은 추격기에 산업별로 요구되는 모방형 인재를 양성하는 데 효과적이었으며 정부의 정책 효율성을 증가시켰다. 그러나 1990년대 이후 탈추격형 기술혁신이 요구되면서 점차 창의적 인재 양성에 한계를 노정하게 되었고 새로운 도전에 직면하고 있다. 그렇다면 탈추격형 체제로의 전환을 위해 필요한 과제는 무엇인가?

다양한 과제가 있을 수 있겠으나 무엇보다도 세계적 과학자를 양성할 수 있는 창의적 연구환경 조성이 가장 시급한 과제라 하겠다. 앞에서 살펴보았듯이 한국의 과학기술 경쟁력은 매년 진일보하고 있으나 기초과학 경쟁력의 시금석이라 할 수 있는 노벨과학상 수상자는 전무한 실정이다(김왕동 외, 2009). 그러므로 세계적 과학자 양성을 위해서는 먼저 국내 최고의 과학자들이 연구과정에서 창의성을 발현할 수 있도록 연구관리 시스템을 재정비할 필요가 있다.[10] 또한 순수기초연구 분야에서 세계적으로 검증된 국내 과학자들의 경우 15~20년 이상 안정적으로 지원할 수 있는 '가늘고 긴 연구' 지원 프로그램의 신설이 필요하다.[11] 이외에도 기존 민간재단들이 장학, 사회복지 및 문화사업 중심에서 과학진흥사업으로 영역을 확대할 수 있도록 장려하는 것이 필요하다.[12]

다음으로 탈추격형 기술혁신에 필요한 융합적 사고력을 지닌 인재양성

---

10 예를 들어, 창의적 연구, 고위험 고수익 연구를 선정·평가·관리하는 시스템이 연구의 본질에 맞게 차별화되어 운영될 필요가 있다. 문제는 현재 관련 정책이 없는 것이 아니라 그 취지에 맞게 시행되지 않음에 있다.
11 일본학술회의(2008년 9월)는 기초연구의 중장기 안정적 지원을 위해 15~20년 동안 지속적으로 지원할 수 있는 '가늘고 긴 연구' 지원 프로그램 마련을 정부에 건의한 바 있다. 반면 한국은 기초원천 연구를 지원하는 최장기 펀딩 프로그램이 10년에 불과하다(예: 창의적연구진흥사업 9년, 미래유망융합기술파이오니어사업 6년, 21세기프론티어사업 10년, 국가과학자사업 10년 등).
12 선진국에서는 민간재단이 공공부문을 대신하여 기초과학 분야를 안정적으로 후원하는 문화가 정착되어 있다. 예를 들어, 미국의 록펠러 재단과 제임스 맥도널 재단, 독일의 폭스바겐 재단 등은 세계 수준의 과학자 배출을 위한 기초연구를 지원하고 있다(Heinze, 2008). 한국의 경우 포스코 청암재단이 2009년부터 기초과학 인재를 양성하기 위해 '청암 베세머 과학 장학'사업을 추진한 사례가 대표적인 예라 하겠다.

이 필요하다. 최근 기술 및 산업의 융복합화 현상이 가속화되면서 융합인재 양성의 중요성이 부각되고 있다. 이에 이명박정부에서는 융합형 인재교육을 위해 다양한 정책을 추진했었다.[13] 그러나 이명박정부의 융합인재STEAM 교육의 방향은 주로 '교과목 간 지식 융합' 프로그램 및 교재개발 등에 중점을 두고 있어 궁극적 목표인 융합적 사고력 개발에는 미흡한 실정이었다. 그러므로 향후에는 교과목 간 지식융합에서 '융합적 사고력 개발'로 정책의 방향이 전환될 필요가 있다.[14] 또한 이명박정부는 현실적으로 불가능한 1인 만능형 르네상스형 인재양성에 초점을 두었었다. 그러므로 향후에는 한 분야에서 탁월한 인재가 다른 분야의 지식을 창의적으로 활용하는 인재형(활용형 융합인재)이나 타 집단에 참여함으로써 융합적 성과를 창출하는 인재형(참여형 융합인재)에도 초점을 둘 필요가 있다(김왕동, 2012).

마지막으로 21세기 창조경제 시대에 요구하는 '더불어 창조형 인재'를 양성할 수 있는 시스템 마련이 필요하다. 더불어 창조형 인재란 개인 스스로가 아닌 협력을 통해 창의성을 발현하는 인재를 말한다(김왕동 외, 2012b). 최근 기술의 복잡성이 증가하고 타 학문분야 간의 융합을 통해서만 현안을 해설할 수 있는 시대가 도래함에 따라 개인이 아닌 집단의 협력을 통해 창의성을 발현하는 더불어 창조형 인재의 중요성이 증가하고 있다. 이를 위해서는 먼저 공교육 시스템의 개선이 필요하다. 예를 들어 교수법이나 학

---

13 이명박정부는 2011년부터 융합형 인재교육을 위해 과학예술 융합교육과정의 개발, 교사·학생 대상 현장 연수·체험 프로그램 제공, 미래형 과학기술 교실과 수업 모델 개발 등 다각적인 프로그램들을 추진했었다.

14 창의(융합)적 사고력 개발을 정책의 중심에 둔 대표적 예로 말레이시아는 2009년 '교육의 천지개벽'을 선언하고 초중등 과정의 교과목을 기존의 국어, 수학, 과학, 지리 중심에서 창의적 사고, 문제해결 능력, 비판적 사고, 의사결정 능력, 의사소통 능력, 리더십, 팀워크 등으로 전환을 추진 중이다(박영숙, 2010).

생들의 평가·보상방식, 그리고 입시제도의 평가 지표 등을 현재의 개인 창의성 증진 관점에서 협력을 통한 더불어 창의성 증진 관점으로 전환할 필요가 있다. 또한 집단 지성이나 집단 창의성을 증진시키는 프로그램을 통해 더불어 창조형 인재 양성 시스템을 강화할 필요가 있다.

참고문헌

과학기술부. 2008. 『과학기술 40년사』.

교육과학기술부. 2008. "기초과학 활성화 방안(안)".

_____. 2010. "2010 과학기술인력통계".

김왕동. 2009. 「세계적 과학자 양성 및 연구환경 조성방안」. ≪STEPI Insight≫, 제32호. 과학기술정책연구원.

_____. 2012. 「창의적 융합인재에 관한 개념 틀 정립: 과학기술과 예술 융합 관점」. 『영재와 영재교육』. 한국영재교육학회.

김왕동·성지은. 2009. 「창의적 인재육성의 근본적 한계와 당면과제」. ≪STEPI Insight≫, 제32호. 과학기술정책연구원.

김왕동 외. 2012a. "과학기술인력 양성정책: 한국의 경험이 주는 교훈". 『2011 경제협력국가와의 경제발전경험 공유사업: 우즈베키스탄, 몽골』. 기획재정부·한국개발연구원.

_____. 2012b. "'함께하는 혁신'을 위한 과학기술혁신정책". 과학기술정책연구원.

박영숙. 2010. 『2020년 미래교육보고서』. 경향미디어.

삼성전자. 2009.4.9. "IT대학 취업세미나: 삼성전자편".

성지은·송위진. 2007a. 「총체적 혁신정책의 이론과 적용: 핀란드와 한국의 사례」, ≪기술혁신학회지≫, 제10권 제3호. 한국기술혁신학회.

_____. 2007b. 「정책통합의 이해와 구현방안: 핀란드의 기술혁신과 환경정책의 통합사례를 중심으로」, ≪과학기술정책≫, 7·8월호.

송위진. 2010. 『창조와 통합을 지향하는 과학기술혁신정책』. 한울.

≪연합뉴스≫. 2008.10.3. "美 명문대 한인학생 10명 중 4.4명 중퇴".

이은경. 2007. 「과학기술인력정책의 전개」, ≪한국의 과학기술인력≫. 한국직업능력개발원·과학기술정책연구원.

조황희 외. 2002. 「한국의 과학기술인력 정책」, ≪정책연구≫, 2002-18, 과학기술정책연구원.

Heinze, T. 2008. "How to Sponsor Ground-breaking Research: A Comparison of Funding Schemes." *Science and Public Policy*. 35(5), pp. 302~318.

IMD. 2009. *IMD World Competitiveness Yearbook 2009*.

TIMSS. 2007. *International Mathematics and Science Reports*.

지은이

송위진 고려대학교 행정학과에서 과학기술정책을 전공했고, 현재 과학기술정책연구원의 선임연구위원으로 근무하고 있다. 관심 분야는 사회문제 해결형 혁신정책, 사회·기술시스템 전환 등이다.

김종선 KAIST 화학공학과를 졸업했으며, 일본 동경공업대학 연구원, 일진그룹 사업기획팀 과장을 거쳐, 현재 과학기술정책연구원의 연구위원으로 근무하고 있다. 관심 분야는 중소기업과 중견기업 등 기업 분야와 북한의 과학기술 분야이다.

김영배 KAIST에서 조직 및 전략경영 분야로 박사학위를 취득했으며, MIT 정책 및 산업발전센터의 Post-Doc을 거쳐 1988년부터 KAIST 경영대학 교수로 재직하고 있다. 기업의 혁신 전략과 창의적인 조직의 설계, 정부의 기술혁신 정책 등에 관심을 갖고 연구하고 있다.

정준호 영국 옥스퍼드대학교에서 경제지리학을 전공했고, 산업연구원 동향분석실장을 역임했으며, 현재 강원대학교 부동산학과 부교수로 재직하고 있다. 지역 차원의 산업 및 혁신정책, 지역발전론, 그리고 도시 및 지역경제(부동산)에 대한 연구를 진행하고 있다.

조성재 서울대학교 경제학과에서 노사관계론을 전공했고, 현재 한국노동연구원에서 선임연구위원으로 근무하고 있다. 산업현장을 돌아다니면서 인간과 노동의 본질과 변화를 탐구하는 데 큰 관심을 갖고 있다.

정병걸 고려대학교에서 행정학 박사학위를 취득했고, 현재 동양대학교 행정경찰학부 교수로 재직하고 있다. 정부조직, 과학기술, 공공성과 이들이 복합적으로 연계된 문제가 주요 연구 관심 분야이다.

황혜란　영국 서섹스대학교 과학기술정책연구소SPRU에서 과학기술정책 및 경영을 전공했으며, 과학기술정책연구원 선임연구원, 한국정보통신대학원대학교 연구교수를 거쳐 현재 대전발전연구원 책임연구위원으로 근무하고 있다. 혁신시스템 전환 및 전환과정에 나타나는 조직 및 제도 혁신에 관심을 갖고 연구를 진행하고 있다.

정재용　영국 서섹스대학교 과학기술정책연구소SPRU에서 과학기술정책 및 경영을 전공했으며, 현재 KAIST 경영과학과 교수로 재직하고 있다. 후발국 기업의 기술혁신활동과 복합시스템 개발에 관심을 갖고 연구를 진행하고 있다.

성지은　고려대학교에서 행정학을 전공했으며, 현재 과학기술정책연구원에서 연구위원으로 근무하고 있다. 주요 연구 분야는 과학기술행정체제와 거버넌스, 기술위험관리전략, 정책조정과 통합 등이다.

이용숙　러트거스 뉴저지 주립대학교에서 도시계획을 전공했고, 현재 고려대학교 행정학과 교수로 재직하고 있다. 세계화와 지역발전, 창조도시정책에 관심을 갖고 대안적 도시 및 지역발전론에 대한 연구를 진행하고 있다.

황은정　고려대학교 행정학과 박사과정을 수료했으며, 문화예술과 이를 통한 지역발전의 재구성과 다문화주의와 시민권에 관해 연구 중이다.

민지혜　고려대학교 행정학과 석사과정에 재학 중이며, 세계화에 따른 국가정책의 변화, 아시아 지역의 국가-시민, 기업 관계에 관심이 있다.

김왕동　고려대학교에서 경영학을 전공했고, 현재 과학기술정책연구원에서 연구위원으로 근무하고 있다. 창의인재 양성, 창조기업 및 창조산업 활성화, 창조복지국가 실현 등 과학기술 분야의 창의성 구현에 관심을 갖고 연구를 진행하고 있다.

한울아카데미 1581
추격형 혁신시스템을 진단한다
ⓒ 정재용·황혜란, 2013

엮은이 | 정재용·황혜란
지은이 | 송위진·김종선·김영배·정준호·조성재·정병걸·황혜란·정재용·성지은·
       이용숙·황은정·민지혜·김왕동
펴낸이 | 김종수
펴낸곳 | 도서출판 한울
편집 | 고혁

초판 1쇄 인쇄 | 2013년 7월 17일
초판 1쇄 발행 | 2013년 7월 31일

주소 | 413-756 경기도 파주시 파주출판도시 광인사길 153(문발동 507-14)
      한울시소빌딩 3층
전화 | 031-955-0655
팩스 | 031-955-0656
홈페이지 | www.hanulbooks.co.kr
등록 | 제406-2003-000051호

Printed in Korea.
ISBN 978-89-460-5581-0 93320

* 책값은 겉표지에 표시되어 있습니다.